山东省优势特色学科(建筑学)项目
山东建筑大学建筑城规学院青年教师论丛项目
山东省自然科学基金青年基金项目(ZR2022QE151)

城镇建设用地碳排放预测研究

张小平 著

东南大学出版社
SOUTHEAST UNIVERSITY PRESS
南京·2023

内容提要

本书建构了建成环境视角下城镇建设用地碳排放预测的分析框架，运用地理信息系统（GIS）、统计分析方法、机器学习等方法，研究基于地理信息系统软件 ArcGIS 的城镇建设用地碳排放数据库构建方法，分析建成环境与城镇建设用地碳排放之间的关系，建立基于建成环境的城镇建设用地碳排放的反向传播（BP）神经网络预测方法。本书通过进一步明确方法的规划应用情景，实现在空间规划编制阶段能够较为准确地预测不同建成环境情景下城镇建设用地的碳排放水平，评估不同建成环境低碳优化策略达成的减碳效益。

本书面向的读者为城乡规划学、建筑学等领域的科研人员与工作者、高校师生，也可以为对建成环境与低碳城市感兴趣的其他领域研究者提供参考。

图书在版编目（CIP）数据

城镇建设用地碳排放预测研究 / 张小平著 . —南京：东南大学出版社，2023.7
 ISBN 978-7-5766-0809-0

Ⅰ . ①城… Ⅱ . ①张… Ⅲ . ①城市建设 – 土地利用 – 低碳经济 – 研究 – 中国 Ⅳ . ① F299.232

中国国家版本馆 CIP 数据核字（2023）第 140619 号

责任编辑：孙惠玉　李　倩　　责任校对：韩小亮
封面设计：王　玥　　　　　　责任印制：周荣虎

城镇建设用地碳排放预测研究
Chengzhen Jianshe Yongdi Tanpaifang Yuce Yanjiu

著　　者：	张小平
出版发行：	东南大学出版社
出 版 人：	白云飞
社　　址：	南京市四牌楼 2 号　邮编：210096　电话：025-83793330
网　　址：	http://www.seupress.com
经　　销：	全国各地新华书店
排　　版：	南京凯建文化发展有限公司
印　　刷：	南京凯德印刷有限公司
开　　本：	787 mm × 1092 mm　1/16
印　　张：	13.25
字　　数：	325 千
版　　次：	2023 年 7 月第 1 版
印　　次：	2023 年 7 月第 1 次印刷
书　　号：	ISBN 978-7-5766-0809-0
定　　价：	59.00 元

本社图书若有印装质量问题，请直接与营销部调换。电话（传真）：025-83791830

前言

城镇建设用地不仅是我们生活、工作、休憩的空间载体，而且是碳排放的主要载体。据统计，全球约 80% 的碳排放都发生在城镇建设用地上，由此可见，降低城镇建设用地上所承载的碳排放对于应对全球气候变暖具有重要意义。

建成环境是影响城镇建设用地碳排放的重要因素之一。如何基于低碳的目标，通过城镇建成环境要素的优化调整，实现降低城镇建设用地碳排放的目的，是当前城乡规划学科研究的前沿科学问题。因此，本书以浙江省长兴县中心城区为研究区域，以不同类型建设用地地块为研究对象，通过构建城镇建设用地碳排放数据库，探究城镇建设用地碳排放与密度、功能和形态三类建成环境要素的关系，建立建成环境视角下城镇建设用地碳排放的预测方法，从而在空间规划编制阶段能够准确预测城镇建设用地碳排放，有效发挥空间规划的控碳潜力。

第一，建立了建成环境视角下城镇建设用地碳排放预测的分析框架。通过对城镇建设用地碳排放、建筑能耗及建成环境的概念内涵进行界定，提出了基于建筑能耗的城镇建设用地碳排放的研究内涵，以及影响城镇建设用地碳排放的建成环境要素，具体包括密度要素、功能要素和形态要素三大类，共计 11 个建成环境要素。在此基础上，分析建成环境对城镇建设用地碳排放的综合作用机制，得出如下结论：密度、功能和形态三类建成环境要素主要从城镇建设用地上的能耗需求、微气候环境、建筑本体特征以及建筑使用者的用能活动内容、强度等方面对建筑能耗产生影响，从而影响城镇建设用地碳排放，并间接反作用于建成环境。

第二，提出了基于 ArcGIS 的城镇建设用地碳排放数据库构建方法。以浙江省长兴县中心城区为例，通过实地调查和会议访谈调查，获取了 2018 年不同性质建设用地地块上的年用电能耗、建筑、用地、企业和人口等数据。基于 ArcGIS 10.2 系统，提出了城镇建设用地碳排放数据库构建方法，通过总体结构设计、数据信息录入、城镇建设用地碳排放及建成环境要素计量三个步骤，构建了城镇建设用地碳排放数据库，具体包括 293 个分层随机抽样选取的不同性质建设用地样本地块的碳排放数据，以及全部 933 个不同性质建设用地地块的建成环境数据。基于该数据库，规划管理人员一方面可以对城镇不同类型建设用地地块上的碳排放数据和建成环境数据的空间位置和属性信息进行联动和双向查询；另一方面可以对城镇不同类型建设用地样本的碳排放、建成环境的数值表进行空间分析。

第三，基于统计分析方法，对建成环境与城镇建设用地碳排放的关系进行量化分析，得出结论如下：（1）居住用地碳排放与建筑面积、建筑密度、人口密度、用地性质、用地混合度、用地建设时间、用地面积、建筑层数、建筑体形系数、建筑长宽比、建筑朝向11个建成环境要素的相互关系分别在0.01或0.05水平上呈现显著相关；工业仓储用地碳排放与建筑面积、行业门类、用地面积、建筑层数4个建成环境要素分别在0.01或0.05水平上呈现显著相关；公共用地碳排放与建筑面积、人口密度、用地性质、用地建设时间、用地面积、建筑层数、建筑体形系数7个建成环境要素的相互关系分别在0.01或0.05水平上呈现显著相关。（2）在密度要素中，建筑面积与居住用地、工业仓储用地和公共用地碳排放之间呈现正向的一元线性回归关系；建筑密度与城镇住宅用地碳排放之间呈现倒U形的二次多项式回归关系，并且当建筑密度为0.22时，城镇住宅用地碳排放最大；人口密度与居住用地碳排放之间呈现倒U形的二次多项式回归关系，而与公共用地碳排放之间呈现正U形的二次多项式回归关系，并且当人口密度为6 634人/km^2时，居住用地碳排放最高，当人口密度为5 884人/km^2时，公共用地碳排放最低。（3）在功能要素中，不同用地性质的碳排放均值差异显著；用地混合度与居住用地碳排放之间大致呈现增加—降低—增加的S形变化趋势；用地建设时间与居住用地碳排放之间呈现倒U形的二次多项式回归关系，与公共用地碳排放呈现正向的一元线性回归关系；用地面积与居住用地、工业仓储用地和公共用地碳排放之间呈现正向的一元线性回归关系。（4）在形态要素中，建筑层数与居住用地碳排放之间呈现倒U形的二次多项式回归关系，并且当建筑层数为10层时，居住用地碳排放最大，与工业仓储用地碳排放呈现负向的一元线性回归关系，与公共用地碳排放则呈现正向的一元线性回归关系；建筑体形系数与居住用地和公共用地碳排放均呈现负向的一元线性回归关系；建筑长宽比、建筑朝向分别与居住用地碳排放呈现正向和负向的一元线性回归关系。

第四，基于矩阵实验室（Matrix Laboratory，MATLAB）软件平台，建立了基于建成环境的城镇建设用地碳排放的BP神经网络预测方法。经过比较验证后，居住用地总体的碳排放预测值与真实值的误差率为12.65%，其中1—3层城镇住宅用地、4—6层城镇住宅用地、≥7层城镇住宅用地碳排放预测值与真实值的误差率分别为11.72%、11.38%、14.84%。工业仓储用地总体的碳排放预测值与真实值的误差率为13.80%，其中高碳排放工业仓储用地、中碳排放工业仓储用地、低碳排放工业仓储用地碳排放预测值与真实值的误差率分别为17.94%、13.68%、9.77%。公共用地总体的碳排放预测值与真实值的误差率为15.73%，其中商务用地、医疗用地、商业用地、科教用地、行政办公用地碳排放预测值与真实值的误差率分别为7.45%、14.22%、19.68%、18.10%、19.21%。基于预测结果得出结论如下：（1）城镇不同类型建设用地的碳排放均值与单位用地面积碳排放强度均值之间具有显著差异，具体呈现出村庄住宅用地—公益性公共用地—城镇住宅用地—经营性公共用地—工业仓储用地递增的趋势。（2）城镇建设用地碳排放具有显著的正向空间相关性，并且随着距离的增大城镇建设用地碳排放的空间相关性逐渐变弱。（3）划定碳排放强度分区，有助于规划管理部门提出针对性的低碳规划策略。

第五，提出了城镇建设用地碳排放预测方法规划应用的思路与流程，并以长兴县太湖新城片区控制性详细规划及城市设计方案为例，对城镇建设用地碳排放预测方法展开了规划应用研究，并得出如下结论：（1）优化前规划方案整体碳排放为 2.17×10^8 kgCO$_2$。（2）从降低规划方案碳排放的角度出发，综合确定规划方案中不同类型建设用地上高碳排放地块的24条具体的建成环境要素低碳优化方法集合。（3）优化后规划方案整体碳排放为 1.83×10^8 kgCO$_2$。（4）通过对优化前与优化后规划方案的碳排放进行比较可知，优化后规划方案总减碳量为 0.34×10^8 kgCO$_2$，占优化前规划方案整体碳排放的15.67%。这说明对规划方案中建成环境要素的优化调整，能够有效降低规划方案的碳排放，为低碳导向下空间规划的量化模拟与减碳策略制定提供更加科学的指导。

本书的主要创新之处在于：（1）以建筑能耗为切入点，提出了更加精细计算和分析城镇内部不同类型建设用地地块碳排放差异性的研究视角。（2）从密度、功能和形态三个方面提出影响城镇建设用地碳排放的建成环境要素，并进一步揭示了建成环境对城镇建设用地碳排放的综合作用机制及相互之间的定量关系。（3）应用BP神经网络，建立基于建成环境的城镇建设用地碳排放预测方法，并通过提出城镇建设用地碳排放预测方法在规划实践中发挥减碳作用的具体路径，进一步明确了方法的规划应用情景。

本书是在天津大学低碳规划研究小组长期探索的理论与方法的基础之上完成的，主体研究内容来源于笔者的博士学位论文，导师闫凤英教授在写作过程中给予了重要的指导。全书由笔者策划与统稿，共分为7章：第1章为绪论，阐述研究的背景、意义、国内外研究进展及主要内容，第2章提出建成环境视角下城镇建设用地碳排放预测的分析框架，第3章构建基于ArcGIS的城镇建设用地碳排放数据库，第4章分析建成环境与城镇建设用地碳排放的关系，第5章提出基于建成环境的城镇建设用地碳排放预测，第6章探索城镇建设用地碳排放预测方法的规划应用，第7章为结论与展望。

在本书付梓之际，国家层面正在积极推进碳达峰碳中和战略，笔者也希望通过此书，可以为我国正在积极推进的国土空间规划体系建设提供方法支撑，并以此作为低碳导向下空间规划方案编制、评审、优化、实施的基础和依据，客观具体地指导空间规划实践。本书不仅对城乡规划学科具有较高的学术价值和应用价值，而且为我国"3060"双碳目标的实现提供科学的方法与路径参考。

但是不可否认的是，目前创立低碳空间规划编制、优化、评审的基础、依据和标准既缺乏成熟的理论体系和实践方法的有力支撑，又缺乏健全的编制体系和完善的制度保障。比如如何将建成环境要素纳入控制性详细规划法定的指标管控体系，并建立具有可操作性的弹性与刚性结合的实施机制，以指导后续地块的开发建设等，都还需要进一步深入研究。希望可以与志同道合的学者一起努力。

最后，在此感谢东南大学出版社的孙惠玉老师在本书出版过程中所做的辛勤工作。

目录

前言

1 绪论 001
  1.1 研究背景与问题的提出 001
    1.1.1 低碳发展是全球应对气候变化的必然选择 001
    1.1.2 空间规划是实现低碳发展的重要引领与推动机制 002
    1.1.3 城镇建设用地碳排放与建成环境的关系，是将空间规划与控碳对接的关键环节 002
    1.1.4 建筑能耗是体现城镇建设用地碳排放的主要内容 003
  1.2 国内外研究进展 004
    1.2.1 基于空间与用地的碳排放核算与计量研究 004
    1.2.2 影响城镇建设用地碳排放的建成环境要素研究 007
    1.2.3 城镇建设用地碳排放预测方法研究 010
    1.2.4 BP神经网络方法在建筑能耗预测中的应用研究 012
  1.3 研究目标与主要研究内容 014
    1.3.1 研究目标 014
    1.3.2 主要研究内容 014
  1.4 研究问题与范围 015
    1.4.1 研究问题 015
    1.4.2 研究范围 015
  1.5 研究方法与技术路线 016
    1.5.1 研究方法 016
    1.5.2 技术路线 017

2 建成环境视角下城镇建设用地碳排放预测的分析框架 019
  2.1 城镇建设用地碳排放概念内涵及计量原理 019
    2.1.1 城镇建设用地碳排放 019
    2.1.2 基于建筑能耗的城镇建设用地碳排放 021
    2.1.3 城镇建设用地碳排放的计量原理 024
  2.2 建成环境概念内涵及要素选取 026

    2.2.1 建成环境概念内涵 026
    2.2.2 建成环境要素选取 028
  2.3 建成环境与城镇建设用地碳排放的相互作用关系 030
    2.3.1 建成环境对城镇建设用地碳排放的综合作用机制 030
    2.3.2 密度要素与城镇建设用地碳排放的关系分析 032
    2.3.3 功能要素与城镇建设用地碳排放的关系分析 033
    2.3.4 形态要素与城镇建设用地碳排放的关系分析 036
  2.4 建成环境视角下城镇建设用地碳排放预测的分析框架构建 038
  2.5 本章小结 039

3 基于 ArcGIS 的城镇建设用地碳排放数据库构建 041
  3.1 研究区域与数据 041
    3.1.1 研究区域 041
    3.1.2 研究数据 045
  3.2 城镇建设用地碳排放数据库的总体结构设计 049
    3.2.1 城镇建设用地碳排放数据库的总体结构 049
    3.2.2 城镇建设用地碳排放数据库的软硬件环境 050
  3.3 城镇建设用地碳排放数据库的数据信息录入 050
    3.3.1 数据信息范畴界定 051
    3.3.2 数据信息格式转换 051
    3.3.3 属性数据空间连接 052
  3.4 城镇建设用地碳排放及建成环境要素计量 053
    3.4.1 城镇建设用地碳排放计量方法 053
    3.4.2 建成环境要素计量方法 055
  3.5 本章小结 060

4 建成环境与城镇建设用地碳排放的关系 061
  4.1 建成环境与城镇建设用地碳排放的相关性分析 061
    4.1.1 建成环境要素与居住用地碳排放的相关性 062
    4.1.2 建成环境要素与工业仓储用地碳排放的相关性 063
    4.1.3 建成环境要素与公共用地碳排放的相关性 064
  4.2 密度要素对城镇建设用地碳排放的影响分析 066
    4.2.1 建筑面积 066

		4.2.2 建筑密度	070
		4.2.3 人口密度	071
	4.3	功能要素对城镇建设用地碳排放的影响分析	074
		4.3.1 用地性质	074
		4.3.2 用地混合度	077
		4.3.3 用地建设时间	077
		4.3.4 用地面积	080
	4.4	形态要素对城镇建设用地碳排放的影响分析	083
		4.4.1 建筑层数	083
		4.4.2 建筑体形系数	086
		4.4.3 建筑长宽比	088
		4.4.4 建筑朝向	088
	4.5	本章小结	091
5	基于建成环境的城镇建设用地碳排放预测		092
	5.1	基于BP神经网络方法的城镇建设用地碳排放预测	092
		5.1.1 BP神经网络方法原理	092
		5.1.2 BP神经网络方法在城镇建设用地碳排放预测中的适用性	094
	5.2	基于BP神经网络的城镇建设用地碳排放预测方法构建	094
		5.2.1 基于BP神经网络的城镇建设用地碳排放预测方法流程	094
		5.2.2 城镇建设用地碳排放预测的分类	095
		5.2.3 数据预处理	099
		5.2.4 BP神经网络结构及相关参数确定	100
		5.2.5 城镇建设用地碳排放预测结果的验证	102
	5.3	城镇不同类型建设用地碳排放预测	103
		5.3.1 BP神经网络的训练与测试	103
		5.3.2 城镇不同类型建设用地碳排放预测结果	104
	5.4	城镇不同类型建设用地碳排放预测结果的比较验证	110
		5.4.1 居住用地碳排放预测结果的比较	111
		5.4.2 工业仓储用地碳排放预测结果的比较	114
		5.4.3 公共用地碳排放预测结果的比较	116
	5.5	城镇建设用地碳排放预测结果分析讨论	120
		5.5.1 城镇不同类型建设用地碳排放值域范围及均值	120

  5.5.2 城镇建设用地碳排放空间分布规律 ... 122
  5.5.3 城镇建设用地碳排放强度分区 ... 125
 5.6 本章小结 ... 126

6 城镇建设用地碳排放预测方法的规划应用 ... 128
 6.1 城镇建设用地碳排放预测方法规划应用的思路与流程 ... 128
 6.2 长兴县太湖新城片区控规及城市设计方案碳排放预测 ... 128
  6.2.1 规划方案分析 ... 128
  6.2.2 规划方案碳排放预测 ... 129
 6.3 长兴县太湖新城片区控规及城市设计方案低碳优化 ... 134
  6.3.1 低碳优化情景设定 ... 134
  6.3.2 规划方案低碳优化 ... 136
 6.4 长兴县太湖新城片区控规及城市设计方案低碳优化减碳效益分析 ... 144
  6.4.1 规划方案低碳优化后的碳排放预测 ... 144
  6.4.2 规划方案低碳优化后的减碳效益分析 ... 145
 6.5 本章小结 ... 151

7 结论与展望 ... 152
 7.1 主要结论 ... 152
 7.2 研究创新点 ... 155
 7.3 不足与展望 ... 156
  7.3.1 研究不足 ... 156
  7.3.2 研究展望 ... 158

附录 ... 159
 附录1 附图（不同类型调研样本分布） ... 159
 附录2 附表（正态性检验、共线性检验及碳排放预测结果误差） ... 165
 附录3 数据（调研样本的碳排放及建成环境要素） ... 168

参考文献 ... 181

图片来源 ... 199

表格来源 ... 200

1 绪论

纵观人类社会发展历程，从传统农耕文明时期到工业文明时期，人类对资源的消耗和对生态环境的破坏日益增强。时至今日，环境问题空前严峻，其中以全球变暖为特点的气候变化对人类生活、工农业生产及生态环境等造成严重威胁（国家发展改革委宏观经济研究院等，2014）。为此，自20世纪中叶起，关于全球气候变化问题的讨论日益增多，生态文明理论逐渐深入人心，人们越来越意识到，全人类必须一致行动起来阻止这场环境灾难。在这一背景下，低碳发展思潮日益盛行，中国政府也一直积极推进低碳发展，并分别在2010年、2012年和2017年选出三批试点低碳城市，覆盖范围已经从省域到大中城市再到县域，旨在全国范围内选定若干区域先行探索低碳发展的有效路径和模式。

在上述背景下，城乡规划学科也开展了积极的探索，并逐渐成为研究的热点（顾朝林，2013b）。因此，为充分发挥空间规划的减碳效益，本书以城镇建设用地之上所承载的建筑能耗为切入点，通过研究城镇建设用地碳排放与建成环境之间的关系，提出建成环境视角下城镇建设用地碳排放预测的方法，为低碳空间规划方案碳排放预测及优化等提供关键技术支撑，从而探索应对气候变化的空间规划实现路径。

1.1 研究背景与问题的提出

1.1.1 低碳发展是全球应对气候变化的必然选择

气候变化作为现阶段人类所面临的最大挑战之一，已经成为全球各国的普遍共识。根据美国国家航空航天局公开的卫星观测数据显示，在1950年以前，地球大气中二氧化碳（CO_2）的平均浓度值一直在3×10^{-4}以下波动，而自1950年以来，地球大气中CO_2的平均浓度增加值超过了1×10^{-4}，并在2015年突破4×10^{-4}关口，是过去的40万年中地球大气中CO_2的平均浓度值上升速度的1 000倍（卢有朋，2018）。

与之相伴随的则是自1986年以来全球温度上升、冰川融化等的一系列连锁反应。联合国政府间气候变化专门委员会（Intergovernmental Panel on Climate Change，IPCC）的研究表明，从1986年以来，随着大气中CO_2等温室气体的不断积累，全球地表温度平均上升了约0.74 ℃，海平面上升了10—20 cm，预测到2081—2100年，全球地表温度将攀升至更高值，海平面也将进一步大幅上升（IPCC，2013）。可见，面对气候变化的紧张形势，低碳发展将成为全球各国的必然选择。

1.1.2 空间规划是实现低碳发展的重要引领与推动机制

空间规划是对一定时期内城市的经济和社会发展、土地利用、空间布局以及各项建设的综合部署、具体实施和实施管理（吴志强等，2010；周岚等，2010）。而以低碳为导向的空间规划则通过调整与优化用地布局、产业结构、交通系统、生态空间等要素，使城镇碳排放的形式、数量与强度在一定程度上得以固化，其"锁定效应"和"统筹功能"对实现低碳发展具有重要的引领作用（Ishii et al.，2010；Glaeser et al.，2010；Fong et al.，2008）。一方面，空间规划作为影响城镇空间结构与形态的手段之一，可以通过空间紧凑的城镇建设用地规划，从宏观上直接对影响城镇碳排放的结构性问题进行调控，从而控制城镇碳排放，推动当前的低碳发展由被动末端治理向源头需求疏导转变（姜洋，2016）。另一方面，空间规划通过对中微观土地利用、人口布局、开发强度、建筑形式、密度等的引导控制，可以对能源的需求和使用产生很强的推动作用，从而对碳排放产生深远影响（郭红雨等，2015）。

因此，近年来，围绕城镇低碳发展目标，城乡规划学科一直在寻求变革，积极探求低碳目标介入空间规划的路径和技术方法（Christen et al.，2010）。如中国城市规划学会城市生态规划学术委员会举办了"低碳生态：从理念到实践"的专题研究，中国城市科学研究会联合阿特金斯设计（深圳）有限公司编写了《低碳生态城市规划方法》，中国科学院与国家发展和改革委员会共同主办了"低碳规划编制方法及低碳评价指标体系"研讨会，中欧可持续城镇化的合作项目——深圳国际低碳城对一系列低碳规划方法进行了探索等，呈现出良好的开端。

1.1.3 城镇建设用地碳排放与建成环境的关系，是将空间规划与控碳对接的关键环节

城镇建设用地不仅是我们生活、工作、休憩的空间载体，而且是碳排放的主要载体，由人类活动引起的碳排放主要分布在居住用地、工业仓储用地和公共用地等不同类型的城镇建设用地上（赵荣钦等，2010a；张秀梅等，2010）。据统计，全球约80%的碳排放发生在城镇建设用地上。在中国，城镇建设用地上所承载的能源消费碳排放也已超过中国碳排放总量的73%，并且仍旧呈现出不断持续增加的趋势（Liu et al.，2011）。可见，降低城镇建设用地上所承载的碳排放对于应对全球气候变暖具有重要意义。

城镇建设用地碳排放最终都需要落实到城镇空间和具体的建设用地上。而对城镇建设用地的研究始终是空间规划学科理论和规划实践的核心内容之一（张彦飞等，2014），空间规划作为引领城镇低碳发展的基本依据，主要通过对城镇建设用地的用地性质、开发强度和空间形态等建成环境特征进行管控来实现。研究表明，通过使用清洁能源、调整产业结构、推广节能新技术等可以在一定程度上减少城镇建设用地碳排放，但并不能完全解决城镇建设用地上的功能、规模、建筑空间等建成环境要素所引起的碳排放效应，而等到城镇建设用地的上述建成环境特征得以确定，再对其上所承载的碳排放进行调整将会非常困难（顾朝林，2009）。空间规划只有在考虑上述建成环境要素的影响下，在规划编制阶段，通过对城镇建设用地建成环境做出合理调整，才能有效发挥控碳潜力。因此，从城镇建设用地作为碳排放的主要载体角度来看，通过在空间上明确城镇建设用地碳排放与建成环境之间的关系，是从空间规划角度出发，实现空间规划与控碳对接的关键环节。

1.1.4 建筑能耗是体现城镇建设用地碳排放的主要内容

建筑与工业、交通并列为能源消耗的三大领域，同时也是城镇建设用地上碳排放的主要来源。联合国环境规划署在发布的《建筑和气候变化：决策者摘要》报告中指出，目前全球建筑能耗约占整体能耗的40%，而在美国等发达国家，建筑能耗已经超过其能源消耗总量的60%（International Energy Agency，2015；U.S. EIA，2014），并且随着生活水平的提升，建筑能耗所占比重将会进一步提高（U.S. EIA，2019）（图1-1）。

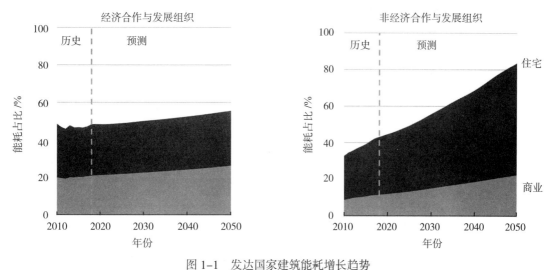

图1-1 发达国家建筑能耗增长趋势

目前，我国正处于快速的城镇化发展阶段，由建筑能耗引起的碳排放及占比逐年上升。根据《中国建筑能耗研究报告（2017）》可知，2000—2016年，中国建筑能耗碳排放由6.68亿t增长至19.61亿t，年均增长6.9%（中国建筑节能协会，2018）。联合国环境规划署甚至认为，如果不实行任何措施，未来20年内建筑能耗碳排放将达到现在水平的两倍以上。因此，非常有必要以建筑能耗为切入点，对城镇建设用地碳排放预测展开详细研究。

在此背景下，本书提出了基于建筑能耗的城镇不同类型建设用地碳排放的计量方法，通过构建城镇建设用地碳排放数据库，分析城镇建设用地碳排放与城镇建设用地上的功能内容、建筑空间等建成环境要素的关系，并在此基础上建立建成环境视角下城镇建设用地碳排放的预测方法。将城镇建设用地碳排放预测由其他相关学科转化为城乡规划学科可以探讨的问题，在对现有建造技术和能源消费水平下城镇不同类型建设用地所产生的碳排放特征研究的基础上，对规划方案中规划建设用地的碳排放进行预测，不仅有助于在空间规划的方案编制阶段对所产生的碳排放进行量化，增强规划编制的科学性，而且对于指导低碳城市的物质空间建设、优化城镇建设用地的建成环境具有重要的现实意义，也是当前低碳城市规划建设过程中所面临的重点和难点问题。

1.2 国内外研究进展

1.2.1 基于空间与用地的碳排放核算与计量研究

在应对气候变化行动中，碳排放的核算与计量是制订低碳发展目标与评估减碳效果的基础和关键（马翠梅等，2013），因此围绕碳排放的核算与计量方法，学界展开了丰富的讨论，主要可以分为三类：实测法（张德英等，2005）、物料衡算法（郝千婷等，2011）和IPCC清单法（IPCC，2006）。其中，实测法是利用专门的碳排放监测仪器，测量碳排放的通量和浓度等计算碳排放（叶祖达，2011；刘明达等，2014），主要应用于农业、土地利用变化等的碳排放核算（王雪娜等，2006）。物料衡算法是基于质量守恒定律，对工业生产过程中所使用的物料质量进行统计分析，主要适用于生产过程的碳排放核算（国家环境保护总局规划与财务司，2001）。IPCC清单法是基于IPCC发布的《IPCC国家温室气体清单指南》，统计一定区域范围内的不同类型能源消耗量，通过乘以相应的排放因子，得到碳排放。IPCC清单法简洁实用，且准确性较高，是目前基于空间与用地的碳排放核算与计量的主要方法（李彤，2015）。因此，越来越多的学者开始借助IPCC清单法，通过建立温室气体清单指南与城镇建设用地的关联框架，核算城镇建设用地碳排放。起步阶段主要是在国家、城镇群、省域、大都市区等宏观尺度，以城镇建设用地整体作为研究对象，核算城镇建设用地整体的能源活动、工业生产和废弃物处理等过程中所产生的碳排放。

代表性研究如下：霍顿等（Houghton et al., 1991, 1999, 2003）分别采用IPCC清单法核算了陆地景观重建后拉丁美洲地区、东南亚地区等国家以及美国的城镇建设用地碳排放及其变化。赖力（2010）基于中国1985年、1995年、2000年和2005年四年的土地利用栅格数据结合高清影像，采用IPCC清单法核算了中国各省的城镇建设用地碳排放。李参军（2018）采用IPCC清单法核算了长江中游城镇群的建设用地碳排放总量，并基于ArcGIS分析了核算结果的空间分布特征。张乐勤等（2013）结合安徽省统计年鉴数据，利用IPCC清单法，核算了安徽省总建设用地在1997—2011年每一年的排放量。黄潮清（2013）以广东省为例，通过IPCC清单法对全省城镇建设用地碳排放进行核算，进而探讨了广东省城镇建设用地碳排放的变化规律。胡提拉等（Hutyra et al., 2011）采用IPCC清单法，基于直接野外测量和遥感数据，核算了美国西雅图大都市区1986—2007年的城镇建设用地碳排放及其变化特征，为城镇建设用地的开发保护提供了依据。

随着研究的深入，开始有学者通过建立IPCC国家温室气体清单指南和城镇内部不同类型建设用地的对应关系，核算城镇内部工业、服务业、居住、交通等大类建设用地的能源消耗碳排放。

代表性研究如下：张国钦等（Zhang et al., 2018）以厦门为例，建立了IPCC国家温室气体清单指南和不同类型建设用地的对应关系，通过将温室气体排放清单中的能源活动碳排放对应到不同类型建设用地地块上，得到上述类型城镇建设用地的平均碳排放强度，并提出通过构建合理的碳排放空间格局来控制温室气体排放。苏雅丽（2012）以西安市为例，基于IPCC国家温室气体清单指南核算了西安市城镇内部不同类型建设用地上的能源活动碳排放。邓红兵等（2017）以厦门市为例，从城镇碳流动特征出发，通过将IPCC国家温室气体清单指南与功能分区尺度的城镇建设用地相关联，建立城镇建设用地碳排放的空间分区体系，在分区尺度上实现对城镇建设用地碳排放核算的定量化、空间化和可视化。王磊等（2013）基于IPCC国家温室气体清单指南，建立天津市不同类型产业用地与碳排放的关联模型，通过核算农业、生活与工商业、交通业和其他产业四大类型产业用地所对应的能源消耗，分析不同类型产业用地的碳排放特征（表1-1）。

表1-1 产业空间划分与用地、能源消费关联模型

产业空间划分	用地分类	（能源平衡表）能源消费项目
生活与工商业空间	城镇用地、农村居民点用地、独立工矿用地	建筑业、批发、零售业和住宿、餐饮业、城镇生活消费、农村生活消费、工业
交通业空间	交通运输用地	交通运输、仓储和邮政业
农业空间	耕地、园地、林地、水域	农业、林业、牧业、渔业
其他产业空间	未利用地、特殊用地	其他行业

近年来，开始有学者在对城镇建设用地碳排放核算与计量的基础上，对城镇建设用地上所承载的能源活动碳排放的构成展开研究，宏观尺度如英国能源与气候变化部通过对大伦敦所有地区的能耗进行核算，发现大伦敦地区所有区域的建筑能耗约占总能源活动的46%，部分区域的建筑能耗占社会总能耗的比重甚至超过了60%（Choudhary，2012）。李超骕等（2013）对比了国外不同城镇的建设用地碳排放构成，发现能源活动是城镇建设用地碳排放的主要来源，而在能源活动中，建筑能耗占有重要比重，是居住用地、公共用地及部分工业仓储用地上碳排放的主要来源（表1-2）。

表1-2 国外不同城镇的建设用地碳排放构成

案例城镇（年份）	核算部门及占比
伦敦（2006）	居住建筑25%、商业和公共建筑22%、交通14%、工业5%、航空34%
纽约（2008）	建筑75%、交通22%、燃料逃逸及生产过程2%、街灯及交通信号灯0.2%、其他0.8%
芝加哥（2005）	建筑71%、地面交通20%、工业生产过程5%、废弃物处理4%、航空（21%，额外）
波士顿（2005）	居住建筑17%、商业建筑50%、交通29%、废弃物处理1%、其他3%
丹佛（2005）	建筑52%、交通30%、城市物质消费18%
巴尔的摩（2007）	工业25.8%、交通24.4%、居住建筑23.5%、商业建筑23.4%、废弃物处理2.9%

微观尺度如王仁春（Wang，2019）随机抽样了我国台湾地区231个教育用地，包括67所高中、62所初中和102所小学，通过核算各个学校用地的各项能源消耗情况，发现用电能源消耗占比达到96%。同样，佩雷斯-朗巴德等（Perez-Lombard et al.，2008）、苏伯德等（Subodh et al.，2017）提出用电能耗是商业零售用地、办公用地、酒店和旅馆用地上能源消耗的主要部分。张李纯一等（2020）以天津市邮电公寓城南家园和新园村馨名园两个居住区为例，通过统计两个居住区的能耗，发现建筑用电能耗占比约为80%，是居住用地上碳排放的主要来源。黄欣（2015）在重庆主城区选取了27个住区作为样本，通过调研统计后发现电力碳排放是住区用地上碳排放的主要来源，占比约为83%。荣培君等（2016）基于2015年开封市居民家庭能耗的大样本问卷调查数据，以居民家庭用电能耗碳排放表征居住区的碳排放水平，分析居住区碳排放水平的空间分布特征。魏书威（2015）收集了关中地区80个小区的能耗数据，通过核算发现建筑运行能耗碳排放普遍占碳排放总量的90.50%以上，提出控制建筑运行能耗碳排放对于住区节能减排具有决定性意义，并基于上述结论对修建性详细规划方案的低碳性能进行测评。王伟强等（2017）结合既有研究，通过问卷调研收集了上海曹杨新村片区54个小区的居民用电能耗，以此作为54个居住小区碳排放的表征量，并在此基础上分析小区容积率、建筑密度等要素与碳排放的相关性。

综上，IPCC清单法是目前基于空间与用地的碳排放核算与计量研究常用的方法，其中能源活动是城镇建设用地碳排放的主要来源，但是受限于IPCC清单法中能源活动的统计范围，只能核算工业、服务业、居住、交通等大类城镇建设用地上的能源活动碳排放。此外，建筑能耗作为城镇建设用地上所承载的主要能源活动类型，得到越来越多的学者关注，这在一定程度上说明以建筑能耗作为城镇不同类型建设用地碳排放的表征量具有一定的科学性和合理性。

1.2.2 影响城镇建设用地碳排放的建成环境要素研究

根据前文分析，建筑能耗是城镇不同类型建设用地碳排放的重要来源，是实现国家低碳发展目标的关键（江亿，2011；龙惟定等，2012）。除部分工业仓储用地需要额外考虑工业生产过程中的碳排放外，城镇不同类型建设用地如居住用地碳排放与公共用地碳排放等主要是指用地上所承载的建筑能耗引发的碳排放，两者具有显著的正相关关系（张声远等，2008）。因此，本节对影响城镇建设用地碳排放的建成环境要素进行研究，同时也将影响城镇建设用地上建筑能耗的建成环境要素考虑在内。

自20世纪80年代起，国内外学者针对影响城镇建设用地碳排放的建成环境要素研究已经成为学界热点，建成环境与城镇建设用地碳排放的耦合关系也得到了较为深入的挖掘，并逐渐由在建筑尺度上分析建筑面积、建筑年龄、建筑体形系数等要素与城镇建设用地碳排放的关系，向在地块尺度上分析建筑密度、地块规模、土地混合利用等要素与城镇建设用地碳排放的关系方向拓展（Anderson et al.，1996；Banister et al.，1997；Fernie et al.，1987）。

在建筑尺度的建成环境要素方面，相关的研究主要由建筑领域的相关学者开展，其中国外研究主要基于国外已经建立的较为完善的建筑能耗统计数据库，结合能耗模拟方法，通过比较验证后分析建筑尺度的建成环境要素对城镇建设用地碳排放的影响，而国内研究受限于数据开放程度，尚处于起步阶段，相关研究有待进一步深入。常见的建成环境要素包括建筑功能（如住宅、办公室等）、建筑面积、建筑体形系数以及建筑年龄（Dall'O et al.，2012；Mavrogianni et al.，2009；Caputo et al.，2013；Aksoezen et al.，2015；Shimoda et al.，2004；Mastrucci et al.，2014）等，代表性研究如下：克拉格等（Kragh et al.，2014）基于丹麦国家研究数据库，提取160万栋建筑的规模、功能要素进行类型划分，并对分类后的典型建筑进行能耗模拟，与2010年丹麦能源消费官方统计数据相比后发现，两者结果差异低于4%。巴拉拉斯等（Balaras et al.，2005）、唐玛勒等（Tommerup et al.，2006）、西奥多里多等（Theodoridou et al.，2011）通过对欧洲不同国家的建筑能耗进行广泛分析，认为建设年龄是重要的要素，因为建筑围护结构、建筑材料等都与建筑年龄密切相关。非洛加莫等（Filogamo et al.，2014）基于人口普查数据，选择建筑建成时间、建筑类型和建筑规模作为影响西西里岛建筑能耗的重要建成环境要素，通过进行能耗模拟，获得 12 种不同建筑类型的能耗数据，并与 2011 年西西里岛的实测数据进行比较，平均误差约为 7.7%。达斯卡拉基等（Dascalaki et al.，2010）通过分析希腊住宅的建筑能耗，认为建筑年龄（1980 年、1981—2001 年和 2002—2012 年）、建筑类型（一层或两层的低层建筑、两层以上的高层建筑）、建筑所在气候区（四个气候区）三个要素的影响程度最大，并基于上述三个要素确定了 24 种不同类型的住宅建筑。乌伊莱茵等（Uihlein et al.，2009，2010）通过对欧洲的住宅建筑数据库进行分析，提出建筑规模和建筑高度是影响建筑能耗的重要因素。文森佐·伏拉卡斯托罗等（Vincenzo Fracastoro et al.，2011）基于意大利人口普查数据，研究了意大利皮埃蒙特和伦巴第两个大区的住宅建筑能耗，认为建筑体形系数、建筑长宽比等表征几何形状的要素以及建筑年龄是重要的建成环境要素。达斯卡拉基等（Dascalaki et al.，2011）基于欧洲的建筑存量能效评估的类型学方法（Typology Approach for Building Stock Energy Assessment，TABULA）项目，选择建筑年龄和建筑规模两个关键要素对欧洲各国家的建筑用能特征进行分类，并创建了 13 种国家建筑类型。巴拉里尼等（Ballarini et al.，2014）也基于欧洲的建筑存量能效评估的类型学方法（TABULA），选择建筑规模、建筑建成时间、建筑类型等要素建立意大利的建筑原型库，并对意大利皮埃蒙特地区进行验证，评估皮埃蒙特地区的建筑节能潜力。李信仪等（Li et al.，2019）选择建筑体形系数和建筑年龄作为关键要素，不仅对中国夏热冬冷地区的住宅建筑能耗和碳排放情景进行模拟预测，而且提供了为未来住宅建筑通过差异化改造措施进行节能的方法。马一腾（2017）选择建筑年代、建筑面积、建筑朝向、建筑层数等要素，对杭州市某片区的居住建筑进行分类，通过环境能源整合分析软件 IES-VE 进行能耗模拟，并与实测值进行比较，发现误差在 10% 以内。袁伟（2015）基于苏州市工业用地的实地调研，分析建筑面积、建筑朝向等要素与电子类工业用地上建筑能耗的相关性，发现相关系数分别为 0.819 和 0.683，进而利用建筑环境及暖通空调系统模拟的软件平台 DeST 进行能耗模拟并与实测值进行比较，发现误差小于 10%。西奥多里多等（Theodoridou et al.，2011）基于希腊统计局数据，以建成时间、建筑类型、建筑高度等要素对希腊存量住宅建筑进行分类，并利用建筑能耗模拟软件 EnergyPlus 对不同类型的典型建筑进行能耗模拟，与实测值进行比较后发现误差为 15%—18%。李信仪等（Li et al.，2018）以重庆市渝中区某片区为例，基于谷歌地图和计算机辅助设计（Computer Aided Design，CAD）软件，利用太阳高度角与阴影的关系，识别并计算建筑物高度，通过采用建筑物高度、建筑物纵横比和建筑物紧凑度比率（体形系数）三个要素进行聚类，利用建筑能耗模拟软件 EnergyPlus 来模拟建筑能耗，最终与实测值比较发现能耗整体误差较小，其中建筑采暖能耗误差为 0.03%，建筑制冷能耗误差为 2.97%。

综上，在建筑尺度影响城镇建设用地碳排放的建成环境要素研究方面，由于美国及欧洲等发达国家已经建立了较为完善的建筑能耗统计数据库，为从建筑尺度定量分析影响城镇建设用地碳排放的建成环境要素提供了翔实的数据，因此建筑功能、建筑年龄、建筑面积、建筑体形系数、建筑高度、建筑长宽比、建筑朝向等作为影响城镇建设用地碳排放的关键建成环境要素，已经得到了较为广泛的讨论，而国内相关研究尚处于起步阶段，相关研究有待进一步深入。此外，根据既有研究可知，家庭类型（Wang et al.，2015）、建筑物理结构（Ballarini et al.，2014；Sousa Monteiro et al.，2017）和建筑内部暖通空调（Heating, Ventilation and Air Conditioning，HVAC）系统（Heeren et al.，2013）等也是影响城镇建设用地碳排放的重要因素，但是由于在空间规划阶段，单体建筑详细设计并未完成，规划无法确定每栋建筑的具体围护结构、HVAC、室内负荷等信息，而本书重点是立足城乡规划学科展开研究，并明确所选取的建成环境要素对于空间规划的指导意义，因此，上述非空间类要素不作为本书重点关注的内容。

　　与建筑尺度的建成环境要素影响城镇建设用地碳排放的规律不同，当建筑成组群布置时，城镇建设用地上的碳排放并非各个建筑能耗碳排放的简单相加，需要将地块尺度的建成环境要素考虑在内。研究表明，地块尺度建成环境要素对于建筑能耗具有积极的"锁定效应"，而且不同类型建设用地地块的功能、密度、形态等建成环境要素可以对建筑能耗产生不同效果（Alberti，1999；Cervero，1988；Carne，1996；Newman et al.，1999）。因此，为使得城镇建设用地碳排放的预测结果更加准确，学者们开始试图研究地块尺度的建成环境要素对城镇建设用地碳排放的影响关系，根据研究目的和数据收集的情况，研究方法主要可以分为基于历史数据的统计研究、基于计算机技术的模拟研究以及统计与模拟相结合的综合研究（冷红等，2020）。

　　代表性研究如下：威尔逊（Wilson，2013）、罗德等（Rode et al.，2014）认为建筑密度、建筑体形、街区尺度等建成环境要素会对建筑能耗产生重要并且长期的影响。汉迪等（Handy et al.，2001）通过比较美国得克萨斯州6个不同建设时间小区的碳排放数据，发现不同建设时间的小区在碳排放方面具有显著差异。塞维罗等提出了建成环境要素的"三维（3D）理论"，将影响建筑能耗的地块建成环境要素总结为密度、多样性和设计三个维度（Cervero et al.，1997）。尤因等（Ewing et al.，2008）基于对美国城市的实地调研，发现通过提高人口密度、容积率，打造紧凑型城市空间形态，对于建筑能耗具有显著影响。皮特（Pitt，2013）通过模拟发现，在其他条件都相同的情况下，高密度开发住宅的建筑能耗更低，而且与低密度开发的住宅相比，最多可以降低35.5%的建筑能耗。王伟强等（2017）通过调研问卷估算了上海曹杨新村54个小区的碳排放，并对容积率、建筑高度、建筑密度、人均居住面积、人口密度等建成环境要素与样本小区碳排放的关系进行研究，结果显示 54 个小区的碳排放与上述建成环境要素分别呈现出区段波动性特征。江海燕等（2013）基于广州 33 个典型居住区的调研问卷数据，通过多元线性回归分析发现，小区的容积率和用地面积等建成环境要素与居住区能耗呈正相关。朱雪梅等（2014）则进一步基于上述数据，定量分析了住区类型等建成环境要素与居住区能耗的相关性，并提出针对性的碳减排策略。朱臻等（2011）、吴殿廷等（2011）结合调研问卷，认为人均住房面积、地块空间形态是否紧凑等要素与建筑能耗最为相关。陈飞等（2009）、郑思齐等（2011）认为地块上的建筑面积与建筑能耗具有显著的正相关关系。胡姗等（2015）认为建筑能耗在很大程度上与居住用地上的建筑密度、建筑体形系数等建成环境密切相关，并利用建筑环境及暖通空调系统模拟的软件平台 DeST，量化分析 12 种不同居住用地建成环境要素对建筑能耗的影响。王纪武等（2013）基于城市控制性详细规划的控制指标，利用能源模拟软件，分析杭州居住小区的建筑能耗与高层建筑占比的关系，通过模拟发现，当容积率一定时，居住区中的高层建筑比例与建筑能耗之间呈负相关，并提出应将居住区中的高层建筑占比纳入控制性详细规划的管控指标体系内，进而更好地指导低碳住区建设。吴巍等（2018）对宁波市 6 个不同区位的居住区进行了调研，通过多元线性回归分析了建筑高度、建筑类型、平均容积率、建筑密度、道路密度和道路交叉口密度 6 个要素与建筑能耗的关系。秦波等（2012）在北京选取了 5 个典型社区，结合 1 400 份居民建筑能耗问卷调查数据以及所对应的建成环境数据，通过比较分析验证了建成环境要素对于建筑能耗及碳排放的影响关系。

综上，在地块尺度影响城镇建设用地碳排放的建成环境要素研究方面，容积率、地块规模（或道路交叉口密度）、建筑密度、人口密度、土地混合利用、建筑高度等已经得到了国内外相关学者的讨论。可见，从空间规划的角度来看，通过调控上述各建成环境要素的值域范围，可以有效降低碳排放。但是，关于研究对象，学者们普遍选择形态更为统一的居住用地，对于城镇工业仓储用地及公共用地的研究有所欠缺。而且，部分研究以调研问卷数据或理想模型模拟数据为基础，缺少实测数据的检验，得到的结果与实际建筑能耗之间会存在一定偏差。

1.2.3 城镇建设用地碳排放预测方法研究

预测就是由已知推测未知，是在某种理论或方法的指导下，根据已经掌握的信息、资料、经验和规律，通过定性和定量分析，对事物发展的未来变化预先做出科学的推测（孙洪波，2004；俞璐，2015）。在 20 世纪 40 年代的时候，预测作为独立的学科被德国学者泰姆首次提出，此后随着计算机技术的发展，得到了广泛应用。

根据方法原理的不同，预测可以分为定性预测和定量预测两种。其中，定性预测是指依靠预测者的观察分析能力，借助于经验进行预测；而定量预测是指根据历史数据，运用数学方法构造数学模型进行预测（蒋品，2019）。目前关于城镇建设用地碳排放预测方法研究以定量预测为主，主要是基于遥感数据、土地利用数据和统计数据，核算城镇建设用地整体所承载的社会经济活动碳排放，通过建立建筑面积、国内生产总值（Gross Domestic Product，GDP）、人口密度等代用参数与碳排放的数学关系进行空间分配，预测得到城镇不同类型建设用地碳排放（Paul et al.，2004；Machado et al.，2001；赖力等，2011；蒋金亮等，2014；黄潮清，2013；赵荣钦等，2014；Houghton，2003）。代表性研究如下：

在宏观尺度，欧盟的全球大气研究排放数据库（Emissions Database for Global Atmospheric Resear，EDGAR）（空间分辨率为 10 km × 10 km 的网格）（Olivier et al.，2012）、美国普渡大学的化石燃料数据同化系统（Fossil Fuel Data Assimilation System，FFDAS）（空间分辨率为 10 km × 10 km 的网格）（Asefi-Najafabady et al.，2014）和蔡博峰及其研究小组制作的中国高分辨率排放数据库（China High Resolution Emission Database，CHRED）（空间分辨率包括 10 km × 10 km 的网格和 1 km × 1 km 的网格）（Cai et al.，2018）等都是通过上述方法实现对城镇建设用地碳排放的预测，并建立相应的碳排放预测数据库。此外，多尔等（Doll et al.，2000）、奥利维尔等（Olivier et al.，2005）、奥达等（Oda et al.，2011）基于能源统计数据，建立社会经济指标和碳排放之间的关系，通过人口密度、国防气象卫星计划（Defense Meteorological Satellite Program，DMSP）线性扫描业务系统（Operational Linescan System，OLS）的夜间照明图像等参数，建立 1 km × 1 km 的网格分辨率，预测碳排放的空间分布。白乃彬（1996）根据国家权威部门公开的能耗数据、社会经济指标数据等，建立中国大陆地区 1° × 1° 空间分辨率的碳排放预测网格。

在中观城镇尺度，古提昆塔等（Guttikunda et al.，2013）提出了一种基于地理信息系统的碳排放清单，预测了印度新德里的空气污染情况，包括对二氧化碳等温室气体的分析，并基于城市地块划分、建筑数量及人口分布情况，分配至 1 km × 1 km 的网格中。蔡博峰等（2014）通过核算上海的城镇居民生活能耗、服务业能耗和交通能耗，建立了上海 1 km × 1 km 的碳排放预测网格，并针对建成区内主要的建设用地碳排放进行相应的分析。张文婷等（Zhang et al.，2014）通过核算深圳的工业化石燃料能源消耗碳排放、交通运输能源消耗碳排放和人类呼吸碳排放等，确定了深圳市整体的碳源总量，在此基础上根据城镇土地利用类型和道路网络的空间分布，基于"四步"模型，预测了深圳市域不同类型城镇用地和交通用地的碳排放。杨静（2015）以人口分布、道路网络和企业位置为依据，形成南宁市主要类型建设用地 1 km × 1 km 的碳排放预测网格。许盛（2011）基于南京市碳排放清单，利用人口、道路和 GDP

数据，得到南京市主要类型建设用地 1 km × 1 km 的碳排放预测网格。揣晓伟等（Chuai et al., 2019）基于城市住宅、农村住宅、工业、商业和农业活动中的能源消耗，利用多源数据，包括居住小区数据、工业点位数据等，根据不同的土地利用类型进行碳排放空间分配，将碳排放分配至城市居住用地、农村居住用地、商业用地、工业用地、道路、绿地、水域和农田中，建立 300 m × 300 m 的碳排放预测网格。林凤仪等（Lin et al., 2017）利用建筑能耗的动态模拟和地理信息系统，通过蒙特卡罗方法，确定了建筑物能源消耗强度（Energy Use Intensity，EUI）的基准值，并以建筑面积数据和人口密度数据作为代用参数，建立了中国台湾地区南部两个城区居住建设用地的 200 m × 200 m 高空间分辨率地图，预测了居住建设用地建筑能耗及碳排放分布。

综上，国内外学者关于城镇尺度建设用地碳排放预测方法的研究已有不少尝试，由于城镇尺度的建筑能耗数据、建筑数据的获取存在一定的困难，因此既有的城镇建设用地碳排放预测方法主要通过一定的代用参数将建设用地碳排放按照空间网格进行预测，空间网格的精度也逐渐精细至 200 m × 200 m。此类研究虽然对本书具有一定的借鉴作用，但是同时也存在通过代用参数预测误差较大、空间网格属于栅格数据、无法矢量化等问题，导致难以适应城镇建设用地上错综复杂的地块划分与建筑空间分布情况，无法与空间规划中对于城镇建设用地的类型及边界相结合，更无法针对用地类型进行亚类细分，比如如何区分城乡住宅用地，不同产业类型的工业用地、商业用地、商务用地与行政办公用地等的碳排放差异，还需要进一步的研究。

1.2.4 BP 神经网络方法在建筑能耗预测中的应用研究

早期的建筑能耗预测大多通过简单的线性回归方法展开相关研究（Choudhary, 2012; Kavgic et al., 2010; Zhang, 2004; O'Neill et al., 2002; Wiedmann et al., 2007; Owens et al., 2008）。如艾迪纳尔普等（Aydinalp et al., 2002）基于某住宅建筑一个季度的能耗数据与天气变化数据建立线性回归模型，进而预测了其他季度的能耗。而随着人工智能（Artificial Intelligence，AI）技术的兴起与不断发展，它被认为是第四次工业革命的关键技术和主要推力之一。由于人工智能出色的数据分析和预测性能，开始有学者将机器学习技术应用到建筑能耗的预测中，但是主要针对单体建筑层面，在城镇尺度的规划层面应用较少。目前最常用的机器学习预测方法包括 BP 神经网络和支持向量机（Support Vector Machine，SVM）。但在具体的应用中，与其他机器学习预测方法（包括 SVM 方法、梯度提升方法、分类和回归树方法、多元自适应回归样条方法、线性回归方法等）相比，BP 神经网络应用的深度及广度最为普遍（Swan et al., 2009; 冷红等，2015; Kecebas et al., 2012; Karatasou et al., 2006）。因此，本书主要围绕 BP 神经网络方法展开研究进展综述。

代表性研究如下：王赛丽等（Wong et al., 2010）应用 BP 神经网络预测了位于亚热带气候区典型办公建筑的能耗，并基于纳什效率系数（Nash-Sutcliffe Efficiency Coefficient, NSEC）来测试 BP 神经网络的预测性能，经过测试发现，制冷、供暖、电力照明和建筑总用电量的预测准确率分别为 0.994、0.940、0.993 和 0.996。埃尔南德斯·内托等（Hernandez Neto et al., 2008）通过收集相关的设计参数，应用 BP 神经网络对加拿大圣保罗大学能耗进行预测，结果显示，BP 神经网络的平均误差约为 10%。阿扎德等（Azadeh et al., 2007, 2008）使用伊朗能源密集型制造业从 1979 年到 1999 年的用电数据，通过建立 BP 神经网络预测了 2000 年到 2003 年之间上述企业的用电量，结果表明 BP 神经网络具有良好的用电预测精度。卡萨纳斯马兹等（Kazanasmaz et al., 2009）基于一栋办公建筑照明设备三个月的实地监测数据建立 BP 神经网络，以用于对该建筑照明能耗的预测，并根据预测结果进行相应的分析和讨论。艾迪纳尔普等（Aydinalp et al., 2002）分别使用能耗模拟软件与 BP 神经网络方法来预测某住宅建筑的能耗，通过比较发现 BP 神经网络方法的预测结果更为准确。同样，姚健等（2007）利用矩阵实验室软件平台建立 BP 神经网络，通过与实测值比较发现平均误差低于 3.5%。雷娅蓉（2009）以重庆为例，通过历年的统计年鉴数据，获取重庆的建筑能耗数据及影响建筑能耗的相关指标数据，并利用 BP 神经网络预测重庆未来的居住建筑能耗。特索等（Tso et al., 2007）基于中国香港地区住宅建筑夏季和冬季的历史用电数据集，基于 BP 神经网络预测了香港地区相应季节住宅建筑的用电量。雅尔辛塔斯等（Yalcintas et al., 2007）使用美国商业建筑能耗调查（Commercial Buildings Energy Consumption Survey, CBECS）数据库数据训练 BP 神经网络来预测建筑能源使用强度值，并验证了可靠性。

综上，国内外学者围绕城镇建设用地碳排放问题开展了深入的研究，相关研究所建立的定量研究和分析方法、在城镇建设用地碳排放核算的内容与方法、影响建筑能耗的建成环境要素选取方法、城镇建设用地碳排放预测方法，以及以 BP 神经网络为代表的机器学习方法在相关领域的应用等都对本书研究具有很好的启发。但是本书所提出的是以城镇空间内不同类型建设用地的地块为基本研究单元，这与既有研究在研究对象的选择上具有很大的不同，需要立足城镇空间内不同类型建设用地地块上的碳排放实际特征，建立系统性的研究思路与方法。因此，在既有研究总结的基础上，本书提出了城镇不同类型建设用地碳排放的计量方法，通过构建城镇建设用地碳排放数据库，分析城镇建设用地碳排放与城镇建设用地的功能、建筑等建成环境要素的关系，从而建立建成环境视角下城镇建设用地碳排放的预测方法，增强空间规划的科学性，为低碳导向下的空间规划方案编制提供方法支撑，并以此作为规划方案编制、优化、评审的基础和依据。

1.3 研究目标与主要研究内容

1.3.1 研究目标

在《巴黎协定》后，低碳发展成为全球共识，而在城乡规划学科层面以建成环境的角度来预测城镇建设用地碳排放的研究尚处于起步阶段。本书以浙江省长兴县中心城区为例，提出建立城镇不同类型建设用地的碳排放计量方法，在实地调研的基础上构建城镇建设用地碳排放数据库，探究城镇建设用地碳排放及其与城镇建设用地上的功能内容、建筑空间等建成环境要素的关系，建立建成环境视角下城镇建设用地碳排放的预测方法，从而在空间规划编制阶段能够准确地预测城镇建设用地碳排放，并进一步识别出城镇建设用地的碳排放分布，帮助规划设计者在建设前期判断城镇建设用地的碳排放水平，以便做出明智的规划决策，有效地发挥空间规划的控碳潜力。

1.3.2 主要研究内容

基于上述研究目标，本书主要对以下四个方面的内容进行研究。

1）建成环境视角下城镇建设用地碳排放预测的分析框架

通过界定城镇建设用地碳排放、建筑能耗及建成环境的概念，明确基于建筑能耗的城镇建设用地碳排放的研究内涵；结合文献实证研究，提出影响城镇建设用地碳排放的建成环境要素，具体包括密度要素、功能要素和形态要素三大类，共计 11 个建成环境要素；提出建成环境对城镇建设用地碳排放的综合作用机制，并探讨单个建成环境与城镇建设用地碳排放之间的影响关系，在此基础上提出建成环境视角下城镇建设用地碳排放预测的分析框架。

2）基于地理信息系统软件 ArcGIS 的城镇建设用地碳排放数据库构建

以浙江省长兴县中心城区为例，基于实地调查和会议访谈调查，获取长兴县中心城区 2018 年不同性质建设用地地块上的年用电能耗、建筑、用地、企业和人口等数据；提出基于地理信息系统软件 ArcGIS 的城镇建设用地碳排放数据库构建方法，通过总体结构设计、数据信息录入、城镇建设用地碳排放及建成环境要素计量三个步骤，在地理信息系统软件 ArcGIS 10.2 中构建城镇建设用地碳排放数据库。

3）建成环境与城镇建设用地碳排放的关系

以浙江省长兴县中心城区为例，基于所构建的城镇建设用地碳排放数据库中的 293 组调研样本数据，通过统计产品与服务解决方案软件

SPSS 22.0平台，选择斯皮尔曼（Spearman）相关系数方法来分析建成环境与城镇不同类型建设用地碳排放的相关性，确定与城镇不同类型建设用地碳排放具有显著相关的建成环境要素；对具有显著相关的密度、功能、形态建成环境要素与城镇不同类型建设用地碳排放的影响关系进行分析，确定使城镇建设用地碳排放最小化的建成环境要素阈值，作为后续建立城镇建设用地碳排放预测方法、规划方案低碳优化及减碳效益分析的依据。

4）基于建成环境的城镇建设用地碳排放预测方法

以浙江省长兴县中心城区为例，将机器学习方法应用于建成环境视角下的城镇建设用地碳排放预测研究中，利用矩阵实验室软件平台，建立基于建成环境的城镇建设用地碳排放的BP神经网络预测方法；通过将基于BP神经网络方法的城镇建设用地碳排放预测结果与多元线性回归预测结果及真实值进行比较验证后，再将预测结果扩展至城镇整体，得出不同类型建设用地碳排放的值域范围及均值、城镇建设用地碳排放的空间分布规律、城镇建设用地碳排放强度分区；利用BP神经网络方法预测长兴县太湖新城片区控制性详细规划及城市设计方案的碳排放，对城镇建设用地碳排放预测方法展开规划应用分析，进一步明确该方法在规划实践中的应用情景，从而有效评估空间规划方案的低碳优化对城镇建设用地碳排放的减碳效益。

1.4 研究问题与范围

1.4.1 研究问题

以浙江省长兴县中心城区为例，通过构建城镇建设用地碳排放数据库，并在此基础上分析建成环境与城镇建设用地碳排放之间的关系，从而建立建成环境视角下城镇建设用地碳排放预测方法，这是本书拟解决的关键科学问题。

1.4.2 研究范围

本书对于研究范围的界定同时考虑了城镇建设用地碳排放的概念内涵，以及建成环境研究视角的科学性和合理性，以便建立具有普适意义的基于建成环境的城镇建设用地碳排放预测方法。

第一是关于气候地域的界定。我国的《民用建筑热工设计规范》（GB 50176—2016）根据不同地区的气候特征，将我国划分为严寒地区、寒冷地区、夏热冬冷地区、夏热冬暖地区与温和地区五个建筑热工设计分区（中华人民共和国住房和城乡建设部等，2016）。其中，夏热冬冷地区由于大部分地区没有集中供暖，因此为了满足建筑使用者的舒适性需求，冬季需要空调采暖，夏季需要空调制冷，使得建筑能耗整体偏高，同时也使得该地区的城镇建成环境要素与城镇建设用地碳排放的关系更具敏感性。因此，立足夏热冬冷地区开展建成环境视角下的城镇建设用地碳排放预测方法研究，具有一定的代表性。综上，本书以地处夏热冬冷地区的浙江省长兴县中心城区为例开展研究。

第二是关于研究尺度的界定。本书的研究对象是城市中地块尺度的建设用地碳排放，因此长兴县中心城区内不同类型的城镇建设用地地块均为本书的样本数据。本书以城镇建设用地地块为基本单元，通过获取并计算地块上的建筑能耗及各项建成环境要素，分析地块尺度的建成环境与城镇建设用地碳排放之间的关系，进而通过中微观尺度的空间规划中对于建成环境要素值域范围的调控，降低城镇建设用地地块上的碳排放。经过统计，浙江省长兴县中心城区共计 933 个城镇建设用地地块，包含了《城乡用地分类与规划建设用地标准（征求意见稿）》中所提出的各类用地，同时具有丰富的地块建成环境特征。

第三是关于研究视角的界定。根据前文所述，建筑能耗是城镇建设用地上碳排放的主要来源，在一定程度上代表了城镇建设用地碳排放水平。建筑能耗的影响要素众多，大至宏观尺度城市的气候条件、地理区位、社会经济发展水平等，小至每户居民的家庭收入、年龄结构、使用空调等用能行为，都会在不同程度上影响建筑能耗。而就城乡规划学科而言，在空间规划编制时，往往是通过调控建成环境要素来影响以建筑能耗为表征的城镇建设用地碳排放。因此，本书中对于影响建筑能耗的建成环境要素的确定主要是立足城乡规划学科。通过文献综述，同时结合空间规划的相关标准规范，综合确定本书所研究的建成环境要素，并进一步分析确定建成环境要素与城镇建设用地碳排放之间的关系，而且本书所提出的建成环境要素，可以在一定程度上补充并完善既有中微观尺度空间规划的控制指标体系，从而使得空间规划方案对于碳排放的控制更加具有针对性。

1.5 研究方法与技术路线

1.5.1 研究方法

1）文献研究法

通过对国内外研究进展的梳理，对国内外基于空间与用地的碳排放核算与计量、影响城镇建设用地碳排放的建成环境要素、城镇建设用地碳排放预测方法和 BP 神经网络方法在建筑能耗预测中的应用等具有代表性的研究文献进行归纳总结，不但可以明确本书所要解决的问题，而且可以将既有研究的不足之处作为本书的切入点。

2）实地调研法

本书采用实地调研的研究方法，对实证研究区域进行部门访谈和实地勘察，共赴长兴县实地调研四次，调研走访了多个单位，包括燃气公司、供电局、教育局、卫生局、统计局、发展和改革委员会、经济和信息化局等。通过与当地部门的交流、协商及实地考察获取了不同类型建设用地的建筑能耗数据，以及用地上各类建筑的基础建筑信息、工业企业类型、产值、能耗等数据。

3）机器学习法

机器学习法主要是对已知的样本数据进行"学习"，研究数据之间的内在关系，获取新的知识或技能，不断改善自身的性能，从而实现对未知数据的预测。机器学习法拥有出色的"学习"能力，因此发展速度越来越快，目前已经有很多学者将机器学习法与建筑领域知识相结合。本书基于以 BP 神经网络为代表的机器学习法建立城镇建设用地碳排放预测方法，得到城镇尺度下的不同类型建设用地碳排放、碳排放强度的范围值及均值，分析城镇不同类型建设用地碳排放的空间分布规律及划定城镇建设用地碳排放强度分区。

4）比较分析法

比较分析法是根据一定的标准，对某种现象在不同情况下的不同表现进行比较研究，找出普遍的规律及其特殊本质，力求得出符合客观实际结论的方法（安尊华，2010）。本书将比较分析法贯穿全书，具体体现在建成环境要素的比较确定、城镇建设用地碳排放预测精度的比较确定等，通过定性和定量的比较分析，确定比较对象之间的差异，进而增强研究的科学性。

5）统计分析法

统计分析法是指通过运用图表或数理计算，对基于部门访谈和实地勘察所获取的调研数据进行计量分析，进而揭示数据之间的相互关系及变化趋势的方法。本书借助统计产品与服务解决方案软件 SPSS 22.0 平台，运用斯皮尔曼（Spearman）相关性分析方法、回归分析方法等统计分析方法，定量分析建成环境与城镇建设用地碳排放之间的关系，进而得出可操作、可应用、可推广的定量化结论。

1.5.2 技术路线

本书技术路线主要按照研究内容进行划分，具体执行如图 1-2 所示。

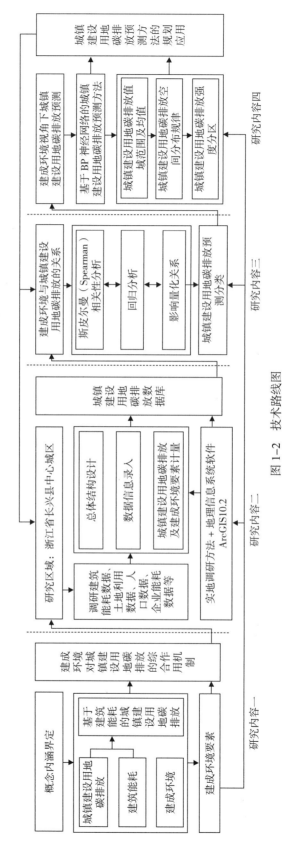

图 1-2 技术路线图

2 建成环境视角下城镇建设用地碳排放预测的分析框架

2.1 城镇建设用地碳排放概念内涵及计量原理

2.1.1 城镇建设用地碳排放

1）IPCC 计量方法

1995 年,IPCC 发布第一版《IPCC 国家温室气体清单指南》,在区域宏观尺度上将碳排放源细分为能源、工业过程、溶剂和其他产品应用、土地利用变化和林地、农业、废弃物六个领域。2006 年,IPCC 在此基础上进行了更新,即《2006 年 IPCC 国家温室气体清单指南》(以下简称《2006 清单指南》),将碳排放源合并为能源、工业过程和产品使用、农业、林业与其他土地利用、废弃物及其他五个领域(安尊华,2010;丛建辉等,2014;姜洋等,2013;张晓梅等,2015),主要通过排放因子法进行计量。目前《2006 清单指南》已经成为世界各国开展城镇建设用地碳排放研究的重要依据(IPCC,1997)。比如国际上对美国(Houghton et al.,1999)、中国(Wang et al.,2005)、印度(Paul et al.,2004)和巴西(Machado et al.,2001)等国的碳排放开展了研究。

基于《2006 清单指南》,中国于 2011 年编制了《省级温室气体清单编制指南(试行)》(以下简称《省级指南》),并于 2016 年提交了《中华人民共和国气候变化第一次两年更新报告》(以下简称《报告》)。根据《省级指南》和《报告》的计量结果可知,中国的能源生产和消费活动是碳排放的重要来源,占碳排放总量的 87.82%(表 2-1)。

表 2-1 2012 年中国碳排放总量(亿 t CO_2 当量)

类别	CO_2	占比 /%
能源活动	86.88	87.82
工业生产过程	11.93	12.06
农业活动	—	—
废弃物处理	0.12	0.12
土地利用变化和林业	-5.76	—
总量(不包括土地利用变化和林业)	98.93	100.00

可见,IPCC 所发布的《2006 清单指南》的核心是统计一定区域内

上述五个领域的活动量（如能源消耗等），通过乘以排放因子得到碳排放量，主要是在宏观区域空间尺度直接加以应用，比如全球、国家、省域等。整体而言，IPCC 的计量方法为不同区域间提供了口径统一的可比较的方法，具体计算公式为

$$E = AD \times EF \tag{2-1}$$

式中，E 为一定区域内某碳排放源的温室气体排放量（$kgCO_2$）；AD 为某碳排放源使用量；EF 为单位某排放源使用量的温室气体排放量 [$kgCO_2/(kW \cdot h)$]，也被称为排放因子。其中，碳排放源的使用量可以依据国家统计部门发布的相关统计数据确定，排放因子可以依据《2006 清单指南》确定。

2）城镇建设用地碳排放概念内涵

城镇建设用地碳排放并非城乡规划学中的规范用语，目前并没有关于城镇建设用地碳排放的明确定义，主要与"城镇建设用地"和"碳排放"有关。目前，《城乡用地分类与规划建设用地标准（征求意见稿）》（以下简称《用地标准》）中对于城镇建设用地进行了明确的定义。城镇建设用地主要是指城镇内各类建设用地的统称，是城镇中人类能源活动、工业生产和居住生活的基本空间载体，包括居住用地、商业服务业设施用地、工业用地等共计 9 大类、36 中类、47 小类。

碳排放是指温室气体排放的总称。根据《2006 清单指南》可知，碳排放的来源主要包括能源、工业过程和产品使用、农业、林业与其他土地利用、废弃物及其他五个领域。

因此，基于上述城镇建设用地与碳排放的概念内涵，考虑到农业与土地利用变化及林业并不主要发生在城镇建设用地范围上（谢鹏程等，2018），通过参考 IPCC 计量方法，本书认为城镇建设用地碳排放主要是指发生在城镇建设用地范围上的能源、工业过程和产品使用、废弃物及其他引起的碳排放。

此外，本书也对比了其他关于城镇建设用地碳排放概念内涵的研究。如 IPCC 认为城镇建设用地碳排放主要是指其所承载的生活、生产等过程中的碳排放，并且由于不同国家和地区的城镇建设用地利用水平不同，因此不同国家和地区的城镇建设用地碳排放也存在显著差异。基于《2006 清单指南》，国际地方政府环境行动理事会（International Council for Local Environmental Initiatives，ICLEI）建立了侧重于城镇建设用地（建成区）的《碳排放计算清单指南》（简称《ICLEI 指南》），目前已经有 700 多个城镇参加了这项计划（ICLEI，2009，2012）。《ICLEI 指南》按照城镇尺度展开城镇建设用地的碳排放核算，核算范围主要包括能源、工业生产过程、农业（如有）、土地利用变化和林业（如有）、废弃物五个部门（表 2-2），并进一步指出能源活动是城镇建设用地碳排放的主要来源（顾朝林，2013a）。

黎孔清（2013）认为城镇建设用地上的能源碳排放、生产碳排放和

表 2-2　城镇尺度的碳排放清单核算内容

联合国气候变化框架公约部门	
能源	建筑能耗等静止碳排放
	交通碳排放
	逃逸碳排放
工业生产过程（如有）	
农业（如有）	
土地利用变化和林业（如有）	
废弃物	固体废弃物处理
	废水处理和排放

废弃物碳排放是碳排放的主要来源。屈宇宏（2015）认为城镇建设用地碳排放是指城镇建设用地上所承载的人为活动能耗碳排放。李参军（2018）也提出同样的观点，他认为城镇建设用地碳排放主要是指建设用地上的人类活动所产生的碳排放。赵荣钦等（2010b，2013）认为城镇建设用地碳排放是指工业、商业、居住等不同类型建设用地上所承载的能源消耗碳排放。郭洪旭等（2019）认为城镇建设用地碳排放主要是指其所承载的建筑、工业和交通三个方面的能源消耗碳排放。魏瑶（2015）提出城镇建设用地碳排放是指城镇建设用地内能源消耗所产生的碳排放。

综合上述研究可知，城镇建设用地本身并不直接参与碳排放过程，碳排放主要是指发生在其范围内的人类活动碳排放。本书将城镇建设用地碳排放定义为：城镇建设用地上所承载的能源、工业过程和产品使用、废弃物碳排放，并且能源活动是城镇建设用地碳排放的主要来源。

2.1.2　基于建筑能耗的城镇建设用地碳排放

根据第 1.4.2 节中对研究范围的界定可知，本书的研究对象是城镇中地块尺度的建设用地碳排放，这也是本书研究的前提。这是因为在不同的尺度上，城镇建设用地碳排放来源的构成不同，计量原理也不同。根据相关学者的统计可知，在城镇整体尺度，民用建筑碳排放的占比约为 37.45%，工业过程碳排放的占比约为 39.06%，交通能耗碳排放的占比约为 21.76%，农业碳排放的占比约为 1.69%，废弃物以及其他碳排放的占比约为 0.04%（彭琛等，2018）。但在地块尺度，建筑能耗引起的碳排放占有绝对比例，对于居住用地和公共用地而言，建筑能耗碳排放的占比约为 94%，废弃物碳排放的占比约为 5%，交通能耗碳排放的占比约为 1%，而且建筑能耗及其碳排放与地块上的建成环境要素关系最为密切。对于工业仓储用地而言，本书综合考虑了能耗及工业过程碳排放，但是由于研究区域内的工业仓储用地不存在工业过程碳排放（详见第 3.1 节内容），因此对于工业仓储用地碳排放的计量只是考虑其能耗碳排放。综上，本书选择建筑能耗作为切入点,既可以代表地块尺度的城镇建设用地碳排放水平,又便于直接有效地分析建成环境与城镇建设用地碳排放的关系。

1)建筑能耗

本书基于建筑能耗的城镇建设用地碳排放,需要先明确建筑能耗的概念内涵。根据彭琛等学者的研究可知,建筑能耗的定义可以分为广义和狭义两种。其中,广义的建筑能耗包括建筑材料生产、运输阶段能耗,建筑建造施工阶段能耗以及建筑运行阶段能耗;狭义的建筑能耗是指建筑运行阶段能耗,即建筑物使用阶段能耗,包括照明、采暖、空调和各种建筑内使用电器的能耗,是建筑能耗中的主导部分(图2-1)。

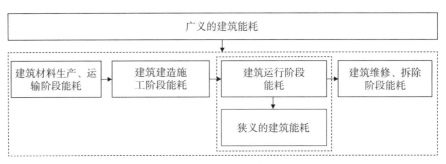

图2-1 建筑能耗定义

同时彭琛等(2015)还通过选取某一典型居住建筑,分析了广义的建筑全生命周期能耗与狭义的建筑运行阶段能耗的关系,根据分析结果可知,在建筑全生命周期能耗中,建筑运行阶段能耗约占90%(表2-3),是建筑全生命周期能耗的主要来源。基于上述分析,通过借鉴相关学者的研究以及《民用建筑能耗标准》(GB/T 51161—2016)中对于建筑能耗的定义,本书所界定的建筑能耗的概念主要是指狭义的建筑能耗,是在居住、公共以及工业仓储等不同类型的建筑内,为居住者或使用者提供照明、供暖、制冷、设备运行以及其他为了实现建筑各项服务功能所使用的能源。

表2-3 某典型居住建筑全生命周期能耗碳排放

阶段	内容	碳排放 /t	占比 /%
建造、维修和拆除阶段	建材生产	9 702.5	9.66
	建材运输	134.5	0.13
	工程施工	36.0	0.04
	拆除处理	54.6	0.05
运行阶段	采暖、空调等	90 544.9	90.12

此外,根据清华大学建筑节能研究中心的统计可知,建筑运行阶段能耗以电力、煤炭、天然气、液化石油气和人工煤气五种能源为主,其中电力占比超过90%,是城镇民用建筑运行阶段能耗(除集中供暖外)

的最主要能源，其次是天然气，其他三种能源占比非常小，都不足 1%（清华大学建筑节能研究中心，2018；He et al.，2017）。为了进一步验证上述结论，本书列出了部分收集到的长兴县中心城区内不同类型建设用地上 2018 年的用电能耗和用天然气能耗，并根据《中国能源统计年鉴》中所给出的折标准煤参考系数，统一折算为标准煤进行比较。通过分析发现，长兴县中心城区不同类型建设用地上所承载的能耗以用电能耗为主，占比都超过 93%，且大多数占比都在 99% 以上，而用气能耗普遍在 1% 以内，并且部分建设用地类型上如商务用地、商业用地等并不产生天然气能耗（表 2-4）。因此，为了统一城镇不同类型建设用地碳排放比较的口径及来源，并且不影响研究的精度及结果，本书认为，在建筑运行阶段的能耗中，电力能耗是最主要的能源消耗类型，并选择用电力能耗代表建筑能耗。

表 2-4 长兴县中心城区不同类型建设用地上年用电能耗与用气能耗比较

用地性质	用户名称	年用电能耗 /kgce（占比 /%）	年用气能耗 /kgce（占比 /%）	年总能耗 /kgce（占比 /%）
居住用地	水木花都	164 491 651.75（99.07）	1 544 024.00（0.93）	166 035 675.75（100.00）
	城北小区	43 840 462.20（98.94）	468 972.50（1.06）	44 309 434.70（100.00）
	星龙湾	7 955 052.89（99.14）	68 840.00（0.86）	8 023 892.89（100.00）
工业仓储用地	超威电源有限公司	36 776 660.00（99.96）	15 597.50（0.04）	36 792 257.50（100.00）
	浙江诺力机械股份有限公司	17 902 380.00（95.41）	860 469.20（4.59）	18 762 849.20（100.00）
公共用地	长兴县金陵大酒店	8 840 520.75（98.76）	111 377.50（1.24）	8 951 898.25（100.00）
	长兴国际大酒店	21 672 742.10（99.84）	34 138.33（0.16）	21 706 880.43（100.00）
	长兴县中医院	30 701 033.40（99.57）	131 517.50（0.43）	30 832 550.90（100.00）
	长兴县人民医院	64 072 253.90（99.65）	224 907.50（0.35）	64 297 161.40（100.00）
	长兴县第一小学	4 453 767.29（99.83）	7 365.83（0.17）	4 461 133.12（100.00）
	长兴县第四小学	2 452 481.69（99.51）	12 080.00（0.49）	2 464 561.69（100.00）
	浙江长兴农村商业银行股份有限公司	15 014 890.20（99.97）	4 175.83（0.03）	15 019 066.03（100.00）
	丽湖中央大厦	2 072 172.50（100.00）	0.00（0.00）	2 072 172.50（100.00）
	长兴县行政中心	2 077 575.26（93.16）	152 480.80（6.84）	2 230 056.06（100.00）

2）基于建筑能耗的城镇建设用地碳排放概念内涵

本书基于建筑能耗的城镇建设用地碳排放即城镇建设用地上所承载的建筑运行阶段能源活动碳排放。为了既可以排除其他干扰因素的影响，更直接有效地分析建成环境与城镇建设用地碳排放的关系，又可以代表城镇建设用地的碳排放水平，本书以城镇建设用地上的年用电能源消耗碳排放作为城镇建设用地碳排放的表征量。因此，如无特别说明，本书中所分析的"城镇建设用地碳排放"即"基于建筑能耗的城镇建设用地碳排放"。

2.1.3 城镇建设用地碳排放的计量原理

基于上述分析，本书提出在地块尺度上，以建筑能耗表征城镇不同类型建设用地的碳排放水平，而建筑能耗的主体是不同类型的建筑，城镇建设用地则是不同类型建筑的载体，因此对城镇建设用地碳排放进行计量，首先需要将不同功能的建筑与城镇建设用地性质进行对应。目前，关于建筑功能划分的标准、规范等比较多，本书通过借鉴《建筑设计防火规范》（GB 50016—2014）、《民用建筑能耗标准》（GB/T 51161—2016）、《中国建筑节能发展报告：区域节能（2018年）》以及清华大学建筑节能研究中心开发的中国建筑能耗模型（China Building Energy Model，CBEM）的分类，同时与目前国外关于建筑功能分类相对权威的数据库——美国商业建筑能耗调查（CBECS）数据库进行对比，综合确定本书中的建筑功能分类基本涵盖了城镇中的主要建筑类型，如图2-2所示。其中，住宅建筑包括农村住宅建筑、城镇住宅建筑；公共建筑包括办公（行政、商务）、酒店、商业、科教（科研、教育）、医院、文体、其他（交通、公用、特殊等）；工业建筑包括生产建筑、生产辅助用房建筑。需要说明的是，在本书的建筑功能分类中，一些功能相似的建筑被划分为一类，比如医院建筑包括医技楼、住院楼、门诊楼等，科教建筑包括小学、中学、科研楼等。此外，住宅建筑中的农村住宅建筑（城中村、城郊村）也是城镇中建筑的重要组成部分，对于该功能类别，考虑农村住宅建筑与城镇住宅建筑之间的差异是有利的。而交通场站建筑、公用设施建筑、特殊功能建筑和文物建筑等，由于在城镇中的占比较小，因此统一被划为其他建筑。交通用地、绿地及待深入研究用地则不考虑建筑能耗。

综上，根据住房和城乡建设部、国家质量监督检验检疫总局联合发布的《用地标准》，结合上述建筑功能划分，本书按照中类进行对应，得到城镇不同类型建设用地与建筑功能的关联表（表2-5）。

根据上述不同类型城镇建设用地与建筑功能关联表可知，住宅建筑主要对应于居住用地，包括村庄住宅用地、城镇住宅用地；公共建筑主要对应于行政办公用地、商务用地、旅馆用地、商业用地、科教用地、

图 2-2 建筑类型划分

表 2-5 城镇不同类型建设用地与建筑功能关联表

用地类型	类别名称	建筑功能
居住用地	村庄住宅用地	农村住宅建筑（城中村）
	城镇住宅用地	城镇住宅建筑（1—3层、4—6层、7—9层、≥10层）
公共用地	行政办公用地	行政办公建筑
	商务用地	商务办公建筑
	旅馆用地	酒店建筑
	商业用地	商业建筑

续表 2-5

用地类型	类别名称	建筑功能
公共用地	科教用地	科教建筑
	医疗用地	医院建筑
	文体用地	文体建筑
	其他类型用地	其他建筑
工业仓储用地	工业仓储用地	生产建筑
		生产辅助用房建筑

医疗用地、文体用地、其他类型用地，本书将其统称为公共用地；生产建筑和生产辅助用房建筑主要对应于工业仓储用地，本书将其统称为工业仓储用地。其中，居住用地、公共用地碳排放计量方法具有相似性，主要是由用地上所承载的建筑运行阶段能耗碳排放为主（刘清春等，2018）。工业仓储用地碳排放的计量方法相对复杂，不同行业门类的工业仓储用地上能耗消费碳排放的来源不同，存在工业生产过程能耗碳排放的工业仓储用地类型，如水泥生产、石灰生产和玻璃生产等工业过程也均是工业仓储用地上的碳排放主要来源，需要与此类工业仓储用地上企业能耗碳排放一起综合考虑（Ding et al.，2017；李宇等，2013）。不存在工业生产过程能耗碳排放的工业仓储用地主要由用地上所承载的企业能耗碳排放为主（陈瑞强，2018；黄安平，2015）。

2.2 建成环境概念内涵及要素选取

2.2.1 建成环境概念内涵

顾名思义，"环境"即围绕主体的周围事物，通常指代人或生物的周围，包括具有相互作用的外界。随着人类社会的不断进步，这一概念的范畴及内涵也在不断发生变化（金彦等，2012）。阿摩斯·拉普卜特（2003）指出环境是事物与事物之间的一种有序的空间联系，而建成环境则主要是指人们日常生活感受到的实实在在的物质空间环境，包括建筑、道路、设施等及其相互之间的联系，依研究者的视角不同、语境不同，可以被赋予不同的含义。比如，在社会学、生态学和经济学等领域，建成环境主要指一种内在关系，包括人与自然的关系、人与社会的关系等（徐明智，2016；沙凯逊等，2008）。

在城市规划领域，塞维罗等（Cervero et al.，1997）认为建成环境是在城市中与自然环境相对应的物理环境。汉迪等（Handy et al.，2002）认为建成环境是人类为满足自身需要而建设的人造环境，包括用地、交通和形态三个部分，其中用地是指不同用途和功能土地的空间分布；交通是指道路的尺度、密度等；形态是指城市中的建筑特征。潘海啸等（2009）认为建成环境是建筑物、土地利用、交通系统和服务设施等多种物质环境的总和。姜雪（2018）认为建成环境是指通过人工建造、使用以及维护改善等活动创造出来的人工环境。由于上述物质要素会与人产生或多或少的关系，不同的物质要素会对人的实践活动产生不同的影响，因而这种互动关系也可以理解为建成环境的一部分。基于此，姚宇（2015）认为建成环境不仅指居民日常感受的物质实体空间，而且应该将获得的感受本身考虑在内，是两者及其关系的集合。在上述研究的基础上，赵秀敏等（2005）将建成环境分为土地使用类型、城市空间结构等宏观层面的环境要素，以及土地使用密度、土地混合使用、建筑形态、街区尺度等微观层面的环境要素。曹阳等（2019）则将建成环境分为城市、街区和建筑三种尺度，并提出不同空间尺度下建成环境影响居民活动的作用模式具有较大差异（图2-3）。

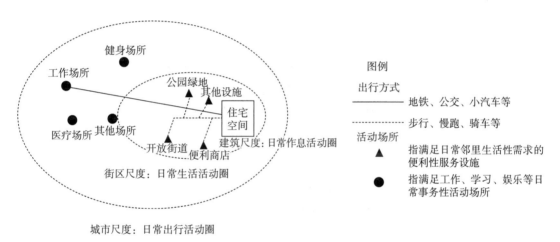

图2-3 不同建成环境尺度与居民活动的关系

此外，在其他相关研究中，建成环境还被称为城市形态（Rajamani et al., 2003；Ewing et al., 2007）或空间参数（刘沛等，2012）。可见，建成环境包含的内容较多，而从建成环境的研究层面来看，已有研究多从宏观和微观层面出发，宏观层面是指从国家、城市、某一特定区域的角度出发进行研究，微观层面是指从街区（地块）或建筑的角度出发进行研究。根据前文所述，本书的研究重点是在地块尺度分析建成环境与城镇建设用地碳排放的关系，因此对建成环境的研究更倾向于微观尺度，并以城镇不同类型建设用地地块作为建成环境的研究单元。也就是说，建成环境要素的计量是基于地块尺度的，且城镇建设用地碳排放也是基于地块尺度进行计量的。

综上，本书中的建成环境主要是指地块尺度的建成环境，是使用者能直接感受到的生活、生产、休闲等室外物质实体空间，它包括土地利用、地块尺度、单体或群体建筑的空间形态特征，以及它们之间的相互关系。

2.2.2 建成环境要素选取

1）建成环境要素的选取思路

城镇建设用地碳排放主要由用地上所承载的建筑运行阶段用电能源活动碳排放产生，而建筑运行阶段用电能源活动主要包括用于满足建筑使用者对于使用环境舒适性需求的能源活动之和，如空调能耗、照明能耗、设备能耗及其他能耗等，以及通过建筑外围护结构散失的热量（蔡伟光，2011；周伟业等，2015）。因此，在研究如何提高建筑外围护结构的保温隔热性能、建筑设备的运行效率以及太阳能等清洁能源使用的基础上，还需要对与建筑使用者在用能时长、用能强度、用能频率等方面具有重要影响的建成环境要素进行深入研究。

目前，国内外关于建筑尺度的建成环境要素分析方法比较成熟，包括建筑年代、建筑体形系数、建筑高度、建筑面积等（Sousa Monteiro et al.，2017；Caputo et al.，2013；Dascalaki et al.，2011）。但在城镇中建筑是由多种不同类型和功能的建筑组成的建筑群，故其影响碳排放的建成环境要素的分析方法比单体建筑更加复杂，不但涉及建筑本身属性，而且涉及地块尺度的属性，再加上并非所有的要素均对建筑能耗有实质影响，所能获取的数据范围和质量不同，应用预测的精度也不同。

鉴于影响城镇建设用地碳排放的建成环境要素众多，不同的分类方式、不同的切入点有着不同的认识。因此，本书在选取建成环境要素时，首先应尽可能多且全面地收集能够代表建设用地建成环境特征，并且可能会影响城镇建设用地碳排放的建成环境要素；其次本着数据的可获得性和量化的可行性筛选原则，筛选现实中能够获取且能够存储成GIS格式的建成环境要素数据；最后是关于影响城镇建设用地碳排放的建成环境要素选取，结合了不同建成环境要素下机器学习预测结果精度的试验比较，确定最终所选取的建成环境要素。需要说明的是，在对规划方案进行城镇建设用地碳排放预测时，当前的城镇建设用地碳排放与规划方案的建成投入使用之后的建设用地碳排放有着直接的关联，我们可以通过选择与当前的城镇建设用地碳排放具有直接关联的要素来表征当前的城镇建设用地碳排放，进而去预测规划方案在建成投入使用之后的建设用地碳排放。

2）基于"3D"理论选取的建成环境要素

近几十年来，国内外学者对建成环境要素进行了广泛的研究，并取得了较为成熟和学界认可的成果。塞维罗（Cervero）和科克尔曼（Kockelman）提出了著名的建成环境要素"3D"理论（Ewing et al.，

2007，2010），并按照建成环境要素关注的维度不同，将它们分为密度（density）、多样性（diversity）和设计（design）三个维度（郑红霞，2017）。其中，密度主要是指地块的建筑面积、建筑密度、人口密度等要素；多样性主要是指用地混合度等要素；设计主要是指用地面积（街区尺度）、用地空间形态等要素（Kaczynski et al.，2008；Casagrande et al.，2009；Reed et al.，2007；Mccormack et al.，2004）。随后，尤因等（Ewing et al.，2001）又增加了目的地可达性（Destination Accessibility）和到公共交通的距离（Distance to Transit）两个维度，改称为"5D"理论，进一步实现了对建成环境描述由侧重静态向同时兼顾静态与动态的转变。由于本书关键的科学问题是在分析建成环境要素与城镇建设用地碳排放之间关系的基础上，建立城镇建设用地碳排放预测方法，更多的是考虑静态碳排放为主，因此对于建成环境要素的确定主要是基于"3D"理论基础，围绕城镇建设用地的功能、空间等要素进行确定。

3）基于相关研究基础选取的建成环境要素

根据第1.2节的国内外研究进展，筛选出在建筑尺度和地块尺度明确分析了建成环境要素影响城镇建设用地碳排放的文献，并对这些有参考价值的文献资料进行整理，同时结合国家颁布的相关规划控制标准、政策、规范以及控制性详细规划、修建性详细规划等的管控指标，综合确定影响城镇建设用地碳排放的建成环境要素。需要说明的是，尽管目前有很多研究更多地从建筑单体层面针对建成环境要素展开研究，然而在空间规划方案阶段，由于单体建筑的详细设计并未完成，无法确定每栋建筑的外围护结构、HVAC、室内负荷等信息，因此对存量规划方案进行预测时，本书考虑到建筑的外围护结构及HVAC系统等与用地建设时间密切相关，选择以用地建设时间进行代替，而且不同建成时间的建筑混合，也是体现城镇建设用地多样性的重要方面。但是在对增量规划方案进行预测时，本书假设方案中所有建筑的外围护结构等建成环境要素符合节能规范的常规做法，进一步弱化建筑建成年代要素的影响。整体而言，本节的目的是确定影响城镇建设用地碳排放的建成环境要素，即假设确定的建成环境要素影响城镇建设用地碳排放，但这种假设是否成立还需要通过后续的定量分析来进行检验。

综上，本书将前文分析中建筑尺度与地块尺度上影响城镇建设用地碳排放的建成环境要素依据"3D"理论框架整合为密度要素、功能（多样性）要素、形态（设计）要素三大类。其中，密度要素包括建筑面积、建筑密度和人口密度3个要素，功能要素包括用地性质、用地混合度、用地建设时间和用地面积4个要素，形态要素包括建筑层数、建筑体形系数、建筑长宽比和建筑朝向4个要素，共计11个建成环境要素（表2-6）。

表 2-6 建成环境要素

目标层	准则层	要素层	单位
影响城镇建设用地碳排放的建成环境要素	密度要素	建筑面积	m^2
		建筑密度	无量纲
		人口密度	人/km^2
	功能要素	用地性质	无量纲
		用地混合度	无量纲
		用地建设时间	无量纲
		用地面积	m^2
	形态要素	建筑层数	层
		建筑体形系数	无量纲
		建筑长宽比	无量纲
		建筑朝向	无量纲

2.3 建成环境与城镇建设用地碳排放的相互作用关系

2.3.1 建成环境对城镇建设用地碳排放的综合作用机制

建成环境对城镇建设用地碳排放产生影响，根源于建成环境与建筑能耗之间的相互关系理论，因此在研究之前，需要明确建成环境、建筑能耗和城镇建设用地碳排放三者之间的综合作用机制。在建成环境、建筑能耗和城镇建设用地碳排放三者中，建成环境既是建筑能耗的"需求方"，又是建筑能耗的"供给方"。

从需求角度来看，建筑能耗的构成基本包括五种：照明能耗、采暖能耗、生活热水、制冷通风能耗和设备运行能耗。而建筑处在城镇环境之中，上述五种能耗表现不可避免地受到周边建成环境的影响，周边建成环境的优劣直接影响建筑表面可达太阳辐射的吸收量或反射量，以及建筑吸收或反射太阳辐射后与周围空气发生热交换，引起室外气温发生改变和地块内风环境变化的情况。可以说，建筑周边建成环境的优劣决定了建筑能源需求的高低。而且相关研究也表明，建筑使用者的能耗需求归根结底来源于使用者对周边建成环境的舒适性需求，密度、形态类建成环境要素会通过对建筑使用者产生特定的物理性影响，如采光、通风、温度等，推进建筑使用者使用照明、制冷或其他方式来对居住或工作环境的舒适度进行调节。意即当建筑外部建成环境被热岛效应、光线遮挡、噪声污染等消极微气候条件所影响时，就会加重建筑自身的抗干扰调节而造成能源消耗和碳排放。功能类建成环境要素对于城镇建设用地碳排放的影响表现在用地上所承载的不同类型的建筑功能不同，而不同功能的建筑用能服务对象不同，根据服务对象活动内容、强度等的不同，建筑能耗终端的需求也不同（王闯，2014）。此外，不同年代用地上建筑所采用的建筑围护结构、建筑材料、建筑的 HVAC 系统等都有很大差别，根据相关研究可知建筑的围护结构、建筑材料、建筑的 HVAC 系统等都是建筑能耗的重要影响因素（江亿等，2015）。

从供给角度来看，空间规划通过对城镇建设用地上的密度、功能、形态等建成环境要素进行优化，以增强舒适性，进而实现改善城市微气候条件、优化建筑本体特征以及改变使用者的能耗需求及用能习惯的目的，推动建筑使用者低碳的生活、工作方式，从而发挥减碳作用。可以说，空间规划是以"获取建成环境的舒适性用能活动的空间干预"为切入点，发挥降低城镇建设用地碳排放的作用。

可见，建筑能耗是连接建成环境与城镇建设用地碳排放的纽带，但会对建成环境产生一定的反作用。建筑能耗是城镇建设用地碳排放的直接来源，并通过影响热岛效应等地块微气候对建成环境产生间接影响。从影响关系的前后顺序来看，建成环境影响建筑能耗，建筑能耗影响城镇建设用地碳排放，城镇建设用地碳排放影响建成环境，也就是说建成环境影响建筑能耗，从而影响城镇建设用地碳排放，并反作用于建成环境，呈现出"建成环境—建筑能耗—城镇建设用地碳排放—建成环境"的递进作用关系。

综上，本书认为密度、功能和形态三类建成环境要素主要从城镇建设用地上的能耗需求、微气候环境、建筑本体特征以及建筑使用者的用能活动内容、强度等方面对建筑能耗产生影响，从而影响城镇建设用地碳排放，并间接反作用于建成环境。基于此，提出建成环境对城镇建设用地碳排放的综合作用机制，作为后续研究的理论依据，如图 2-4 所示。

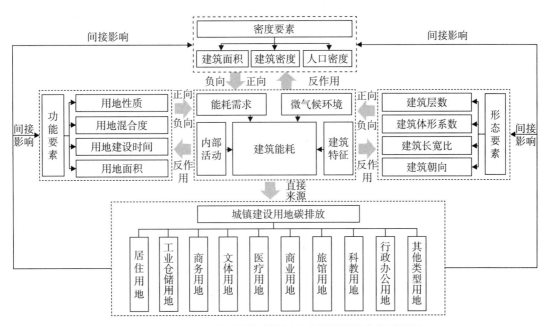

图 2-4 建成环境对城镇建设用地碳排放的综合作用机制

2.3.2 密度要素与城镇建设用地碳排放的关系分析

基于建成环境对城镇建设用地碳排放的综合作用机制，本书结合文献实证研究，分别归纳在微观尺度上不同建成环境要素对城镇建设用地碳排放的影响关系，一方面回答了前文中所提出的建成环境要素影响城镇建设用地碳排放的假设，另一方面为提出建成环境视角下城镇建设用地碳排放预测的分析框架奠定基础。

1）建筑面积

建筑面积是衡量土地利用经济性的重要指标，但大建筑面积也意味着高制冷或高采暖需求，而且大建筑面积对地块的采光、热辐射、空气流动等也产生影响，比如过大的建筑面积增加了地块吸收太阳辐射的建筑表面积，进而通过影响区域微气候，影响用地的制冷或采暖能耗（陈嘉梁等，2018）。学界关于建筑面积对建筑能耗的影响已经形成了一定的研究成果，比如罗森费尔德等（Rosenfeld et al.，1995）认为随着地块上建筑面积的增加，会加剧热岛效应，从而增加碳排放。陈明辉等（2011）利用遥感数据对东莞市中心城区不同年份的热岛效应进行相关性分析，发现建筑面积、热岛强度及建筑能耗之间具有显著的正相关性，且相关系数大于0.8。江海燕等（2013）通过对广州33个小区进行实地调查，同样发现小区建筑面积与碳排放呈正相关关系。

而与此相反，一些学者的研究显示建筑面积的增加反而有助于降耗减排。黄玉贤等（Wong et al.，2011）选取32个不同建筑面积的街区案例，通过模拟分析建筑面积对碳排放产生的影响，结果表明，在相同条件下建筑面积的增加可将街区温度降低2 ℃，同时降低4.5%的碳排放。尤因等（Ewing et al.，2008）结合实证研究发现，在地块尺度上，建筑面积的增加所带来的高密度集聚效应使得人均建筑面积减少，从而降低了地块上的总建筑能耗和碳排放，即使当尺度扩大到城市，建筑面积的增加也会加剧热岛效应，并降低冬季的采暖能耗，因此从整体来看，建筑面积的增加会在一定程度上降低建筑能耗。邓寄豫（2018）通过能耗模拟软件模拟两组不同的建设用地地块，发现两组地块都呈现出随着地块容积率的增加，建筑能耗降低的趋势，并认为这主要是因为地块开发强度的改变会对周边的微气候环境产生影响，进而影响建筑能耗。相比较上述能耗模拟数据，秦波等（2013）通过问卷调查收集了北京市五个不同建筑面积小区的能耗数据，通过比较发现随着建筑面积的增加，五个社区的能耗逐渐降低。

2）建筑密度

建筑密度具体反映了单位城镇建设用地上的建筑实体空间分布特征，因其会影响城镇建设用地上风、热和光环境的形成，进而对碳排放有重要影响。一般而言，高建筑密度意味着建筑覆盖率的增加，会在一定程度上增加建筑间的相互遮挡，从而影响冬季对于太阳能的利用，增加建筑采暖能耗。法国城市形态研究室通过对世界上25个城市的平均地块建筑密度与碳排放的关系进行分析，证明建筑密度是影响建设用地碳排放的关键因素（皮埃尔·雅克等，2010）。

不过在现有研究中，建筑密度对城镇建设用地碳排放的影响还存在争议，没有定论。比如霍燚等（2010）以北京为例，通过问卷调查发现建筑密度对城镇建设用地碳排放具有显著的正向影响，而谢尔盖·萨拉特（2013）基于对巴黎街区形态的实地调研，通过比较发现建筑密度越低的街区，建筑能耗需求反而越大，相应碳排放也越高。同样，尤因等（Ewing et al., 2008）结合对英国城市的实地调查，发现在地块其他条件相同的情景下，低密度住宅的能耗相比高密度住宅多40%。杨沛儒（2014）提出了生态容积率的概念，通过建立生态容积率模型来验证我国台湾地区台北市四个区的建筑能耗与城市空间形态的关系，并进一步发现随着建筑密度的减小，建筑能耗消耗量逐渐增加。邓寄豫等（Deng et al., 2016，2020）通过全能耗模拟软件HTB2进行能耗模拟，发现地块建筑密度越小，建筑能耗越高，进而导致碳排放增加，而建筑密度越大，碳排放则越低，二者之间存在明显的负相关性。周雪帆（2013）结合实地调研收集了武汉市五个具有不同建筑密度街区的相关资料，基于气象研究预测（Weather Research Forecasting，WRF）软件进行模拟后发现，建筑密度较大的街区，建筑能耗也相应较高，但随着街区建筑密度的增加超过一定阈值后，建筑能耗开始降低，两者呈现出倒U形变化关系，并据此提出应通过将街区建筑密度控制在合理的区间范围之内，从而降低建筑能耗。此外，根据最新的研究还发现，建筑密度还通过建筑类型、房屋大小和人均收入等间接影响建筑能耗（黄明华等，2012）。

3）人口密度

人口密度主要反映了单位用地上的人口分布特征。人口密度对于建筑能耗及碳排放的影响主要体现为不同类型建筑的使用强度，比如居住建筑中的照明、采暖、制冷等，公共建筑中的照明、采暖、制冷、办公设备等的能耗（郭洪旭等，2019）。但是在一定建筑面积下，当用地上的人口密度较高时，意味着建筑功能的使用强度较高，建筑物暴露于外的人均面积较小，减少了室内外的热量交换，从而在一定程度上达到降低碳排放的效果。秦波等（2013）结合在北京不同区域随机发放的1 188份调研问卷数据发现，从北京核心功能区、城市功能拓展区、城市发展新区到生态涵养发展区，建设用地上的人口密度每增加1%，碳排放将分别随之降低0.037%、0.050%、0.064%和0.082%。

2.3.3 功能要素与城镇建设用地碳排放的关系分析

1）用地性质

不同用地性质的建设用地所承载的建筑功能不同，而不同功能的建筑由于使用的内容、强度、密度等不同，相应的建筑能耗需求也不同，比如居住建筑中的家庭用电等能源消耗碳排放、公共建筑中的办公设备等能源消耗碳排放。此外，公共建筑种类繁多，如办公、商场、学校等，不同功能的公共建筑的能耗需求也不同，而将不同功能建筑的能耗转换到用地碳排放上，则体现为不同性质用地的碳排放之间表现出明显的差别（王闯，2014；江亿等，2015）。如宋英培（Song，2005）通过对韩国城南市盆唐区中不同类型建设用地的碳排放进行实测，发现居住用地、商业用地的碳排放水平高于交通设施用地。翁齐浩等（Weng et al.，2004）对广州的实证研究表明，工业用地的碳排放水平最高，而且即使是高开发强度的居住用地和商业用地的碳排放水平也要低于工业用地。此外，《民用建筑能耗标准》（GB/T 51161—2016）中给出了党政机关办公、商业办公、旅馆和商场四类建筑的单位建筑面积年能耗值，通过选取夏热冬冷地区的四类建筑进行比较可以看出，不同建筑功能的建筑能耗之间差异明显，其中商场建筑中大型购物中心的单位建筑面积年能耗最大，约束值为 260 kW·h，远大于三星级以下酒店的 110 kW·h、商业办公建筑的 85 kW·h 和政府办公建筑的 70 kW·h（表2-7）。

表2-7 《民用建筑能耗标准》（GB/T 51161—2016）中夏热冬冷地区不同类型建筑年能耗值

建筑类型		约束值/（kW·h·m^{-2}）	引导值/（kW·h·m^{-2}）
党政机关办公建筑		70	55
商业办公建筑		85	70
旅馆建筑	三星级以下酒店	110	90
商场建筑	大型购物中心	260	210

《中国建筑节能发展报告：区域节能（2018年）》在上述基础上进一步细分，增加了医院建筑、综合建筑和其他建筑三类，并给出了夏热冬冷地区不同类型公共建筑的单位建筑面积年能耗值，可以看出细分后不同类型公共建筑能耗之间仍具有较大差异（表2-8）。相关学者如郭洪旭等（2019）通过计算后同样发现，用地性质可以直接影响用地上建筑的能耗强度及碳排放强度，并给出了不同类型建设用地的建筑能耗强度及建筑碳排放强度值。由此可见，不同类型建设用地由于其上承载了不同功能的建筑类型，从而在很大程度上影响城镇建设用地碳排放。

2）用地混合度

根据用地性质与城镇建设用地碳排放的关系可知，不同功能的建筑由于内部人员活动的强度、密度等存在很大差别，导致建筑能耗存在较大差异，而用地混合度主要指某单一性质建设用地上混合的其他功能建筑面积的比例，因此，随着单一用地性质上混合建筑类型的增多，建筑面积也相应增大，则城镇建设用地碳排放呈现出相应的差异。根据邱红

表2-8 《中国建筑节能发展报告：区域节能（2018年）》中不同类型建筑年能耗值

建筑类型	夏热冬冷地区 / (kW·h·m^{-2})
政府办公建筑	75.10
其他办公及写字楼建筑	98.39
商场建筑	151.40
宾馆饭店建筑	144.69
医院建筑	168.06
综合建筑	67.23
其他建筑	78.47

（2011）的研究可知，用地混合度主要包括就业与居住的混合以及不同类型公共服务设施的混合，通过住宅、商业、办公、公共开放空间和其他功能等的混合，提高居住区的活力和公共设施的利用效率，达到降低碳排放、节约能源的目的。此外，穆罕默德（Mohammad，2000）还认为用地混合度在影响城镇建设用地上建筑能耗碳排放的同时，还会进一步影响交通碳排放，并结合实证研究得出高用地混合度的城镇建成区域相比低用地混合度的城镇建成区域能够降低70%的私家车出行，进而显著降低交通碳排放。

3）用地建设时间

用地建设时间具体反映为城镇建设用地上的建筑年代不同。建筑年代是不同建筑的信息体现之一，不同年代建设用地上建筑所采用的建筑围护结构、建筑材料、建筑的HVAC系统等都有很大差别，而年代相近开发的建设用地上建筑的上述特征比较接近。研究表明，建筑的围护结构、建筑材料、建筑的HVAC系统、建筑形式等是建筑能耗的重要影响因素，并进一步影响到城镇建设用地上的碳排放（刘爽爽等，2018），因此有必要通过划分用地建设时间阶段，分析不同时间建设的用地碳排放水平的差异情况。本书划分用地建设时间的主要依据是通过借鉴相关学者的研究，依据我国历年出版的相关建筑节能设计规范的实施时间，来对用地建设时间进行划分（表2-9）。

表2-9 我国历版建筑节能设计规范的名称及发布日期

标准号	标准名称	发布时间	使用范围
JGJ 26—86	《民用建筑节能设计标准（采暖居住建筑部分）(试行)》	1986年	全国 / 民用建筑、工业辅助建筑
JGJ 26—95	《民用建筑节能设计标准（采暖居住建筑部分）》	1995年	全国 / 民用建筑
JGJ 134—2001	《夏热冬冷地区居住建筑节能设计标准》	2001年	夏热冬冷地区 / 居住建筑
JGJ 75—2003	《夏热冬暖地区居住建筑节能设计标准》	2003年	夏热冬暖地区 / 居住建筑
GB 50189—2005	《公共建筑节能设计标准》	2005年	全国 / 公共建筑

续表 2-9

标准号	标准名称	发布时间	使用范围
JGJ 134—2010	《夏热冬冷地区居住建筑节能设计标准》	2010 年	夏热冬冷地区 / 居住建筑
GB/T 50824—2013	《农村居住建筑节能设计标准》	2013 年	全国 / 农村居住建筑
GB 50189—2015	《公共建筑节能设计标准》	2015 年	全国 / 公共建筑
GB/T 51161—2016	《民用建筑能耗标准》	2016 年	全国 / 民用建筑
GB 51245—2017	《工业建筑节能设计统一标准》	2017 年	全国 / 工业建筑
JGJ 26—2018	《严寒和寒冷地区居住建筑节能设计标准》	2018 年	严寒和寒冷地区 / 居住建筑

综上，本书将用地建设时间划分为以下几个时间段：建筑年代在 1986 年以前的地块、建筑年代在 1986—1994 年的地块、建筑年代在 1995—2000 年的地块、建筑年代在 2001—2009 年的地块、建筑年代在 2010—2015 年的地块、建筑年代在 2016 年及以后的地块、已经批复但尚未建设的地块。

4）用地面积

用地面积的大小主要体现了街区尺度，是指由城市道路或河流、绿带等自然要素围合而成的城市区域（吴颖，2010）。吴巍等（2018）结合对宁波市的调研问卷分析，发现建筑能耗与用地面积呈负相关，相关系数为 -0.256，并提出用地面积主要通过影响微气候环境来影响建筑能耗，而且在建筑能耗一定的情况下，用地面积越大，单位用地面积能耗强度就越小。但是也有学者认为，随着用地面积的增大，用地上的建筑面积也越大，因此会在一定程度上削弱由于用地面积的增加对建筑能耗的"稀释效应"，从而使用地面积与建筑能耗呈正相关。如尤因等（Ewing et al.，2007）基于美国城市街区住宅建筑能耗与街区面积的关系研究发现，用地面积较大的街区其住宅建筑能耗与碳排放都远高于用地面积较小的街区。此外，衡量用地面积的重要指标还包括街区尺度、路网密度等，在一定区域范围内，路网密度越高、街区尺度越小意味着用地面积越小，反之亦然。而小尺度高密度的街区由于能够提供多种出行选择，可以通过增加步行的可达性来增加居民的绿色出行意愿，虽然对建筑能耗的影响较小，但是对交通能耗具有重要影响。

2.3.4 形态要素与城镇建设用地碳排放的关系分析

1）建筑层数

建筑层数主要通过影响地块跟建筑的日照条件、温度和风环境等来影响建筑外部的整体微气候环境，而微气候因素是影响建筑采暖和制冷等建筑能耗的重要因素。例如，佐利亚等（Zoulia et al.，2009）通过对 30 个气象站的空气温度数据和街区数据的对比发现，雅典由于城市热岛导致城区温度升高 10 ℃，进行软件能耗模拟后发现，在夏季，城市建筑能耗比城郊升高了一倍，相反，冬季空调最低能效可以下降 25%，总体而言，城市比城郊可以节能 30%。沃尔德伦等（Waldron et al., 2013）采用由英国卡迪夫大学威尔士建筑学院自主研发的全能耗模拟软件 Virvil-HTB2 对地块建筑层数对建筑能耗的影响进行模拟分析与比较研究，结果表明，高层地块、中层地块及低层地块的建筑能耗依次升高。同样，杨再薇（2019）在太原市区随机选取 11 个不同类型的街区，通过住宅建筑环境模拟软件 DeST-h 进行能耗模拟，发现随着街区上平均建筑层数的增加，街区内的建筑能耗呈现降低趋势，并认为这是由于随着街区内平均建筑层数的增加，街区建筑体形系数降低，进而减少了建筑外围护结构散失的热量造成的。此外，根据既有研究可知，建筑层数还可以通过另外两种途径对建筑能耗产生影响：一是通过空气温度的变化来影响建筑在热、湿传递过程中的用能；二是通过建筑室内外空气交换对房屋热平衡产生影响（张海滨，2012；陈震等，2009）。

2）建筑体形系数

建筑体形系数是指建筑物表面积与体积的比值。在条件相同的情况下，建筑体形系数越大，单位体积建筑物与大气进行热交换的表面积越大，单位体积通过单位表面积的得热或散热就越多；相反，建筑体形系数越小，单位体积通过单位表面积的得热或散热就越少，是影响建筑能耗的重要方面。钟秀（Jong, 2013）通过对四种具有不同平面形式，但是建筑底面积相同的建筑进行能耗模拟，比较分析建筑体形系数对建筑能耗的影响关系，发现不管建筑平面形式如何变化，建筑能耗都随着建筑体形系数的增加而增加。周燕等（2007）结合对宁波住宅建筑的实地调研，基于住宅建筑环境模拟软件 DeST-h 研究居住建筑能耗对建筑体形系数的敏感性，通过模拟发现，建筑体形系数每增加 0.01，建筑能耗则相应增加 2.5%。同样，林美顺等（2015）以上海的办公建筑为例，基于商业建筑环境模拟软件 DeST-c 研究建筑体形系数对办公建筑能耗的影响程度，发现两者具有显著的正相关性。但整体而言，随着近些年对城镇建设用地上建筑能耗的关注，建筑围护结构的保温性能越来越好，建筑能耗受到建筑体形系数的影响也在逐渐降低。

3）建筑长宽比

建筑长宽比主要是指建筑的长度（面宽）与宽度（进深）的比值。面宽是指住宅主要采光面的宽度，进深是指与面宽垂直的面的宽度。对于同等面积的住宅而言，面宽越大则室内可以得到更多的采光，可以有良好的通风，进深小则可以保证在房间中部有良好的光线。大面宽小进深的住宅的舒适性得到了良好的保障，相反，大进深小面宽的建筑有利于提高地块的建筑密度、容积率，同时可以在一定程度上减少外墙面积，使建筑部分外围护结构的冬季热损耗更少，从而让楼栋的中间段户型达到一定的节能效果，可见建筑长宽比与建筑能耗呈正相关。任彬彬等

（2015）为了进一步说明建筑长宽比与建筑能耗的关系，从以长度为定值变化宽度和以宽度为定值变化长度两个方面对建筑长宽比与建筑能耗的相互关系进行说明，认为单纯增加长度会使得建筑细长比过大，就会造成建筑能耗增加，而单纯增加宽度，建筑的制冷、采暖与总能耗也相应呈现出增加的趋势，但单位建筑面积能耗处于下降趋势。

4）建筑朝向

由于不同建筑朝向上的太阳照射时间和风向变化比较大，因此建筑朝向不但影响采光、通风，而且与建筑能耗密切相关（陈震等，2009）。克鲁格等（Kruger et al., 2010）对以色列干旱气候条件下地块建筑朝向对建筑能耗的影响进行模拟研究，并将地块建筑朝向分别设置为东西（E-W）、北南（N-S）、西北—东南（NW-SE）、东北—西南（NE-SW）四种，结果表明在相同条件下，N-S 朝向的地块建筑能耗最低，认为此朝向的地块能使建筑之间相互产生更多的遮阳效果，从而降低建筑能耗。利特尔费尔（Littlefair, 1998）发现当城市建筑位于北半球地区时，建筑朝向在南偏东 10°—30° 可以获得更高的太阳能利用效率。李运江等（2016）认为由于我国大多数的城镇都处于北回归线以内，建筑有"坐北朝南"的传统，这样能够使得建筑在冬季获得更多太阳照射的同时，避免夏季"西晒"，因此建议建筑的最佳朝向应在南偏西 30°—南偏东 30°。胡达明等（2017）通过采用建筑能耗模拟软件 DOE-2 对夏热冬暖地区的典型居住建筑能耗与建筑朝向的关系进行模拟，发现南北朝向的建筑能耗比东西朝向的建筑能耗低 15%。张杰等（2016）基于实地调研问卷分别获取石家庄、郑州和太原三个城市样本家庭的用电能耗，通过采用结构方程模型来分析家庭的户型朝向与能耗的关系，发现朝南户型的能耗相比其他朝向户型的能耗更低。

2.4 建成环境视角下城镇建设用地碳排放预测的分析框架构建

既有研究围绕建成环境与城镇建设用地碳排放之间的相互关系，通过采用实验测试、数值模拟、统计分析或相互结合的方法展开了相应的分析，说明建成环境能够在很大程度上影响城镇建设用地碳排放，良好的建成环境可以显著改善城镇建设用地上的微气候环境、能耗需求、能耗强度等方面内容，进而影响城镇建设用地碳排放，对本书具有一定的参考和启发。但是不同的研究所选择的研究尺度、研究对象和研究问题都不一样，使得部分建成环境要素如建筑面积、建筑密度、用地面积、建筑层数等与城镇建设用地碳排放的影响关系尚存在一定的争议，还需要进一步展开更多的实证研究。对于本书而言，建成环境是否影响城镇不同类型建设用地碳排放，如果影响，那么相互之间的显著性相关程度和影响关系如何，还需要进一步论证。此外，对于多个建成环境要素对城镇建设用地碳排放的综合影响关系，以及如何通过科学方法基于建成环境预测城镇建设用地碳排放的相关研究也不多见。

因此，基于对国内外研究进展以及上述相关理论的分析，本书提出建成环境视角下城镇建设用地碳排放预测的分析框架（图2-5），主要包括三个方面：首先在明确城镇建设用地碳排放及建成环境概念内涵的基础上，建立城镇建设用地碳排放数据库，为研究奠定数据基础；其次基于城镇建设用地碳排放数据库，分析建成环境与城镇不同类型建设用地碳排放的关系，一方面筛选与城镇不同类型建设用地碳排放具有显著相关的建成环境要素，另一方面对具有显著相关的建成环境要素与城镇建设用地碳排放的线性或非线性影响关系进行分析，以此作为建立城镇建设用地碳排放预测方法的依据；最后基于建成环境与城镇建设用地碳排放的关系分析结果，建立基于建成环境的城镇建设用地碳排放的BP神经网络预测方法，并进一步明确了方法的规划应用情景，从而在空间规划编制阶段能够准确地预测城镇建设用地碳排放，增强空间规划的控碳潜力。

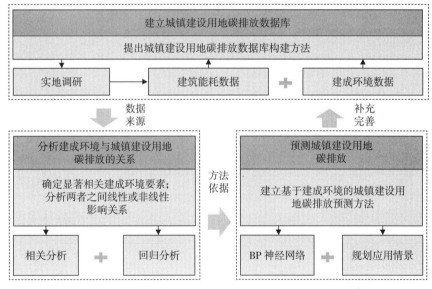

图2-5 建成环境视角下城镇建设用地碳排放预测的分析框架

2.5 本章小结

本章主要围绕城镇建设用地碳排放与建成环境的关系机理展开。首先，对城镇建设用地碳排放与建筑能耗的概念进行界定，明确了基于建筑能耗的城镇建设用地碳排放的研究内涵。其次，分析了建成环境的概念内涵，通过文献分析，确定了影响城镇建设用地碳排放的建成环境要素，具体包括密度要素、功能要素和形态要素三大类。其中，密度要素包括建筑面积、建筑密度、人口密度3个要素，功能要素包括用地性质、用地混合度、用地建设时间、用地面积4个要素，形态要素包括建筑层数、建筑体形系数、建筑长宽比和建筑朝向4个要素，共计11个建成环境要素。再次，探讨了建成环境对城镇建设用地碳排放的综合作用机制，认为密度、功能和形态三类建成环境要素主要从城镇建设用地上的能耗需求、微气候环境、建筑本体特征以及建筑使用者的用能活动内容、强度等方面对建筑能耗产生影响，从而影响城镇建设用地碳排放，并间接反作用于建成环境。最后，分别对11个建成环境要素影响城镇建设用地碳排放的关系机理过程进行了理论分析，提出建成环境视角下城镇建设用地碳排放预测的分析框架。整体而言，本章的研究结论为后续章节的研究奠定了理论基础。

3 基于ArcGIS的城镇建设用地碳排放数据库构建

基于建成环境要素实现城镇不同类型建设用地碳排放预测，由于涉及大量不同来源、不同类型的数据，如能耗数据、土地利用数据、建筑数据、企业数据、人口数据等，因此需要建立统一的数据库平台进行管理。而GIS相比传统的文件夹管理或表格统计等方法，具有方便输入、存储、查询及可视化等特点（段正励等，2013），逐渐成为构建碳排放数据库的重要工具，并且全面、准确、系统化的基础信息数据库也是进行城镇建设用地碳排放预测的基础。如保罗等（Paul et al., 2004）指出美国已经基于地理信息系统软件ArcGIS建立了美国商业建筑能耗调查（CBECS）数据库和加利福尼亚州的商业最终用途调查（Commercial End Use Survey，CEUS）数据库，收集了超过750 000个商用建筑和住宅建筑的数据，包括建筑类型、建筑高度、能耗数据等，可用于存量建筑分类管理、节能改造策略研究等。姚竹贤等（Yao et al., 2015）基于现场调研，收集了45个星级宾馆的建筑能耗数据，通过在地理信息系统软件ArcGIS中建立数据库，对调研样本的建筑能耗碳排放规律进行研究。

综上，本章以长兴县中心城区为例，通过实地调查法和会议访谈调查法获取研究所需的样本地块数据，使用地理信息系统软件ArcGIS 10.2，基于总体结构设计、数据信息录入、城镇建设用地碳排放及建成环境要素计量三个步骤，构建长兴县中心城区建设用地碳排放数据库，为城镇建设用地碳排放预测提供基础、可靠、翔实的地块碳排放数据。

3.1 研究区域与数据

3.1.1 研究区域

本书选择浙江省长兴县的中心城区为研究区域。长兴县位于浙江省北部的湖州市，距离长三角各个大中城市的距离均在150 km左右，具有典型的夏热冬冷地区气候特征。根据《2017年长兴县温室气体清单》可知，2010—2017年长兴县碳排放总量呈先增后降再升再降，但整体上涨的变化趋势（图3-1）。碳排放总量在2013年达到历史最低点，为1 978.11万t，之后逐渐上升，在2015年达到峰值2 278.97万t后，到

2017年一直维持在较高的水平上。可见，长兴县的碳排放问题在全国具有代表性，控碳形势仍较为严峻，具有迫切的研究需求。

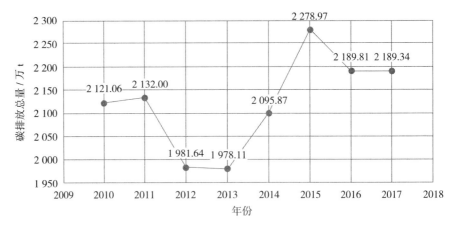

图 3-1　2010—2017 年长兴县碳排放总量变化情况

研究区域位于长兴县域的中东部，紧靠太湖西南岸，是长兴县的政治、经济、文化中心。截至 2018 年，长兴县中心城区面积约为 82.51 km²，包括雉城街道、太湖街道、龙山街道、画溪街道 4 个街道，人口规模约为 30 万人，城市建设用地面积约为 40.38 km²，涵盖了不同性质的建设用地类型和不同功能的建筑，具有多样性的建成环境特征，对于研究建成环境与城镇建设用地碳排放的关系及城镇建设用地碳排放预测，具有一定的代表性。研究区域内不同类型建设用地的空间分布、面积和占比详见表 3-1 和图 3-2。

表 3-1　研究区域用地现状汇总表

用地代码	用地类型	现状面积 /hm²	占比 /%
R	居住用地	1 122.81	27.80
A	公共管理与公共服务用地	342.50	8.48
B	商业服务业设施用地	346.42	8.58
M	工业用地	1 204.41	29.82
W	物流仓储用地	105.13	2.60
S	交通设施用地	525.00	13.00
U	公用设施用地	63.54	1.58
G	绿地	328.67	8.14
H11	城市建设用地	4 038.48	100.00

根据对长兴县 2017 年碳排放总量构成的分析可知，能源活动和工业生产活动是城镇建设用地碳排放的主要领域，其中能源活动碳排放为 1 581.52 万 t，占长兴县碳排放总量的 72.24%，工业生产活动碳排放为

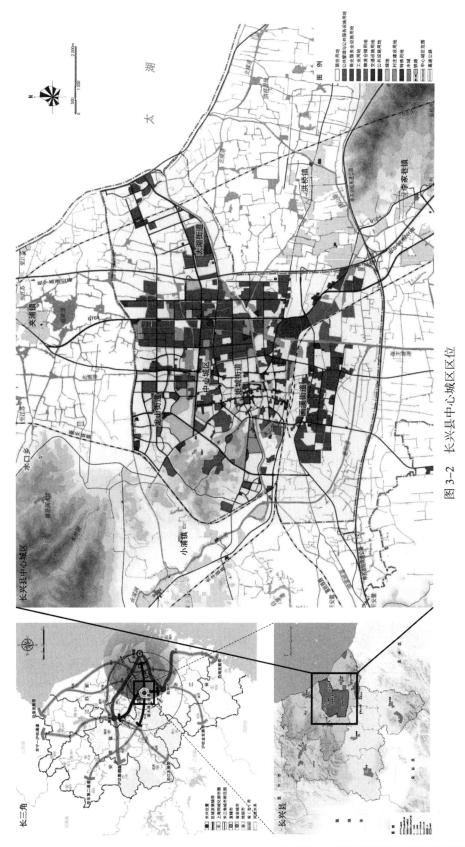

图 3-2 长兴县中心城区区位

578.89万t，占长兴县碳排放总量的26.44%，两者合计占长兴县碳排放总量的98.68%。

在能源活动碳排放中，工业能源活动碳排放量大，为1 059.65万t，占能源活动碳排放的67.01%，但根据长兴县发展和改革委员会所提供的工业企业能耗数据可知，目前长兴县域规模以上企业约为660家，研究区域范围内有147家，这147家企业2018年的能耗总量仅为县域所有规模以上企业能耗总量的8.38%；其次为建筑能源活动碳排放，为439.21万t，占能源活动碳排放的27.77%，主要以研究区域内的居住建筑、公共建筑能耗碳排放为主；其他依次为交通、其他和农业能源活动，碳排放占比分别为5.08%、0.13%、0.01%（表3-2）。

表3-2 长兴县分部门碳排放

碳排放总量构成		数量 / 万t	
能源活动	建筑	439.21	1 581.52
	工业	1 059.65	
	交通	80.37	
	农业	0.22	
	其他	2.07	
工业生产活动	水泥生产过程	538.23	578.89
	石灰生产过程	40.66	
农业活动		22.99	
废弃物处理		14.29	
土地利用变化与林业		−8.35	
碳排放总量（合计）		2 189.34	

在工业生产活动碳排放中，目前长兴县的工业生产碳排放只涉及水泥生产过程和石灰生产过程两个门类［涉及水泥生产过程排放的企业包括长兴南方水泥有限公司、湖州小浦南方水泥有限公司、湖州煤山南方水泥有限公司、湖州南方水泥有限公司、湖州白岘南方水泥有限公司、湖州槐坎南方水泥有限公司、湖州丰盛新材料有限公司、浙江新明华特种水泥有限公司、浙江长广（集团）有限责任公司共9家水泥熟料生产企业。涉及石灰生产过程排放的企业包括长兴富强钙业有限公司、浙江钙科机械设备有限公司和湖州浙宝冶金辅料有限公司3家石灰生产企业，并且上述12家企业全部分布在长兴县域其他乡镇内］，并且全部分布在长兴县域其他乡镇内，研究区域内的工业仓储用地上的工业企业碳排放则主要是以企业厂房建筑用电、设备用电能耗等为主的企业用电能源活动碳排放。

可见，研究区域作为长兴县域主要的建筑能耗碳排放区域，为本书提供了较好的数据支撑，可以更好地探究建成环境与城镇建设用地碳排放的关系。对研究区域内建成环境与城镇建设用地碳排放的关系及预测研究有利于深化城乡规划学科对于城镇不同类型建设用地碳排放问题的认识，具有一定的典型性与研究价值。

此外，本书选择长兴县中心城区为研究区域还包括以下两个方面的考虑：一方面，长兴县作为太湖西南岸具有典型江南水乡特色的生态之城，在《长兴县域总体规划（2017—2035 年）》中，明确提出了"绿色转型先锋，幸福宜居花园"的发展愿景，但研究区域作为长兴县人类能源活动最集中的区域，产生了大量的碳排放，加上建筑密集，高层建筑林立，碳排放不易散发，使得研究区域不仅是长兴县域的碳排放中心，而且显著影响了研究区域的微气候。根据长兴县气象局所提供的数据可知，2017 年长兴县中心城区的平均气温比 2005 年升高了 0.8 ℃。而若要有效控制城镇建设用地碳排放，则需要在对现有建成环境下城镇不同类型建设用地所产生的碳排放特征研究的基础上，分析中心城区建成环境与建设用地碳排放之间的耦合关系，并提出相应的低碳规划策略。另一方面，根据《长兴县域总体规划（2017—2035 年）》可知，规划到 2035 年长兴县中心城区的人口规模将达到 55 万—60 万人，城乡建设用地面积为 70—75 km²，可见未来很长一段时间长兴县中心城区仍会呈现扩张的趋势，低碳转型发展问题突出，面临的碳减排任务更重，这也在一定程度上代表了我国大多数城镇的发展困境。

综上，本书选择长兴县中心城区为研究区域具有一定的代表性、普遍性及推广价值。通过在该区域选取一定数量的具有代表性的城镇建设用地地块，针对其碳排放与建成环境进行研究，分析建成环境与城镇建设用地碳排放的关系，建立建成环境视角下城镇建设用地碳排放预测方法，并进一步明确方法的规划应用情景。一方面为长兴县的低碳空间规划编制及低碳转型发展提供路径参考，另一方面也可以为其他城镇的低碳空间规划编制及低碳转型发展提供借鉴。

3.1.2 研究数据

本书中城镇不同类型建设用地上的用电建筑能耗数据及建成环境数据，是分析建成环境与城镇建设用地碳排放的关系，并建立预测方法的重要数据支撑。本书针对长兴县中心城区获取样本地块用电建筑能耗数据及建成环境数据的方法主要包括会议访谈调查法和实地调查法。

会议访谈调查法主要是通过走访相关部门来获取调研信息。对于城镇不同类型建设用地上的用电建筑能耗数据而言，主要是对长兴县供电公司的负责人进行访谈。在访谈过程中我们了解到，供电公司的数据存储是以地块为基本单元，按照变电箱的编号进行统计的，如长兴县城北小区地块的用电能耗包括城北小区 1 号公用变压器、城北小区 2 号公用变压器……城北小区 25 号公用变压器，因此城北小区地块的总用电能耗即 1—25 号公用变压器的用电量总和，其他不同类型建设用地上的用电建筑能耗数据也是依据同样的方法获得。而对于企业的用电能耗数据，主要是对长兴县发展和改革委员会、经济和信息化局等部门的负责人进行访谈，提供了长兴县以及研究区域内的所有规模以上企业的用电能耗、企业名称、行业门类、产值、空间位置等数据。对于城镇不同类型建设用地上的建成环境数据，根据第 2.2 节提出的 11 个建成环境要素，分别对不同的部门进行走访和访谈，如建筑面积、用地面积等数据，通过与长兴县建设局的相关负责人座谈后获得。而对于人口密度等数据，通过与长兴县公安局的相关负责人座谈后获得。其他不同类型建设用地上的建成环境数据也是依据同样的方法分别走访相关部门后，通过访谈获得。

实地调查法主要是对研究区域内用地面积、开发强度、建设年代不同的小区地块，主要医疗、教育、文体设施地块等进行实地勘察。一方面，通过实地调查和拍摄照片等方法，可以对获取的不同类型建设用地地块上的建成环境特征进行补充和验证。另一方面，在与长兴县供电公司的负责人访谈的过程中了解到，由于部分公共用地地块上的商户备案的名称会有变化，供电公司数据存储系统中的公共用地样本，如部分商业、商务等用地上的用电建筑能耗的户号与实际用地上的用电建筑能耗的户号无法对应。关于这一类样本的用电建筑能耗，笔者在长兴县供电公司相关负责人的引荐下，通过实地调查法对所选取的样本中无法实现对应的所有公共用地样本进行实地调查，并现场统计用户的备案名称、用电量等信息，再将现场统计的信息与供电公司数据存储系统中的数据进行比对，确认无误后作为研究所需的样本数据。

整体而言，在本书的推进过程中，笔者共赴长兴县调研了四次，调研走访了包括供电公司、教育局、卫生局、统计局、发展和改革委员会、经济和信息化局等 11 个部门，通过与相关部门的交流、协商及实地考察，针对不同类型建设用地进行分层随机抽样，获取了第一手资料，包括不同类型建设用地的 2018 年用电能耗、各类建筑的基本信息、人口、工业企业类型、产值、面积规模、能耗、信息点（Point of Information，POI）空间位置等关键数据，以及《长兴县国民经济和社会发展第十三个五年规划纲要》（长政发〔2016〕13 号）等辅助资料（表 3-3）。

表 3-3　调研收集的核心资料清单

部门	序号	资料
发展和改革委员会	1	《长兴县国民经济和社会发展第十三个五年规划纲要》（长政发〔2016〕13 号）
	2	《长兴县工业产业重点发展方向及指导目录》（2017-07-18）
	3	长兴县 2010—2017 年温室气体清单报告
公安局	4	长兴县公安人口年报数据表（2007—2018 年）
供电公司	5	长兴县用电基本情况调查报告
	6	长兴县中心城区不同类型建设用地用电能耗

续表 3-3

部门	序号	资料
教育局	7	长兴县教育设施数量及分布
	8	长兴县教育设施的用电能耗情况
经济和信息化局	9	2015—2018年长兴县规模以上企业名称及能源消耗情况
	10	2015—2018年长兴县规模以上企业的产值、用地、规模等数据
	11	《长兴县工业强县建设"十三五"规划》
	12	《长兴县信息经济发展"十三五"规划》
气象局	13	监测点布局图
	14	长兴县历年气象数据
统计局	15	2014—2018年统计年鉴
卫生局	16	长兴县2018年医院能耗统计综合表（汇总）
	17	长兴县2018年卫生年报数据
文化和广电旅游体育局	18	纪念馆之长兴县公共机构年度能耗统计基础表1—3
	19	图书馆之长兴县公共机构年度能耗统计基础表1—3
	20	文化馆之2017年下半年长兴县公共机构年度能耗统计基础表
	21	长兴县体育中心公共机构年度能耗统计基础表
建设局	22	《长兴县域总体规划（2017—2035年）》
	23	2018年中心城区1∶500矢量地形图
	24	2018年中心城区用地现状及规划矢量图
	25	相关专项规划
	26	绿色建筑成果
其他大数据	27	工业企业POI空间位置数据

根据研究需要，本书在长兴县中心城区通过分层随机抽样选取了其中293个信息较为完整的地块，并获取地块2018年全年用电量作为研究所需的样本数据。经统计，样本地块数量占长兴县中心城区所有建设用地数量的31.40%，其中，居住用地为106个样本，占中心城区居住用地数量的25.92%，工业仓储用地为74个样本，占中心城区工业仓储用地数量的40.66%；公共用地为113个样本，占中心城区公共用地数量的33.04%。具体不同类型样本地块的数量、数量占比情况及在长兴县中心城区中的分布情况详见表3-4，图3-3，附录1。

表3-4 研究区域内不同类型调研样本的数量及占比

调研样本的用地类型大类	调研样本的用地类型中类	研究区域建设用地数量/个	调研样本数量/个	中类数量占比/%	大类数量占比/%
居住用地	村庄住宅用地	213	25	11.74	25.92
	城镇住宅用地	196	81	41.33	
工业仓储用地		182	74	40.66	40.66

续表 3-4

调研样本的用地类型大类	调研样本的用地类型中类	研究区域建设用地数量/个	调研样本数量/个	中类数量占比/%	大类数量占比/%
公共用地	商务用地	24	9	37.50	33.04
	文体用地	9	4	44.44	
	医疗用地	10	10	100.00	
	商业用地	136	29	21.32	
	旅馆用地	11	6	54.55	
	科教用地	27	27	100.00	
	行政办公用地	57	17	29.82	
	其他类型用地	68	11	16.18	
共计		933	293	31.40	31.40

图 3-3 研究区域内不同类型调研样本的空间分布

3.2 城镇建设用地碳排放数据库的总体结构设计

本书以长兴县中心城区为例,基于地理信息系统软件 ArcGIS 10.2,通过城镇建设用地碳排放数据库的总体结构设计、城镇建设用地碳排放数据库的数据信息录入、城镇建设用地碳排放及建成环境要素计量三个步骤,建立城镇建设用地碳排放数据库。

3.2.1 城镇建设用地碳排放数据库的总体结构

在本书中,城镇建设用地碳排放数据库的总体结构设计分为两步:第一步将收集的数据按照类型不同分别存储在不同的图层中,主要有三层,即基础地理信息数据图层、专业数据图层和辅助数据图层,基础地理信息数据图层包括长兴县中心城区行政区划数据、长兴县中心城区 2018 年数字高程地图(Digital Elevation Map,DEM)数据、长兴县中心城区 2018 年土地利用现状矢量数据、2018 年工业企业 POI 空间位置数据;专业数据图层包括样本地块 2018 年用电能耗数据、2018 年企业能耗数据、长兴县中心城区 2018 年人口数据;辅助数据图层包括 2018 年企业产值数据、行业门类数据、地块上建设时间数据、地块上建筑朝向数据、地块上建筑名称数据。第二步是图层信息的组织生成过程,由于不同图层包含了不同类型的数据,生成过程主要通过元数据和统一编码进行组织,并最终以属性表的形式进行管理(图 3-4)。

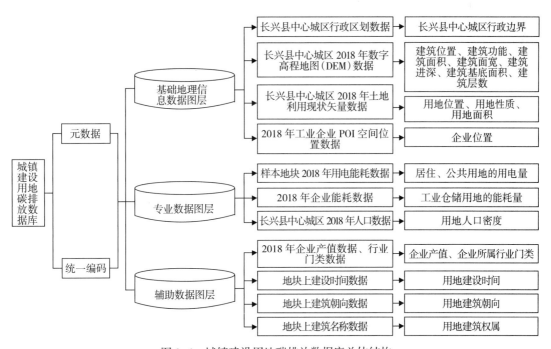

图 3-4 城镇建设用地碳排放数据库总体结构

3.2.2 城镇建设用地碳排放数据库的软硬件环境

数据库的运行离不开硬件和软件的支持,构建良好的软硬件环境是数据库建设过程中必不可少的环节。在满足实际需求的前提下,要保证软硬件整体性能达到最佳,以便实现优化配置的同时兼顾使用成本。本书中城镇建设用地碳排放数据库的硬件环境主要包括思考本(ThinkPad)X1系列笔记本电脑、英特尔酷睿(Intel Core)i7-8750H处理器、16 GB内存、1 TB大容量硬盘、英伟达公司推出的GTX1050Ti显卡以及其他相关硬件;软件环境主要包括微软操作系统Windows 10 64位(为城镇建设用地碳排放数据库的运行提供平台)、地理信息系统软件ArcGIS 10.2(支持城镇建设用地碳排放数据库的建立、使用和维护)、电子表格Excel(2013版)以及其他相关软件。

3.3 城镇建设用地碳排放数据库的数据信息录入

基于上述城镇建设用地碳排放数据库的总体结构设计,利用GIS技术完成城镇建设用地碳排放数据库的调研数据信息录入,具体的方法流程如图3-5所示,包括数据信息范畴界定、数据信息格式转换、属性数据空间连接。

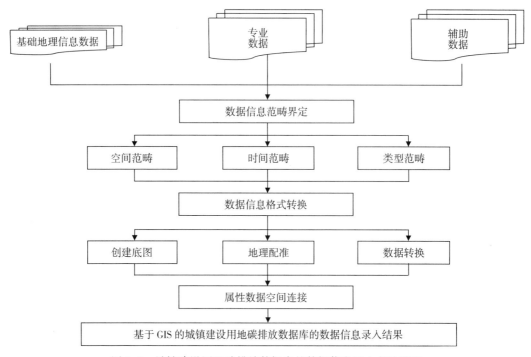

图3-5 城镇建设用地碳排放数据库的数据信息录入方法流程

3.3.1 数据信息范畴界定

数据信息范畴包括空间范畴、时间范畴和类型范畴。空间范畴主要是指长兴县中心城区，包括雉城街道、太湖街道、龙山街道、画溪街道四个街道。时间范畴主要是指 2018 年全年城镇不同类型建设用地能耗数据及经过计量转换后的碳排放数据。类型范畴主要是指城镇不同类型建设用地，根据前文分析，包括居住用地、工业仓储用地和公共用地三种类别范畴。其中居住用地包括村庄住宅用地和城镇住宅用地；公共用地包括行政办公用地、商务用地、旅馆用地、商业用地、科教用地、医疗用地、文体用地、其他类型用地。

3.3.2 数据信息格式转换

第 3.1.2 节对数据信息收集方法及收集到的数据进行了较为详细的说明，在此不再赘述。但为保证数据的可用性，需要对收集到的数据信息进行转换，包括将各类属性数据转换为电子表格 Excel 形式，同时将各类基础地理信息数据均转换为地理信息系统软件 ArcGIS 中所要求的 .shp 文件格式，以便统一对属性数据进行关联处理。图 3-6 为城镇建设用地碳排放数据库数据转换的步骤。

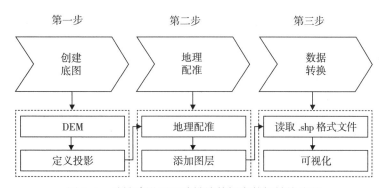

图 3-6　城镇建设用地碳排放数据库数据转换步骤

第一步：以 2018 年长兴县中心城区 DEM 数据为基准，分类型提取不同性质建筑的基底面积、基底长度、基底宽度、基底周长、建筑层数矢量数据，分图层导入地理信息系统软件 ArcGIS 10.2 中，并在地理信息系统软件 ArcGIS 10.2 中统一加载上述矢量数据的属性信息表。根据其中每栋建筑的经纬度坐标，按照建筑功能及层数加载每栋建筑的点位，通过定义投影及批量投影来统一坐标系。本书选择的投影坐标系为 WGS_1984_UTM_Zone_50N①坐标系，图层显示单位选择为米（m）。具体步骤如下：打开地理信息系统软件 ArcGIS 10.2，新建 GIS 文件，将新

---

① WGS_1984 表示 1984 年世界大地测量系统；UTM 表示通用横轴墨卡托；Zone_50N 表示投影带为北半球第 50 带。

建文件中的图层属性定义投影坐标系定义为 WGS_1984 _UTM_Zone_50N 坐标系，用来显示经纬度坐标，需要注意加载不同功能及层数的建筑点位时按照上述步骤统一选择 WGS_1984_UTM_Zone_50N 坐标系（即按 ArcGIS 10.2—ArcToolbox—数据管理工具—投影和变换—定义投影—投影坐标系—UTM—WGS 1984—Northern Hemisphere—WGS 1984 UTM Zone 50N 的顺序点击完成）。

第二步：基于第一步加载的基准 DEM 数据，已经在 GIS 中建立了不同功能及层数的建筑点位的属性表，具体包括编号、坐标、面积等信息。接下来需要添加工业企业 POI 空间位置、产值、人口、能耗、城镇不同类型建设用地性质、用地面积属性等数据。其中城镇不同类型建设用地性质数据可以按照第一步进行加载，但是其他数据如工业企业 POI 空间位置数据在爬取时采用的是百度坐标系，与第一步中各建筑点位的坐标不匹配，需要通过对数据进行地理配准，建立统一的坐标系，实现不同图层的叠加。具体步骤如下：打开地理信息系统软件 ArcGIS 10.2，添加需要配准的 GIS 文件，在地图制作工具 ArcMap 的上侧菜单栏中单击右键，在弹出的菜单中选择"地理配准"，加载地理配准工具条，在工具条的图层选项中选择需配准的图层，此处为工业企业 POI 图层，单击工具条中的添加控制点按钮，在工业企业 POI 图层上选取与第一步建筑层中相对应的点，单击左键，之后再移动到建筑图层上相对应的点处单击左键，这样就确定了一组对应关系，依次在图层上添加控制点，添加完成之后，单击工具条中地理配准下拉选项中的"更新地理配准"，完成配准（即按 ArcGIS 10.2—地理配准—选择图层—添加控制点—更新地理配准的顺序点击完成）。

第三步：将第二步添加的图层，以后缀为 .shp 的文件格式读取，在地理信息系统软件 ArcGIS 10.2 中通过符号系统工具箱中的数量—分级色彩—自然间断点分级法进行绘图可视化分析。本书目标区域经过矢量化步骤后共得出 56 310 个多边形，每一个多边形代表一栋建筑，即 56 310 栋建筑，为方便计算，使每个多边形对应一个地理信息编号，即编号 1 至编号 56 310。

3.3.3 属性数据空间连接

属性数据空间连接指根据空间位置关系将同属于同一地块，但却具有不同来源、不同编码的各类要素的属性连接到另一个要素的属性上进行关联和统一。如将建筑、人口、能耗数据与地块数据进行空间连接等。以建设用地地块数据及其上所承载的建筑数据的空间连接为例，一个建设用地地块要素的属性主要包括该地块的编号、用地面积等信息，并对应一个地块要素的属性表格，而由于其上承载了若干栋建筑，因此该属性表格同时对应了多个其上所承载的建筑要素的属性表格，可以看作一对多的关系。综上，本书通过属性数据空间连接建立统一的地块编号，具体原理详见图3-7。

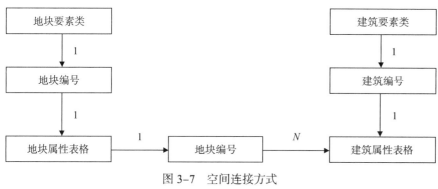

图3-7 空间连接方式

注：图中"1"和"N"表示数量关系。

需要说明的是，在对属性数据进行空间连接之前需要对属性数据的命名方式、数据类型以及小数点后保留几位等进行统一的规范化处理。以建筑面积要素为例，将数据命名为建筑面积，数据类型为双精度，并保留小数点后六位等。只有通过规范化处理的属性数据，方可进行空间连接，并导入城镇建设用地碳排放数据库中进行计量。具体步骤如下：打开地理信息系统软件ArcGIS 10.2，添加需要进行空间关联的GIS文件，选中目标图层与关联图层属性表中的共同字段进行空间关联（即按ArcGIS 10.2—选择目标图层—规范化处理—连接与关联—连接—共同字段的顺序点击完成）。

3.4 城镇建设用地碳排放及建成环境要素计量

在完成城镇建设用地碳排放数据库的数据信息录入后，需要进一步明确城镇不同类型建设用地的碳排放及建成环境要素的计量方法，并基于前两步录入的数据对调研样本的碳排放及建成环境要素进行计量，得到调研样本的碳排放及建成环境要素数据，从而完成城镇建设用地碳排放数据库的构建。

3.4.1 城镇建设用地碳排放计量方法

根据第2.1.3节的分析，本书把城镇不同类型建设用地分为居住用地、工业仓储用地和公共用地三大类，其中居住用地与公共用地的碳排放计量方法具有一致性，主要是以用地上所承载的建筑运行阶段能耗碳排放为主。按照相同的方法进行计量，工业仓储用地碳排放计量方法相对复杂，需要单独进行计算。

1）居住用地及公共用地碳排放计量方法

由于居住用地及公共用地上的碳排放主要是由建筑运行阶段的能耗产生，因此首先需要计算分类能源的消耗量，包括煤、电力、天然气等的消耗量。其次确定相应能源的碳排放因子，计算公式如下：

$$E_\mathrm{B}=\sum_{i=1}^{n}e_i\times f_i\,(\,i=1,\ 2,\ \cdots,\ n\,) \quad (3-1)$$

式中，E_B 是地块上的碳排放（$kgCO_2$）；e_i 为第 i 种能源消耗量；f_i 为第 i 种能源的碳排放因子。

其中能源消耗量的计算，根据本书对建筑能耗概念的界定可知，在建筑的全生命周期能耗中，建筑运行阶段能耗约占建筑全生命周期能耗的 90%，并且建筑运行阶段消耗的能源种类以电、煤、天然气为主。在统计的电力、煤炭、天然气、液化石油气和人工煤气五种能源中，电力占比达 90%，是城镇民用建筑（除集中供暖外）最主要的能源，除电力以外，其他能源消耗占比非常小（彭琛等，2015；清华大学建筑节能研究中心，2018）。因此，本书在计算建筑能耗的过程中，主要是通过供电公司收集地块的年电力消耗数据来作为能源消耗量进行统计计算。

而关于电力的碳排放因子确定，目前对于尚未编制温室气体清单报告的地区，主要采用《省级温室气体清单编制指南（试行）》中所公布的不同区域的电网单位供电平均碳排放系数，而对于已经编制温室气体清单报告的地区，则主要采用当地清单报告中所确定的电力碳排放系数。鉴于长兴县在 2018 年编制了 2017 年的温室气体清单报告，并给出了长兴县单位用电量的碳排放系数（表 3-5），因此本书采用长兴县本地的单位用电量碳排放系数进行核算，取值为 0.846 3 $kgCO_2/(kW\cdot h)$。

表 3-5 2017 年度长兴县电力调入调出排放因子

项目	单位	数值
核算年度排放因子	$kgCO_2/(kW\cdot h)$	0.846 3
发电 CO_2 排放	万 t	1 052.425 3
发电量	$MW\cdot h$	12 436 079.700 0
单位发电量 CO_2 排放	$kgCO_2/(kW\cdot h)$	0.846 3

2）工业仓储用地碳排放计量方法

工业仓储用地的碳排放相对复杂，不同行业门类的工业仓储用地上的能耗消费碳排放的来源不同，存在工业生产过程能耗碳排放的工业仓储用地主要以工业生产过程能耗碳排放为主，不存在工业生产过程能耗碳排放的工业仓储用地主要以用地上所承载的企业能耗为主，包括建筑运行阶段的能耗碳排放、生产能耗等，计算公式如下：

$$C=E_\mathrm{B}+E_\mathrm{P} \quad (3-2)$$

式中，E_B 为用地上所承载的企业能耗，具体计算方法参考公式（3-1）；E_P 为工业生产过程能耗碳排放。

通过调研可知，长兴县中心城区的工业企业不存在工业生产过程能耗碳排放，相关企业主要分布在长兴县域其他乡镇内，中心城区的工业企业碳排放则主要是以能耗为主的碳排放，因此本书中的工业仓储用地碳排放指的是以企业能耗为主的碳排放，主要通过经济和信息化局、发展和改革委员会的部门调研获取工业产值、不同行业类别的企业能耗数据，同时结合工业企业POI空间位置数据来确定企业的空间位置。

3.4.2 建成环境要素计量方法

根据前文分析可知，本书将影响城镇建设用地碳排放的建成环境要素分为3大类、11小类，本节将详述所确定的11个建成环境要素的计量方法，具体如表3-6所示。

表3-6 建成环境要素计量方法

要素分类	建成环境要素	算式	描述	要素类型
密度要素	建筑面积	$F=\sum_{i=1}^{n}s_i h_i$ （$i=1,2,\cdots,n$）	s_i是第i栋建筑的基底面积；h_i是第i栋建筑的建筑层数；n为地块上的建筑栋数	连续变量
	建筑密度	$S=\sum_{i=1}^{n}\dfrac{s_i}{s}$ （$i=1,2,\cdots,n$）	s_i是用地上第i栋建筑的基底面积；s是用地面积；n为地块上的建筑栋数	连续变量
	人口密度	$P=\dfrac{M}{S}$	M是地块上所容纳的人口数量；S是用地面积	连续变量
功能要素	用地性质	$P=B_i$ （$i=1,2,\cdots,11$）	B_i是第i类用地性质。1为村庄住宅用地；2为城镇住宅用地；3为工业仓储用地；4为商务用地；5为文体用地；6为医疗用地；7为商业用地；8为旅馆用地；9为科教用地；10为行政办公用地；11为其他类型用地	有序变量
	用地混合度	$C=\dfrac{\sum_{i=1}^{n}\sum_{j=1}^{m}s_{ij}}{s}$ （$i=1,2,\cdots,n$；$j=1,2,\cdots,m$）	s_{ij}是地块上第i类型第j栋建筑的面积；s是地块上的总建筑面积；m是建筑的栋数；n是地块上的建筑类型数	连续变量
	用地建设时间	$N=X_i$ （$i=1,2,\cdots,7$）	X_i是第i类用地的建设时间。1为1986年以前；2为1986—1994年；3为1995—2004年；4为2005—2009年；5为2010—2015年；6为2016年及以后；7为已批待建	有序变量
	用地面积	—	指具有明确地籍线和地块边界线的地块的使用面积。具体计算方式是在GIS系统中自动提取	连续变量
形态要素	建筑层数	$H=\dfrac{F}{\sum_{i=1}^{n}s_i}$ （$i=1,2,\cdots,n$）	F是地块上的建筑面积；s_i是用地上第i栋建筑的基底面积；n为地块上的建筑栋数	连续变量

续表 3-6

要素分类	建成环境要素	算式	描述	要素类型
形态要素	建筑体形系数	$T = \dfrac{\sum_{i=1}^{m} F_i}{\sum_{i=1}^{m} V_i}$ ($i=1, 2, \cdots, m$)	F_i 为地块第 i 栋建筑的外表面积；V_i 为地块第 i 栋建筑的体积；m 为地块上的建筑栋数；i 为第 i 栋建筑	连续变量
	建筑长宽比	$L = \dfrac{\sum_{i=1}^{n} A_i}{\sum_{i=1}^{n} B_i}$ ($i=1, 2, \cdots, n$)	A_i 是第 i 栋建筑的长度；B_i 是第 i 栋建筑的宽度；n 为地块上的建筑栋数	连续变量
	建筑朝向	$X = \dfrac{\sum_{i=1}^{n} A_i}{\sum_{i=1}^{n} L_i}$ ($i=1, 2, \cdots, n$)	A_i 是第 i 栋建筑的南向立面长度；L_i 是第 i 栋建筑的周长；n 为地块上的建筑栋数	连续变量

1）建筑面积

建筑面积是指某建设用地上的总地上建设规模，在一定程度上代表了该建设用地地块的开发强度，具体计算公式为

$$F = \sum_{i=1}^{n} s_i h_i \quad (i=1, 2, \cdots, n) \tag{3-3}$$

式中，s_i 是第 i 栋建筑的基底面积；h_i 是第 i 栋建筑的建筑层数；n 为地块上的建筑栋数。

2）建筑密度

建筑密度是指某建设用地地块上承载的所有建筑的基底面积总和与该建设用地地块面积的比值，具体计算公式为

$$S = \sum_{i=1}^{n} \dfrac{s_i}{s} \quad (i=1, 2, \cdots, n) \tag{3-4}$$

式中，s_i 是用地上第 i 栋建筑的基底面积；s 是用地面积；n 为地块上的建筑栋数。

3）人口密度

人口密度不能通过基础数据库直接计算，需要借助统计数据和其他大数据结合计算得到。本书中建设用地上人口密度的计算主要通过公安局提供的人口统计最小区域的人口数据，在地理信息系统软件 ArcGIS 10.2 中按照人口划分区域输入用地的属性表内，在属性表内添加人口密度字段并利用字段计算器把划分区域的人口总数根据不同区域建设用地上的建筑面积进行分配得到，最后再针对计算结果，结合实地调研数据进行修正。人口密度的具体计算公式为

$$P = \dfrac{M}{S} \tag{3-5}$$

式中，M 是地块上所容纳的人口数量；S 是用地面积。

4）用地性质

用地性质是指规划管理部门根据城市发展的需要，依据相关用地分类标准，对某个建设用地地块所规定的具体用途。为了方便不同类型建设用地在地理信息系统软件 ArcGIS 10.2 中进行识别，通过借鉴相关学者的研究（茆诗松等，2011；刘菁等，2017）对不同类型的用地进行编号，将城镇建设用地类型主要分为 11 类。用地性质的具体计算公式为

$$P = B_i\ (i=1,\ 2,\ \cdots,\ 11) \tag{3-6}$$

式中，B_i 是第 i 类用地性质。1 为村庄住宅用地；2 为城镇住宅用地；3 为工业仓储用地；4 为商务用地；5 为文体用地；6 为医疗用地；7 为商业用地；8 为旅馆用地；9 为科教用地；10 为行政办公用地；11 为其他类型用地。

5）用地混合度

根据《城乡用地分类与规划建设用地标准（征求意见稿）》可知，用地混合度是指某单一性质建设用地上混合的其他功能建筑面积的比例，具体计算公式为

$$C = \frac{\sum_{i=1}^{n}\sum_{j=1}^{m} s_{ij}}{s}\ (i=1,\ 2,\ \cdots,\ n;\ j=1,\ 2,\ \cdots,\ m) \tag{3-7}$$

式中，s_{ij} 是地块上第 i 类型第 j 栋建筑的面积；s 是地块上的总建筑面积；m 是建筑的栋数；n 是地块上的建筑类型数。

6）用地建设时间

用地建设时间具体反映了建设用地上所承载的建筑的开发建设时间。而建筑的开发建设时间则具体体现了建筑建造所使用的材料、建筑的外围护结构、建筑的形态等特征，年代相近开发的建设用地上建筑的上述特征比较接近，而不同年代开发的建设用地上建筑的上述特征则差别较大，因此对于用地建设时间的划分具有重要意义。根据前文分析可知，本书主要依据我国历年出版的相关建筑节能设计标准的实施时间作为确定用地建设时间划分的依据，并将长兴县中心城区的用地建设时间划分为七个时间段，具体不同时间段的代码及说明详见表 3-7。

表 3-7　研究区域内用地建设时间节点划分

用地建设时间	代码	说明
1986 年以前	1	建筑年代在 1986 年以前的地块
1986—1994 年	2	建筑年代在 1986—1994 年的地块
1995—2004 年	3	建筑年代在 1995—2004 年的地块
2005—2009 年	4	建筑年代在 2005—2009 年的地块
2010—2015 年	5	建筑年代在 2010—2015 年的地块
2016 年及以后	6	建筑年代在 2016 年及以后的地块
已批待建	7	已经批复但尚未建设的地块

用地建设时间的具体计算公式为

$$N = X_i\ (i=1,\ 2,\ \cdots,\ 7) \tag{3-8}$$

式中，X_i 是第 i 类用地的建设时间。1 为 1986 年以前；2 为 1986—1994 年；3 为 1995—2004 年；4 为 2005—2009 年；5 为 2010—2015 年；6 为 2016 年及以后；7 为已批待建。

7）用地面积

用地面积是指城镇建设用地地块上开发的建设项目经规划行政主管部门取得用地规划许可后，经测绘部门测量确定的建设用地土地面积。本书中的用地面积是指具有明确地籍线和地块边界线的地块的使用面积。

8）建筑层数

根据《民用建筑设计统一标准》（GB 50352—2019）和相关建筑设计规范可知，建筑层数是指建筑的自然层数，一般按室内地坪 ±0 m 以上计算，包括采光窗在室外地坪以上的半地下室，其室内层高在 2.20 m 以上（不含 2.20 m）的，计算自然层数，其他如阁楼、楼梯间等不计算。本书中的建筑层数是通过地理信息系统软件 ArcGIS 10.2 提取地形图中建筑的层数。建筑层数的具体计算公式为

$$H = \frac{F}{\sum_{i=1}^{n} s_i} \quad (i=1, 2, \cdots, n) \tag{3-9}$$

式中，F 是地块上的建筑面积；s_i 是用地上第 i 栋建筑的基底面积；n 为地块上的建筑栋数。

9）建筑体形系数

建筑体形系数是指建筑物表面积与体积的比值。在现阶段，建筑体形系数作为表征建筑形态特征的重要参数，是影响建筑能耗的重要因素。这是由于建筑体形系数与建筑高度、建筑平面形式等直接相关，如建筑高度越低，建筑平面形式越复杂，建筑体形系数则越高，而在建筑体积一定的情况下，建筑体形系数的增加会增加建筑外围护结构与外界空间接触的外表面积，使得散热增加，通过影响建筑能耗来增加建设用地上的碳排放。对于单体建筑来说，可以将建筑物当作一个物理系统，建筑内部的人员活动等内扰因素及建筑外部的室外气候等外扰因素可以被分别看作系统的输入量，而建筑能耗可以被看作输出量。内扰因素与建筑物的功能有关，不同功能的建筑物其内扰是不同的，但是在同一个地块上，建筑功能具有较高程度的一致性，可以认为内扰因素相同。此外，在同一个地块上，外扰因素也是基本相同的（龙惟定等，2011）。因此，可以把同一地块上的所有建筑看作一个整合建筑系统，整合建筑系统的表面积等同于之前地块上所有建筑的表面积之和，整合建筑系统的体积则等同于之前地块上所有建筑的体积之和（图3-8）。

建筑体形系数的具体计算公式为

$$T = \frac{\sum_{i=1}^{m} F_i}{\sum_{i=1}^{m} V_i} \quad (i=1, 2, \cdots, m) \tag{3-10}$$

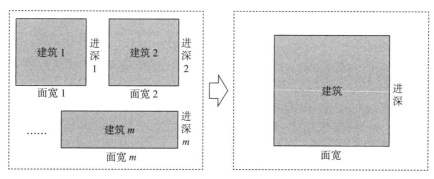

图3-8 地块上建筑体形系数计算说明

式中，F_i为地块第i栋建筑的外表面积；V_i为地块第i栋建筑的体积；m为地块上的建筑栋数；i为第i栋建筑。

10）建筑长宽比

建筑长宽比是指建筑平面的长度（面宽）与建筑平面的宽度（进深）的比值。本书中的建筑长宽比是指用地上所有建筑平面的长度（面宽）与所有建筑平面的宽度（进深）的比值。其中，建筑平面的长度和宽度是基于地理信息系统软件ArcGIS 10.2提取的。以建筑平面宽度为例，首先在要素的属性表中添加三个字段，分别为"最大X坐标""最小X坐标""长度"，字段类型为双精度。其次，在"最小X坐标"字段上点右键选择字段计算器，解析程序选择计算机程序设计语言Python，表达式填写"!shape.extent.XMin!"，在"最大X坐标"字段上点右键选择字段计算器，解析程序选择市场Python，表达式填写"!shape.extent.XMax!"，最后在"长度"字段上点右键选择字段计算器，表达式为"! 最大X坐标！－！最小X坐标！"，通过运算即可得到建筑平面的长度。同理，重复上述步骤，即可得到建筑平面的宽度。建筑长宽比的具体计算公式为

$$L = \frac{\sum_{i=1}^{n} A_i}{\sum_{i=1}^{n} B_i} (i=1, 2, \cdots, n) \quad (3-11)$$

式中，A_i是第i栋建筑的长度；B_i是第i栋建筑的宽度；n为地块上的建筑栋数。

11）建筑朝向

建筑朝向是指建筑平面的南向立面长度与建筑平面的周长的比值。本书中的建筑朝向是指用地上所有建筑平面的南向立面长度与所有建筑平面的周长的比值。在我国历年出版的相关建筑节能设计标准中，都对建筑朝向有明确的要求，如在《夏热冬暖地区居住建筑节能设计标准》（JGJ 75—2012）中提出居住建筑的朝向宜采用南北向或接近南北向，这在一定程度上说明建筑朝向对于建筑能耗具有重要的影响。此外，我国大多数的城镇都处于北回归线以内，建筑有"坐北朝南"的传统，因此本书将建筑朝向作为影响城镇建设用地碳排放的建成环境要素之一，同时它也是评

估规划方案碳排放性能的指标之一。建筑朝向的具体计算公式为

$$X = \frac{\sum_{i=1}^{n} A_i}{\sum_{i=1}^{n} L_i} (i=1, 2, \cdots, n) \quad (3-12)$$

式中，A_i 是第 i 栋建筑的南向立面长度；L_i 是第 i 栋建筑的周长；n 为地块上的建筑栋数。

综上，经过上述三个步骤，本书以地块为基本单元（一个碳排放基本单元对应一条记录，包含编号、名称、地点、碳排放、建成环境特征等基本信息），建立了长兴县城镇建设用地碳排放数据库，实现了基础地理信息数据、专业数据和辅助数据的有效集成和统一管理，为后续章节的分析提供了有力的数据支撑（详细的样本碳排放及建成环境要素计量的数值表见附录3）。

3.5 本章小结

本章首先对所选取的研究区域及调研样本地块数据获取情况进行分析，以说明选择浙江省长兴县作为研究区域选取样本地块数据的典型性；其次通过实地调查和会议访谈调查，获取了浙江省长兴县中心城区2018年不同性质建设用地上的年用电能耗、建筑、用地、企业和人口等数据；最后提出了基于地理信息系统软件ArcGIS的城镇建设用地碳排放数据库构建方法。基于地理信息系统软件ArcGIS 10.2，通过城镇建设用地碳排放数据库的总体结构设计、城镇建设用地碳排放数据库的数据信息录入、城镇建设用地碳排放及建成环境要素计量三个步骤，构建了长兴县中心城区建设用地碳排放数据库，具体包括293个分层随机抽样选取的不同性质建设用地样本地块的碳排放数据，以及全部933个不同性质建设用地地块的建成环境数据。其中，在293个样本地块中，居住用地为106个样本，占中心城区居住用地数量的25.92%；工业仓储用地74个样本，占中心城区工业仓储用地数量的40.66%；公共用地113个样本，占中心城区公共用地数量的33.04%。基于该数据库，规划管理人员一方面可以对城镇不同类型建设用地地块上的碳排放数据和建成环境数据的空间位置和属性信息进行联动和双向查询；另一方面可以对城镇不同类型建设用地样本的碳排放、建成环境的数值表进行空间分析。

4 建成环境与城镇建设用地碳排放的关系

城镇建设用地由不同用地类型构成,并且不同类型建设用地碳排放的特征也不同,因此为了科学预测城镇建设用地的碳排放,需要进一步明确与城镇不同类型建设用地碳排放具有显著相关的相应建成环境要素。本章主要基于第 3 章所构建的城镇建设用地碳排放数据库,首先以相关分析方法表示不同建成环境要素与城镇不同类型建设用地碳排放相关关系的强弱情况,并筛选出与城镇不同类型建设用地碳排放具有显著相关的密度、功能、形态三类建成环境要素。其次对具有显著相关的建成环境要素对城镇建设用地碳排放的影响关系进行分析,通过两个变量之间散点图的相关关系及趋势分析,确定不同建成环境要素与城镇不同类型建设用地碳排放之间的线性或非线性影响关系,并寻求使城镇建设用地碳排放最小化的建成环境要素阈值,作为后续建立城镇建设用地碳排放预测方法、低碳方案优化及减碳效益分析的依据。

4.1 建成环境与城镇建设用地碳排放的相关性分析

相关分析是测量两个或两个以上变量间的关联方向及关联程度的统计分析方法,通过相关系数表示。一般而言,相关系数的绝对值越大,越接近 1 或 –1,说明相关性越强;而相关系数的绝对值越小,越接近 0,说明相关性越弱。研究表明,相关系数绝对值在 0.8 以上属于强相关;相关系数绝对值在 0.5—0.8 属于中等程度相关;相关系数绝对值在 0.5 以下属于弱相关或无相关(Montazeri et al.,2011)。目前,常用的相关系数主要包括皮尔森相关系数(Pearson Correlation Coefficient)(以下简称 Pearson 相关系数)和斯皮尔曼相关系数(Spearman Correlation Coefficient)(以下简称 Spearman 相关系数)。如果变量数据呈正态分布,则选择 Pearson 相关系数;如果变量数据不服从正态分布,则选择 Spearman 相关系数(王佃来等,2019)。

本节主要基于第 3 章所构建的城镇建设用地碳排放数据库中提取的 293 组调研样本的碳排放数据与建成环境数据,通过统计产品与服务解决方案(Statistical Product and Service Solutions,SPSS)平台,对所确定的 11 个建成环境要素与居住用地、工业仓储用地和公共用地三类建设用地碳排放进行柯尔莫可洛夫—斯米洛夫(Kolmogorov-Smirnov)正态性检验，选择 Spearman 相关系数表示建成环境要素与城镇不同类型建设用地碳排放相关关系的强弱情况，从而确定与城镇不同类型建设用地碳排放具有显著相关的建成环境要素（表 4-1）。

表 4-1 研究区域内不同类型调研样本的碳排放与各建成环境要素的相关分析结果

类型	指标		居住用地	工业仓储用地	公共用地
密度要素	建筑面积	相关系数	0.852**	0.314**	0.632**
		显著性水平	0.000	0.003	0.000
	建筑密度	相关系数	−0.066	0.046	0.019
		显著性水平	0.251	0.349	0.420
	人口密度	相关系数	0.199*	0.045	−0.203*
		显著性水平	0.020	0.352	0.016
功能要素	用地性质	相关系数	0.490**	—	—
		显著性水平	0.000	—	—
	用地混合度	相关系数	0.355**	—	—
		显著性水平	0.000	—	—
	用地建设时间	相关系数	0.428**	−0.020	0.367**
		显著性水平	0.000	0.434	0.000
	用地面积	相关系数	0.620**	0.426**	0.503**
		显著性水平	0.000	0.000	0.000
形态要素	建筑层数	相关系数	0.509**	−0.221*	0.292**
		显著性水平	0.000	0.029	0.002
	建筑体形系数	相关系数	−0.456**	−0.019	−0.489**
		显著性水平	0.000	0.436	0.000
	建筑长宽比	相关系数	0.258**	−0.159	−0.119
		显著性水平	0.000	0.088	0.104
	建筑朝向	相关系数	0.259**	−0.158	−0.119
		显著性水平	0.000	0.089	0.105

注：** 表示在 0.01 显著性水平上相关；* 表示在 0.05 显著性水平上相关。

4.1.1 建成环境要素与居住用地碳排放的相关性

从表 4-1 可以看出，在密度要素中，与居住用地碳排放相关系数最大的要素为建筑面积，其次是人口密度，相关系数最低的为建筑密度。其中，建筑面积与居住用地碳排放的相关系数为 0.852，显著性水平为 0.000，说明居住用地碳排放与建筑面积在 0.01 显著性水平上正相关。人口密度与居住用地碳排放的相关系数为 0.199，显著性水平为 0.199，说明居住用地碳排放与人口密度在 0.05 显著性水平上正相关。建筑密度与居住用地碳排放的相关系数为 −0.066，显著性水平为 0.251，没有显著相关，这与既有研究不符，通过将居住用地细分为村庄住宅用地与城镇住宅用地后进一步分析发现（表 4-2），建筑密度与城镇住宅用地碳排放的

相关系数为 -0.308，显著性水平为 0.003，说明建筑密度与城镇住宅用地在 0.01 显著性水平上负相关。建筑密度与村庄住宅用地碳排放的相关系数为 0.330，显著性水平为 0.053，虽然没有通过 0.05 显著性水平检验，但是已经非常接近。

表 4-2 研究区域内居住用地调研样本的碳排放与建筑密度的相关分析结果

类别	相关系数	显著性水平
村庄住宅用地	0.330	0.053
城镇住宅用地	-0.308**	0.003

注：** 表示在 0.01 显著性水平上相关。

在功能要素中，与居住用地碳排放相关系数最大的要素为用地面积，其次为用地性质和用地建设时间，相关系数最低的为用地混合度。其中，用地面积与居住用地碳排放的相关系数为 0.620，显著性水平为 0.000，说明居住用地碳排放与用地面积在 0.01 显著性水平上正相关。用地性质与居住用地碳排放的相关系数为 0.490，显著性水平为 0.000，说明居住用地碳排放与用地性质在 0.01 显著性水平上正相关，也就是说从村庄住宅用地到城镇住宅用地，其碳排放是相应增加的。用地建设时间与居住用地碳排放的相关系数为 0.428，显著性水平为 0.000，说明居住用地碳排放与用地建设时间在 0.01 显著性水平上正相关。用地混合度与居住用地碳排放的相关系数为 0.355，显著性水平为 0.000，说明居住用地碳排放与用地混合度在 0.01 显著性水平上正相关。

在形态要素中，与居住用地碳排放相关系数最大的要素为建筑层数，其次为建筑体形系数和建筑朝向，相关系数最低的为建筑长宽比。其中，建筑层数与居住用地碳排放的相关系数为 0.509，显著性水平为 0.000，说明居住用地碳排放与建筑层数在 0.01 显著性水平上正相关。建筑体形系数与居住用地碳排放的相关系数为 -0.456，显著性水平为 0.000，具有显著负相关。建筑朝向与居住用地碳排放的相关系数为 0.259，显著性水平为 0.000，具有显著正相关。建筑长宽比与居住用地碳排放的相关系数为 0.258，显著性水平为 0.000，具有显著正相关。

4.1.2 建成环境要素与工业仓储用地碳排放的相关性

从表 4-1 可以看出，在密度要素中，与工业仓储用地碳排放相关系数最大的要素为建筑面积，其次是建筑密度，相关系数最低的为人口密度。其中，建筑面积与工业仓储用地碳排放的相关系数为 0.314，显著性水平为 0.003，说明工业仓储用地碳排放与建筑面积在 0.01 显著性水平上正相关。建筑密度与工业仓储用地碳排放的相关系数为 0.046，显著性水平为 0.349，没有显著相关。人口密度与工业仓储用地碳排放的相关系数为 0.045，显著性水平为 0.352，没有显著相关。

在功能要素中，与工业仓储用地碳排放相关系数最大的要素为用地面积，其次为用地建设时间。需要说明的是，用地混合度要素主要在居住用地中进行计算，故没有被纳入在内。此外根据前文分析，本书将工业仓储用地作为单一用地性质，因此在相关性分析时，没有用地性质这一要素，但是根据既有研究，工业仓储用地上的企业门类对于工业仓储用地碳排放具有显著影响（樊嵘等，2014；牛鸿蕾等，2012；刘继业，2017）（图4-1），其计算方式与用地性质相似，作为有序变量纳入，因此本书将其作为预测的重要因素，但是没有将其纳入相关性分析中。其中，用地面积与工业仓储用地碳排放的相关系数为 0.426，显著性水平为 0.000，说明工业仓储用地碳排放与用地面积在 0.01 显著性水平上正相关。用地建设时间与工业仓储用地碳排放的相关系数为 -0.020，显著性水平为 0.434，没有显著相关。

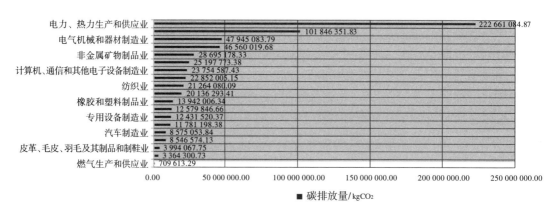

图 4-1 研究区域内工业仓储用地调研样本上不同企业门类的碳排放特征

在形态要素中，与工业仓储用地碳排放相关系数最大的要素为建筑层数，其次为建筑长宽比和建筑朝向，相关系数最低的为建筑体形系数。其中，建筑层数与工业仓储用地碳排放的相关系数为 -0.221，显著性水平为 0.029，说明工业仓储用地碳排放与建筑层数在 0.05 显著性水平上负相关。建筑长宽比与工业仓储用地碳排放的相关系数为 -0.159，显著性水平为 0.088，没有显著相关。建筑朝向与工业仓储用地碳排放的相关系数为 -0.158，显著性水平为 0.089，没有显著相关。建筑体形系数与工业仓储用地碳排放的相关系数为 -0.019，显著性水平为 0.436，没有显著相关。

4.1.3 建成环境要素与公共用地碳排放的相关性

从表 4-1 可以看出，在密度要素中，与公共用地碳排放相关系数最大的要素为建筑面积，其次是人口密度，相关系数最低的为建筑密度。

其中，建筑面积与公共用地碳排放的相关系数为 0.632，显著性水平为 0.000，说明公共用地碳排放与建筑面积在 0.01 显著性水平上正相关。人口密度与公共用地碳排放的相关系数为 -0.203，显著性水平为 0.016，说明公共用地碳排放与人口密度在 0.05 显著性水平上负相关。建筑密度与公共用地碳排放的相关系数为 0.019，显著性水平为 0.420，没有显著相关。

在功能要素中，与公共用地碳排放相关系数最大的要素为用地面积，其次为用地建设时间。需要说明的是，用地混合度要素主要在居住用地中进行计算，因此没有被纳入在内。此外根据前文分析，虽然用地性质要素对于城镇建设用地碳排放具有显著影响，但与其他要素的影响不同，用地性质要素的影响还受到编号计算方法的影响，并不一定呈现出简单的正负相关，因此本书将其作为预测的重要因素，但没有将其纳入相关性分析中。其中，用地面积与公共用地碳排放的相关系数为 0.503，显著性水平为 0.000，说明公共用地碳排放与用地面积在 0.01 显著性水平上正相关。用地建设时间与公共用地碳排放的相关系数为 0.367，显著性水平为 0.000，说明公共用地碳排放与用地建设时间在 0.01 显著性水平上正相关。

在形态要素中，与公共用地碳排放相关系数最大的要素为建筑体形系数，其次为建筑层数，相关系数最低的为建筑长宽比与建筑朝向。其中，建筑体形系数与公共用地碳排放的相关系数为 -0.489，显著性水平为 0.000，说明公共用地碳排放与建筑体形系数在 0.01 显著性水平上负相关。建筑层数与公共用地碳排放的相关系数为 0.292，显著性水平为 0.002，说明公共用地碳排放与建筑层数在 0.01 显著性水平上正相关。建筑长宽比与公共用地碳排放的相关系数为 -0.119，显著性水平为 0.104，没有显著相关。建筑朝向与公共用地碳排放的相关系数为 -0.119，显著性水平为 0.105，没有显著相关。

综上，通过对城镇不同类型建设用地的 Spearman 相关系数分析可知，其中居住用地碳排放与建筑面积、人口密度、用地性质、用地混合度、用地建设时间、用地面积、建筑层数、建筑体形系数、建筑长宽比、建筑朝向 10 个建成环境要素的相互关系分别在 0.01 或 0.05 水平上呈显著相关，建筑密度与城镇住宅用地在 0.01 显著性水平上负相关，与村庄住宅用地虽然没有显著相关性，但是显著性水平已经非常接近 0.05。因此，结合上述分析结果，本书将建筑面积、建筑密度、人口密度、用地性质、用地混合度、用地建设时间、用地面积、建筑层数、建筑体形系数、建筑长宽比、建筑朝向 11 个建成环境要素作为村庄住宅用地和城镇住宅用地碳排放预测的基础。工业仓储用地碳排放与建筑面积、用地面积、建筑层数 3 个建成环境要素的相互关系分别在 0.01 或 0.05 水平上呈显著相关，结合既有研究对行业门类与工业仓储用地碳排放的关系研究结论，本书将建筑面积、行业门类、用地面积、建筑层数 4 个建成环境要素作为工业仓储用地碳排放预测的基础。公共用地碳排放与建筑面积、人口密度、用地建设时间、用地面积、建筑层数、建筑体形系数6个建成环境要素的相互关系分别在 0.01 或 0.05 水平上呈显著相关，与建筑密度、建筑长宽比、建筑朝向没有显著相关性。结合上述分析结果，本书将建筑面积、人口密度、用地性质、用地建设时间、用地面积、建筑层数、建筑体形系数 7 个建成环境要素作为公共用地碳排放预测的基础。

此外，需要说明的是，Spearman 相关系数分析只能反映建成环境与城镇建设用地碳排放之间相互关系的强弱程度和相关方向，并不能反映具体的影响关系及影响程度，需要结合回归分析综合确定。

4.2 密度要素对城镇建设用地碳排放的影响分析

基于第 4.1 节的相关性分析，本章节对具有显著相关的密度、功能、形态三类建成环境要素对城镇建设用地碳排放的影响关系进行分析，通过两个变量之间散点图的相关关系及趋势分析，确定相互之间的线性或非线性影响关系。

4.2.1 建筑面积

根据第 4.1 节建成环境与城镇建设用地碳排放的相关性分析可知，建筑面积与居住用地、工业仓储用地和公共用地碳排放均在 0.01 水平上显著正相关，即随着城镇建设用地上建筑面积的增加，其碳排放也相应增加。但是随着城镇化的推进，城镇总体开发强度的不断提升是一个不可回避的事实，不能简单将开发需求排除在外。因此，从控碳角度来看，需要综合考虑开发需求，适当确定可降低城镇建设用地碳排放的适宜开发强度。

为了清楚地观察建筑面积与城镇建设用地碳排放及城镇建设用地碳排放强度之间的影响关系，本书基于 293 组调研样本数据，通过分别将居住用地、工业仓储用地和公共用地样本的建筑面积要素进行分箱化处理，发现随着城镇不同类型建设用地上建筑面积的增加，其碳排放均值也相应增加，虽然公共用地在建筑面积为 61 299—104 079 m² 的分界点上出现了较大的拐点，但是整体仍呈现增加的变化趋势（图 4-2）。这是由于居住用地碳排放与公共用地碳排放主要来自承载的建筑能耗，建筑面积的增加使得用能需求增加，进而增加碳排放；工业仓储用地碳排放主要来自用地上企业的能耗，而建筑面积的增加与用地上企业的建设规模、行业门类、产值等有着一定的关系，因此建筑面积的增加同样使得企业对能源的需求增加，进而增加碳排放（高景鑫等，2019）。

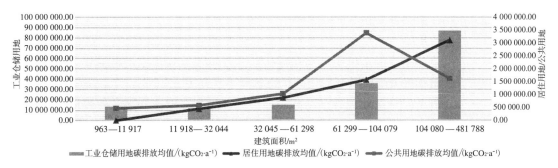

图 4-2 研究区域内不同类型调研样本的建筑面积与碳排放的相关性

随着建筑面积的增加，居住用地、工业仓储用地和公共用地的单位用地面积碳排放强度均值呈现出不同的变化规律（图 4-3）。其中，随着建筑面积的增加，居住用地的单位用地面积碳排放强度均值呈现递增的变化规律，说明两者显著正相关。工业仓储用地的单位用地面积碳排放强度均值则大致呈现降低的变化规律，这是由于工业仓储用地的单位用地面积碳排放强度均值还主要受到用地上企业的行业门类影响，而高碳排放强度的行业门类的建筑面积均值相对而言要小于其他中低碳排放强度行业门类的建筑面积均值（图 4-4）。比如碳排放强度均值最高的化学

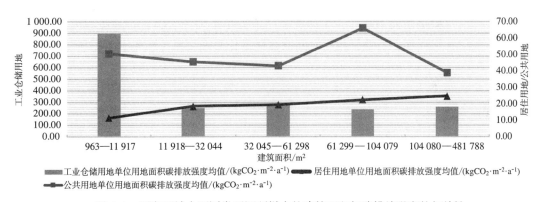

图 4-3 研究区域内不同类型调研样本的建筑面积与碳排放强度的相关性

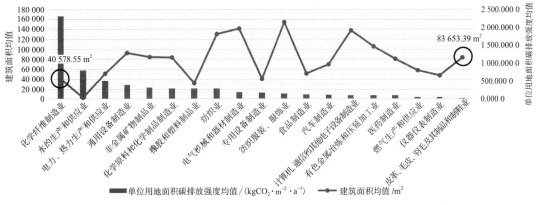

图 4-4 研究区域内工业仓储用地调研样本的建筑面积与碳排放强度的相关性

纤维制造业的建筑面积均值（40 578.55 m²），小于碳排放强度均值最低的皮革、毛皮、羽毛及其制品和制鞋业的建筑面积均值（83 653.39 m²）。公共用地的单位用地面积碳排放强度均值呈现出波动性变化，并在建筑面积为 61 299—104 079 m² 的分界点上达到最高值后开始下降，推测是由于公共用地包含了商务用地、文体用地、商业用地、科教用地等不同的建设用地类型，其变化相对更复杂。

以建筑面积为自变量，分别建立建筑面积与城镇不同类型建设用地碳排放的散点图，分析建筑面积对不同类型建设用地碳排放的影响程度。观察散点图可知，建筑面积与城镇不同类型建设用地碳排放呈现一元线性关系，其中对居住用地碳排放的解释程度 R 最高，R 为 0.874；其次为对公共用地碳排放的解释程度，R 为 0.604；最后是对工业仓储用地碳排放的解释程度，R 为 0.355。这说明随着建筑面积的增加，城镇不同类型建设用地碳排放均呈不同程度的增加趋势。在回归线的斜率方面，建筑面积与居住用地碳排放的回归线斜率最大，为 0.957，即平均居住建筑面积每增加 100 m²，居住用地每年增加约 95.7 $kgCO_2$ 碳排放；其次是建筑面积与公共用地碳排放的回归线斜率，为 0.610，即平均公共建筑面积每增加 100 m²，公共用地每年增加约 61.0 $kgCO_2$ 碳排放；最后是建筑面积与工业仓储用地碳排放的回归线斜率，为 0.554，即平均工业仓储建筑面积每增加 100 m²，工业仓储用地每年增加约 55.4 $kgCO_2$ 碳排放。这在一定程度上反映了相互之间的具体量化影响关系（图 4-5 至图 4-7）。

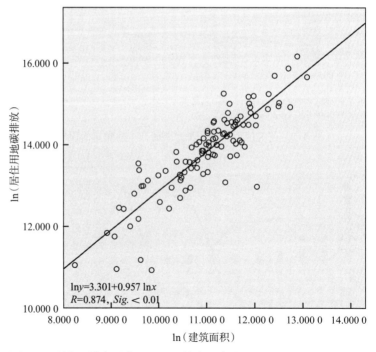

图 4-5　研究区域内居住用地调研样本的建筑面积对碳排放的影响关系

注：$Sig.$ 表示显著性。

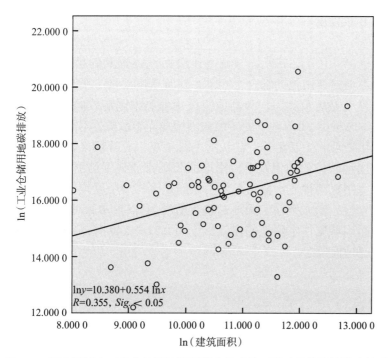

图4-6 研究区域内工业仓储用地调研样本的建筑面积对碳排放的影响关系

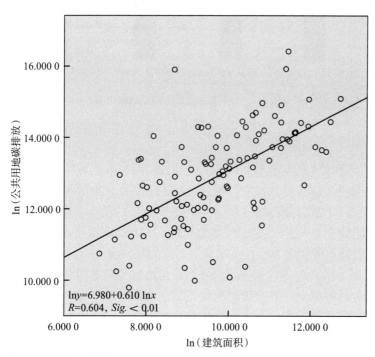

图4-7 研究区域内公共用地调研样本的建筑面积对碳排放的影响关系

4.2.2 建筑密度

根据第 4.1 节建成环境与城镇建设用地碳排放的相关性分析可知，在不同类型建设用地的综合影响下，建筑密度要素主要与城镇住宅用地碳排放具有显著负相关，与其他建设用地类型碳排放的相关性不显著。基于此本书根据 81 组调研的城镇住宅用地样本数据，对建筑密度要素进行分箱化处理并绘制相关性柱状图（图 4-8）。从不同区段建筑密度的城镇住宅用地碳排放均值及单位用地面积碳排放强度均值比较可以看出，城镇住宅用地碳排放均值与单位用地面积碳排放强度均值的变化具有一定的差异性，当城镇住宅用地的建筑密度为 0.11—0.20 时，碳排放均值最大，而当城镇住宅用地的建筑密度为 0.31—0.40 时，单位用地面积碳排放强度均值最大。

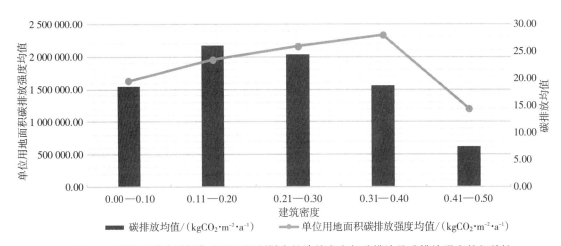

图 4-8 研究区域内城镇住宅用地调研样本的建筑密度与碳排放及碳排放强度的相关性

分别统计建筑密度为 0.11—0.20 与 0.31—0.40 的城镇住宅用地样本的建筑面积与建筑层数可知，建筑密度为 0.11—0.20 的城镇住宅用地主要以多层、小高层及高层住宅为主，建筑面积均值为 108 502.78 m^2，平均建筑层数为 7.94 层；建筑密度为 0.31—0.40 的城镇住宅用地主要以低层的别墅及多层住宅为主，建筑面积均值为 88 786.21 m^2，平均建筑层数为 4.74 层。由此可见建筑密度为 0.11—0.20 的城镇住宅用地的建筑面积相对更大，根据上一节建筑面积对城镇建设用地碳排放的影响分析结果可知，其碳排放也相应更高。而建筑密度为 0.31—0.40 的城镇住宅用地的平均建筑层数相对更低（表 4-3，图 4-9），结合相关学者的研究，建筑层数的增加会使得居住用地碳排放整体增加，但同时由于减少了建筑外围护表面积，相应减少了建筑的散热面积，进而会在一定程度上影响单位用地面积碳排放强度（张海滨，2012）。这可以在一定程度上解释为什么城镇住宅用地碳排放均值与单位用地面积碳排放强度均值的变化具有一定的差异性。

表4-3 研究区域内建筑密度为0.11—0.20与0.31—0.40的城镇住宅用地调研样本的建筑面积及层数比较

用地类型	建成环境要素	区间值	建筑面积均值/m^2	建筑层数均值/层	样本数量/个
城镇住宅用地	建筑密度	0.11—0.20	108 502.78	7.94	21
		0.31—0.40	88 786.21	4.74	22

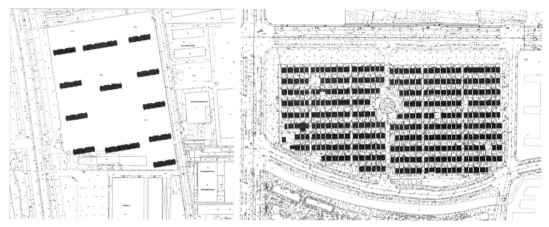

图4-9 研究区域内建筑密度为0.11—0.20与0.31—0.40的典型城镇住宅用地调研样本的建成环境比较

可见，在编制低碳空间规划的过程中，通过增加建筑密度会在一定程度上增加城镇住宅用地碳排放及单位用地面积碳排放强度，但当建筑密度超过设定的阈值后，随着建筑密度的增加，城镇住宅用地碳排放及单位用地面积碳排放强度开始降低，建筑密度的减碳效应开始显现，但是这一阈值需要同时对比城镇住宅用地碳排放及单位用地面积碳排放的拐点的变化综合确定。为了求得这一阈值，分析建筑密度对城镇建设用地碳排放的影响变化，本书进一步建立了建筑密度与城镇住宅用地碳排放的散点图（图4-10）。观察散点图可知，二次多项式回归线的解释程度 R 为0.443，通过了0.05显著性水平的检验。通过对该回归方程求极值，当建筑密度为0.22时，城镇住宅用地碳排放最大，说明当建筑密度小于0.22时，建筑密度与城镇住宅用地碳排放呈正相关，即随着建筑密度的增加，城镇住宅用地碳排放相应增加，而当建筑密度大于0.22时，建筑密度与城镇住宅用地碳排放呈负相关，即随着建筑密度的增加，城镇住宅用地碳排放相应降低。

4.2.3 人口密度

根据第4.1节建成环境与城镇建设用地碳排放的相关性分析可知，人口密度与居住用地碳排放与公共用地碳排放在0.05水平上显著相关。

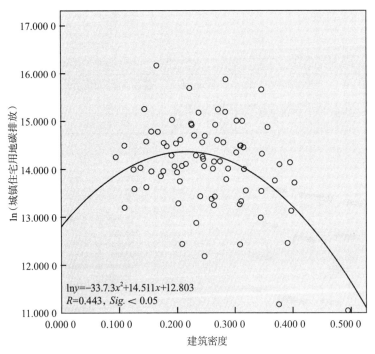

图 4-10 研究区域内城镇住宅用地调研样本的建筑密度对碳排放的影响关系

通过分别将居住用地和公共用地样本的人口密度要素进行分箱化处理,发现随着人口密度的增加,居住用地碳排放均值与公共用地碳排放均值呈现出不同的变化规律。其中,随着人口密度的增加,居住用地碳排放均值与居住用地单位用地面积碳排放强度均值整体大致呈现先降后升的正 U 形对应关系,但居住用地碳排放均值在人口密度为 2 652—7 401 人 $/km^2$ 的分界点上出现了较大的拐点,达到最高值后开始下降,居住用地单位用地面积碳排放强度均值则在经过 633—940 人 $/km^2$ 的分界点上达到最低值后一直处于升高的趋势。随着人口密度的增加,公共用地碳排放均值与公共用地单位用地面积碳排放强度均值同样整体大致呈现出先降后升的正 U 形对应关系,但与居住用地碳排放均值在人口密度为 2 652—7 401 人 $/km^2$ 的分界点达到最高值不同,公共用地碳排放均值是在人口密度处于 2 652—7 401 人 $/km^2$ 的分界点上达到最低值,公共用地单位用地面积碳排放强度均值变化与居住用地单位用地面积碳排放强度均值变化一样,在人口密度处于 633—940 人 $/km^2$ 的分界点上达到最低值,不同之处在于居住用地单位用地面积碳排放强度均值一直处于升高的趋势,而公共用地单位用地面积碳排放强度均值则在人口密度为 2 652—7 401 人 $/km^2$ 的分界点上达到最高值后开始下降(图 4-11)。

以人口密度为自变量,分别建立人口密度与居住用地和公共用地碳排放的散点图(图 4-12),分析人口密度对居住用地和公共用地碳排放

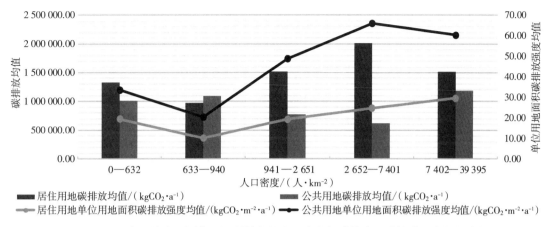

图4-11 研究区域内不同类型调研样本的人口密度与碳排放及碳排放强度的相关性

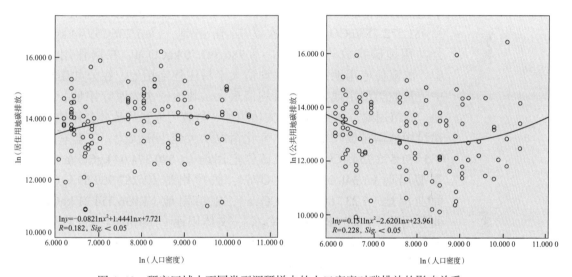

图4-12 研究区域内不同类型调研样本的人口密度对碳排放的影响关系

的影响程度。观察散点图可知,人口密度与居住用地和公共用地碳排放的二次多项式回归线的解释程度 R 分别为0.182和0.228,均通过了0.05显著性水平的检验,说明回归方程有效,可以在一定程度上解释上述变化趋势。通过对人口密度与居住用地和公共用地碳排放的回归方程分别求极值,当人口密度为6 634人/km² (对数值8.8)时,居住用地碳排放最高,说明当人口密度小于6 634人/km²时,人口密度与居住用地碳排放呈正相关,当人口密度大于6 634人/km²时,人口密度与居住用地碳排放呈负相关;而当人口密度为5 884人/km² (对数值8.68)时,公共用地碳排放最低,说明当人口密度小于5 884人/km²时,人口密度与公共用地碳排放呈负相关,即随着人口密度的增加,公共用地碳排放相应降低,而当人口密度大于5 884人/km²时,人口密度与公共用地碳排放呈正相关,即随着人口密度的增加,公共用地碳排放相应增加。

可见，在低碳空间规划编制过程中，通过增加人口密度来降低城镇建设用地碳排放具有一定的引导控制作用，但是对于不同类型城镇建设用地具有不同的临界值。对于居住用地而言，随人口密度增加引起的减碳效果，在人口密度较小（0—940人/km^2）或在人口密度大于6 634人/km^{2}时有效，而对于公共用地而言，随人口密度增加引起的减碳效果，在人口密度小于5 884人/km^{2}时有效。

4.3 功能要素对城镇建设用地碳排放的影响分析

4.3.1 用地性质

通过对调研样本地块的年碳排放进行统计分析，得到不同类型样本地块的碳排放总量数据。其中，工业仓储用地的碳排放均值最大，为35 781 572.75 kgCO$_2$/a，其次为居住用地，为1 236 759.44 kgCO$_2$/a，公共用地碳排放均值最小，为986 393.70 kgCO$_2$/a。在居住用地类别中，城镇住宅用地的碳排放均值大于村庄住宅用地。在公共用地类型中，其他类型用地的碳排放均值最大，其他依次为医疗用地、商业用地、旅馆用地、商务用地、文体用地、科教用地和行政办公用地。城镇建设用地碳排放均值的整体变化情况从大到小依次为：工业仓储用地（35 781 572.75 kgCO$_2$/a）、城镇住宅用地（1 880 374.04 kgCO$_2$/a）、其他类型用地（1 348 231.41 kgCO$_2$/a）、医疗用地（1 287 969.89 kgCO$_2$/a）、商业用地（1 237 806.66 kgCO$_2$/a）、旅馆用地（1 036 254.21 kgCO$_2$/a）、商务用地（1 005 784.10 kgCO$_2$/a）、文体用地（780 308.41 kgCO$_2$/a）、科教用地（626 449.44 kgCO$_2$/a）、村庄住宅用地（593 144.83 kgCO$_2$/a）、行政办公用地（568 345.50 kgCO$_2$/a）。虽然上述城镇建设用地碳排放均值的变化会在一定程度上受到调研样本的分布影响，但是可以在一定程度上反映城镇不同类型建设用地碳排放的特征。不同类型样本地块的碳排放均值详见表4-4。

表4-4 研究区域内不同类型调研样本的碳排放特征

调研样本的用地类型大类	碳排放最大值/(kgCO$_2$·a^{-1})	碳排放最小值/(kgCO$_2$·a^{-1})	碳排放均值/(kgCO$_2$·a^{-1})	调研样本的用地类型细类	碳排放均值/(kgCO$_2$·a^{-1})
居住用地	10 544 467.55	55 741.56	1 236 759.44	村庄住宅用地	593 144.83
				城镇住宅用地	1 880 374.04
工业仓储用地	859 152 535.68	198 742.29	35 781 572.75	工业仓储用地	35 781 572.75
公共用地	13 461 063.96	17 971.86	986 393.70	商务用地	1 005 784.10
				文体用地	780 308.41
				医疗用地	1 287 969.89

续表 4-4

调研样本的用地类型大类	碳排放最大值 / ($kgCO_2 \cdot a^{-1}$)	碳排放最小值 / ($kgCO_2 \cdot a^{-1}$)	碳排放均值 / ($kgCO_2 \cdot a^{-1}$)	调研样本的用地类型细类	碳排放均值 / ($kgCO_2 \cdot a^{-1}$)
公共用地	13 461 063.96	17 971.86	986 393.70	商业用地	1 237 806.66
				旅馆用地	1 036 254.21
				科教用地	626 449.44
				行政办公用地	568 345.50
				其他类型用地	1 348 231.41

此外，通过比较城镇不同类型建设用地的碳排放强度均值（图 4-13）可以看出，工业仓储用地的碳排放强度均值远高于其他类型建设用地，达到 318.62 $kgCO_2/(m^2 \cdot a)$；公共用地的碳排放强度均值次之，为 54.43 $kgCO_2/(m^2 \cdot a)$，而在公共用地内部，不同类型公共用地的碳排放强度均值也具有较大差别，呈现出商务用地[118.63 $kgCO_2/(m^2 \cdot a)$]、旅馆用地[97.67 $kgCO_2/(m^2 \cdot a)$]、商业用地[68.01 $kgCO_2/(m^2 \cdot a)$]、其他类型用地[45.48 $kgCO_2/(m^2 \cdot a)$]、行政办公用地[37.91 $kgCO_2/(m^2 \cdot a)$]、医疗用地[34.75 $kgCO_2/(m^2 \cdot a)$]、文体用地[23.28 $kgCO_2/(m^2 \cdot a)$]、科教用地[9.67 $kgCO_2/(m^2 \cdot a)$]依次递减的变化趋势，通过与公共用地总体的碳排放强度均值进行比较，可以确定商务用地、旅馆用地、商业用地为相对"高碳"的城镇建设用地类型，科教用地、文体用地等则属于相对"低碳"的城镇建设用地类型；相比工业仓储用地和公共用地，居住用地的碳排放强度均值最低，为 16.59 $kgCO_2/(m^2 \cdot a)$，在居住用地内部，城镇住宅用地的碳排放强度均值[25.31 $kgCO_2/(m^2 \cdot a)$]高于村庄住宅用地的碳排放强度均值[7.87 $kgCO_2/(m^2 \cdot a)$]，这与居民的用能习惯、用能方式、生活水平等具有较大关联。整体来看，在低碳空间规划编制过程中，通过合理地确定各类型建设用地的比例，对于降低城镇建设用地碳排放具有较强的引导作用。

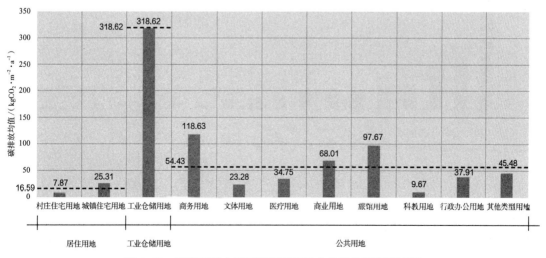

图 4-13 研究区域内不同类型调研样本的碳排放强度特征

需要说明的是，虽然本书将工业仓储用地视为一类用地性质，但是根据既有研究，工业仓储用地碳排放受到企业门类的影响较大，不同行业之间的单位用地面积碳排放强度具有较大的差异，是影响工业仓储用地碳排放的重要因素（余娇等，2018），因此在对工业仓储用地碳排放预测时，本书将企业门类要素作为重要的变量。

由图 4-14 可知，在调研的工业仓储用地样本中，化学纤维制造业的单位用地面积碳排放强度均值最高，为 2 311.72 $kgCO_2/(m^2·a)$，其他依次为水的生产和供应业 [805.69 $kgCO_2/(m^2·a)$]、电力/热力生产和供应业 [512.03 $kgCO_2/(m^2·a)$]、通用设备制造业 [391.66 $kgCO_2/(m^2·a)$]、非金属矿物制品业 [316.69 $kgCO_2/(m^2·a)$]、化学原料和化学制品制造业 [297.59 $kgCO_2/(m^2·a)$]、橡胶和塑料制品业 [297.40 $kgCO_2/(m^2·a)$]、纺织业 [289.89 $kgCO_2/(m^2·a)$]、电气机械和器材制造业 [195.07 $kgCO_2/(m^2·a)$]、专用设备制造业 [179.83 $kgCO_2/(m^2·a)$]、纺织服装/服饰业 [152.16 $kgCO_2/(m^2·a)$]、食品制造业 [126.96 $kgCO_2/(m^2·a)$]、汽车制造业 [116.55 $kgCO_2/(m^2·a)$]、计算机/通信和其他电子设备制造业 [102.79 $kgCO_2/(m^2·a)$]、有色金属冶炼和压延加工业 [98.07 $kgCO_2/(m^2·a)$]、医药制造业 [97.36 $kgCO_2/(m^2·a)$]、燃气生产和供应业 [44.13 $kgCO_2/(m^2·a)$]、仪器仪表制造业 [42.70 $kgCO_2/(m^2·a)$]、皮革/毛皮/羽毛及其制品和制鞋业 [26.94 $kgCO_2/(m^2·a)$]。因此，在低碳空间规划编制过程中，通过合理地确定行业发展门类，对于降低城镇建设用地碳排放同样具有较强的引导作用。

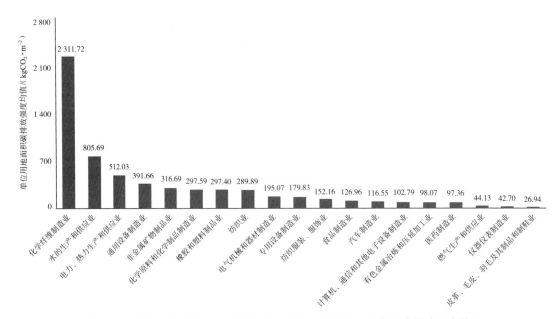

图 4-14 研究区域内工业仓储用地调研样本上不同行业门类的碳排放强度特征

4.3.2 用地混合度

由于本书主要计算了居住用地的用地混合度,因此主要分析用地混合度对居住用地碳排放的影响。根据106组所调研的居住用地样本数据,对用地混合度要素进行分箱化处理并绘制相关性柱状图(图4-15)。从不同区段用地混合度的居住用地碳排放均值与居住用地单位用地面积碳排放强度均值的比较可以看出,居住用地碳排放均值与居住用地单位用地面积碳排放强度均值的变化较为一致,呈现出相同的增减变化规律。随着用地混合度的增加,居住用地碳排放均值与用地混合度之间呈现出升高—降低—升高的S形对应关系。当用地混合度为0.042—0.068时,居住用地碳排放均值最小,之后开始逐渐升高。可见,在低碳空间规划编制过程中,在一定的用地混合度区段,通过增加用地混合度来降低居住用地碳排放具有一定的引导控制作用,但当用地混合度达到某一临界值后,由于用地功能混合所形成的低碳空间效应将开始减弱。

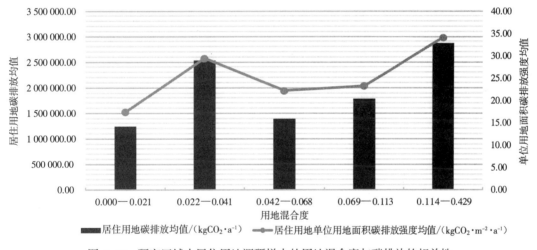

图4-15 研究区域内居住用地调研样本的用地混合度与碳排放的相关性

以用地混合度为自变量,建立用地混合度与居住用地碳排放的散点图(图4-16),分析用地混合度对居住用地碳排放的影响程度。观察散点图可知,三次多项式回归线的解释程度R为0.316,通过了0.05显著性水平的检验。随着用地混合度的增加,居住用地碳排放大致呈现升高—降低—升高的S形变化趋势,这也说明用地混合度与居住用地碳排放之间并非简单的线性对应关系。

4.3.3 用地建设时间

根据第4.1节建成环境与城镇建设用地碳排放的相关性分析可知,

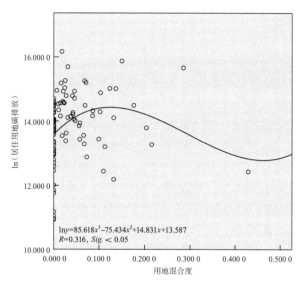

图 4-16 研究区域内居住用地调研样本的用地混合度对碳排放的影响关系

用地建设时间与居住用地碳排放、公共用地碳排放在 0.05 水平上显著相关，通过分别将居住用地和公共用地样本的用地建设时间要素进行分箱化处理发现，随着用地建设时间的推进，居住用地碳排放均值与公共用地碳排放均值呈现不同的变化规律。其中，随着用地建设时间的推进，居住用地碳排放均值呈现波动性变化，相互之间的相关性变化趋势较为复杂，并在用地建设时间为 4（2005—2009 年）时的分界点上达到最大值，之后开始逐渐下降；居住用地单位用地面积碳排放强度均值则大致呈现先升后降的平缓倒 U 形对应关系，同样在用地建设时间为 4（2005—2009 年）时的分界点上达到最大值，之后开始波动下降（图 4-17）。推测在时间的推进过程中，居住建筑的建造标准、围护结构、HVAC 系统等节能性能都相应有了较大提高，从而在一定程度上降低了居住用地碳排放，说明在低碳空间规划编制过程中，通过适当增加绿色建筑的比例，提高对建筑节能标准等指标的控制，对于降低城镇建设用地碳排放具有一定的引导作用。

而随着用地建设时间的推进，公共用地碳排放整体呈现大致增长的变化规律，推测与新开发公共用地的建设规模逐渐增大有一定关系（图 4-18）。公共用地单位用地面积碳排放强度均值则呈现波动性变化，在用地建设时间为 2（1986—1994 年）时的分界点上达到最大值，之后开始波动下降。

以用地建设时间为自变量，分别建立用地建设时间与居住用地和公共用地碳排放的散点图（图 4-19），分析用地建设时间对居住用地和公共用地碳排放的影响程度。观察散点图可知，用地建设时间与居住用地碳排放的二次多项式回归线的解释程度 R 为 0.493，通过了 0.05 显著性水平的检验，回归方程有效。通过对该回归方程求极值，当用地建设时

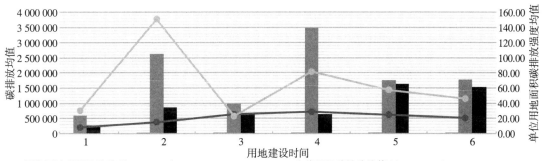

图 4-17　研究区域内不同类型调研样本的用地建设时间与碳排放及碳排放强度的相关性

注：1 表示 1986 年以前；2 表示 1986—1994 年；3 表示 1995—2004 年；4 表示 2005—2009 年；5 表示 2010—2015 年；6 表示 2016 年及以后。

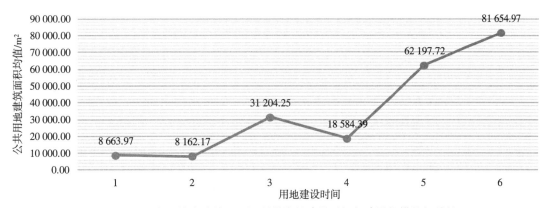

图 4-18　研究区域内公共用地调研样本的建设时间与建设规模的相关性

注：1 表示 1986 年以前；2 表示 1986—1994 年；3 表示 1995—2004 年；4 表示 2005—2009 年；5 表示 2010—2015 年；6 表示 2016 年及以后。

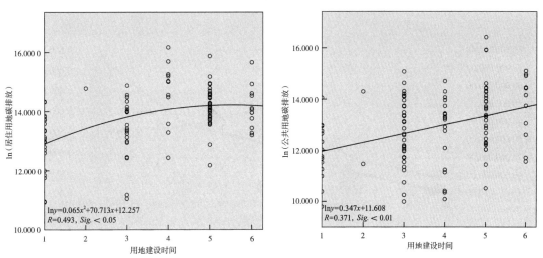

图 4-19　研究区域内不同类型调研样本的用地建设时间对碳排放的影响关系

注：1 表示 1986 年以前；2 表示 1986—1994 年；3 表示 1995—2004 年；4 表示 2005—2009 年；5 表示 2010—2015 年；6 表示 2016 年及以后。

4　建成环境与城镇建设用地碳排放的关系　｜　079

间为 5.48（2010—2015 年）时，居住用地碳排放最大，说明当用地建设时间在 2010 年以前时，用地建设时间与居住用地碳排放呈正相关，即随着用地建设时间的增加，居住用地碳排放相应增加，而当用地建设时间在 2015 年以后时，用地建设时间与居住用地碳排放呈负相关，即随着用地建设时间的增加，居住用地碳排放相应降低。

而用地建设时间与公共用地碳排放呈现一定的一元线性关系，解释程度 R 为 0.371，通过了 0.01 显著性水平的检验，说明随着用地建设时间的增加，公共用地碳排放呈现增加趋势，与前文的分析结果较为一致。在回归线的斜率方面，用地建设时间与公共用地碳排放的回归线斜率为 0.347，即平均用地建设时间每增加 1，公共用地每年增加约 0.347 $kgCO_2$ 碳排放。

4.3.4 用地面积

根据第 4.1 节建成环境与城镇建设用地碳排放的相关性分析（图 4-20）可知，用地面积与居住用地、工业仓储用地和公共用地碳排放均在 0.01 水平上显著正相关。通过分别将居住用地、工业仓储用地和公共用地样本的用地面积要素进行分箱化处理发现，随着城镇不同类型建设用地面积的增加，其碳排放均值也相应增加，虽然公共用地碳排放均值在当用地面积位于 39 028—68 279 m^2 的分界点上出现了较大的拐点，但是整体仍呈现增加的变化趋势。这就说明不仅用地面积较大的城镇建设用地碳排放较高，而且用地面积作为城镇建设用地碳排放的影响要素对其呈显著正相关，这也与研究假设基本一致。因此，从空间规划控碳的角度来看，应该适当增加道路网密度，减小地块面积，从而降低城镇建设用地碳排放。

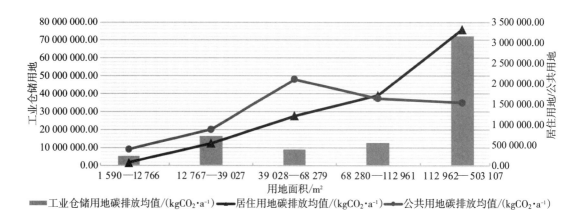

图 4-20 研究区域内不同类型调研样本的用地面积与碳排放的相关性

而随着城镇不同类型建设用地面积的增加，居住用地、工业仓储用地及公共用地的单位用地面积碳排放强度均值大致呈降低的变化趋势。虽然工业仓储用地单位用地面积碳排放强度均值在当用地面积位于 12 767—39 027 m^2 的分界点上达到最大值，但是整体仍呈现降低的变化趋势（图 4-21）。

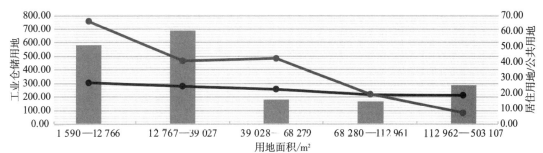

图 4-21 研究区域内不同类型调研样本的用地面积与碳排放强度的相关性

以用地面积为自变量，分别建立用地面积与城镇不同类型建设用地碳排放的散点图（图 4-22 至图 4-24），分析用地面积对城镇不同类型建设用地碳排放的影响程度。观察散点图可知，用地面积与城镇不同类型建设用地碳排放呈现一元线性关系，它对居住用地碳排放的解释程度最高，R 为 0.685，其次是对公共用地碳排放的解释程度，R 为 0.512，最后是对工业仓储用地碳排放的解释程度，R 为 0.442，说明随着用地面积的增加，城镇不同类型建设用地碳排放均呈不同程度的增加趋势。在回归线的斜率方面，用地面积与居住用地碳排放的回归线斜率最大，为 0.830，

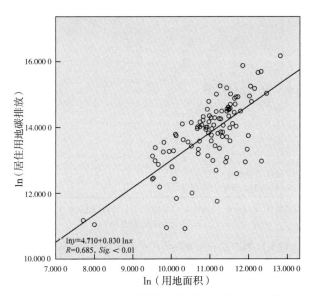

图 4-22 研究区域内居住用地调研样本的用地面积对碳排放的影响关系

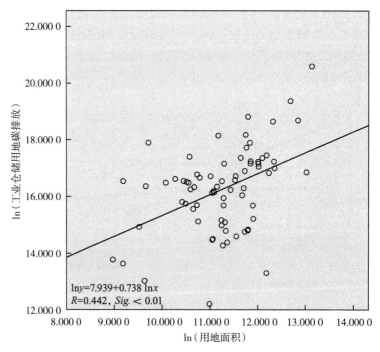

图 4-23 研究区域内工业仓储用地调研样本的用地面积对碳排放的影响关系

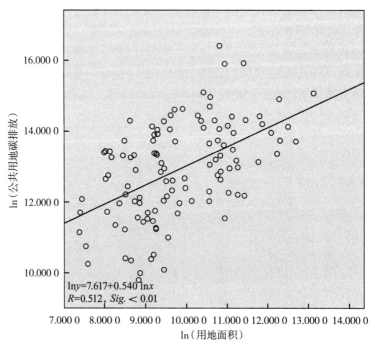

图 4-24 研究区域内公共用地调研样本的用地面积对碳排放的影响关系

即平均居住用地面积每增加 100 m^2，居住用地每年增加约 83.0 kgCO$_2$ 碳排放；其次是用地面积与工业仓储用地碳排放的回归线斜率，为

0.738，即平均工业仓储用地面积每增加 100 m²，工业仓储用地每年增加约 73.8 kgCO₂ 碳排放；最后是用地面积与公共用地碳排放的回归线斜率，为 0.540，即平均公共用地面积每增加 100 m²，公共用地每年增加约 54.0 kgCO₂ 碳排放。这在一定程度上反映了相互之间的具体量化影响关系。

4.4 形态要素对城镇建设用地碳排放的影响分析

4.4.1 建筑层数

根据第 4.1 节建成环境与城镇建设用地碳排放的相关性分析可知，建筑层数与居住用地和公共用地碳排放在 0.01 水平上显著正相关，与工业仓储用地碳排放在 0.05 水平上显著负相关。通过分别将居住用地、工业仓储用地和公共用地样本的建筑层数要素按照 1—3 层、4—6 层和 ≥7 层进行分箱化处理发现，随着城镇不同类型建设用地上建筑层数的增加，居住用地与公共用地的碳排放均值及单位用地面积碳排放强度均值均呈现增加的变化规律，工业仓储用地则呈现降低的变化规律。通过对比不同建筑层数下城镇不同类型建设用地上的建筑面积均值发现，随着建筑层数的增加，居住用地和公共用地上的建筑面积都呈增加的变化规律，而根据前文分析可知，随着建筑面积的增加，居住用地和公共用地碳排放均值均呈不同程度的增加趋势。而通过统计不同建筑层数下的工业仓储用地的企业门类可以发现，建筑层数在 1—3 层的工业仓储用地主要以化学纤维制造业、电力 / 热力生产和供应业、通用设备制造业等高碳排放工业仓储用地为主，而建筑层数在 4—6 层的工业仓储用地主要以纺织业、汽车制造业等中低碳排放工业仓储用地为主，因此随着建筑层数的增加，工业仓储用地的碳排放均值及单位用地面积碳排放强度均值均呈现降低的变化规律（图 4-25 至图 4-27）。

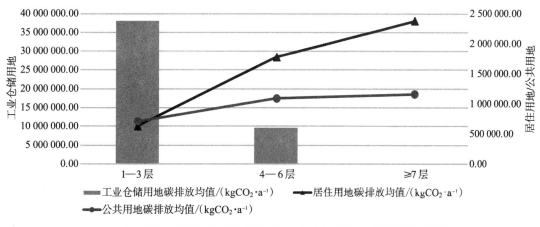

图 4-25　研究区域内不同类型调研样本的建筑层数与碳排放的相关性

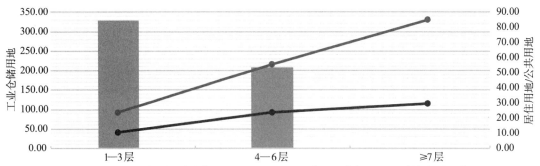

图 4-26　研究区域内不同类型调研样本的建筑层数与碳排放强度的相关性

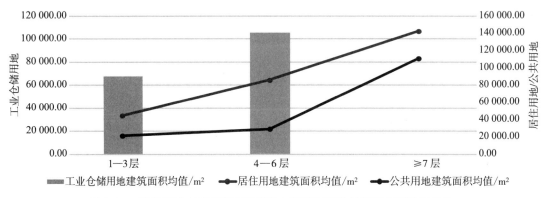

图 4-27　研究区域内不同类型调研样本的建筑层数与建筑面积的相关性

以建筑层数为自变量,分别建立建筑层数与居住用地、工业仓储用地和公共用地碳排放的散点图(图 4-28 至图 4-30),分析建筑层数对居住用地、工业仓储用地和公共用地碳排放的影响程度。观察散点图可知,建筑层数与居住用地碳排放的二次多项式回归线的解释程度 R 为 0.509,通过了 0.01 显著性水平的检验。对建筑层数与居住用地碳排放的回归方程分别求极值,当建筑层数为 10 层时,居住用地碳排放最大,说明当建筑层数小于 10 层时,居住用地碳排放与建筑层数呈正相关,即随着建筑层数的增加,居住用地碳排放相应增加,而当建筑层数大于 10 层时,居住用地碳排放与建筑层数呈负相关,即随着建筑层数的增加,居住用地碳排放相应降低。而建筑层数与工业仓储用地和公共用地碳排放呈现一元线性关系,其中对工业仓储用地碳排放的解释程度 R 为 0.198,对公共用地碳排放的解释程度 R 为 0.273。在回归线的斜率方面,建筑层数与工业仓储用地碳排放的回归线斜率为 −0.359,即平均工业仓储用地建筑层数每增加 1 层,工业仓储用地每年降低约 0.359 $kgCO_2$ 碳排放;建筑层数与公共用地碳排放的回归线斜率为 0.067,即平均公共用地建筑层数每增加 1 层,公共用地每年增加约 0.067 $kgCO_2$ 碳排放。

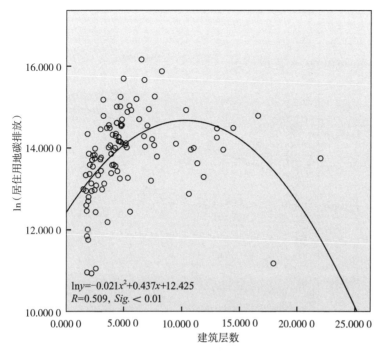

图4-28 研究区域内居住用地调研样本的建筑层数对碳排放的影响关系

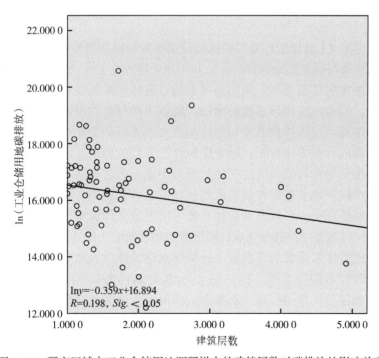

图4-29 研究区域内工业仓储用地调研样本的建筑层数对碳排放的影响关系

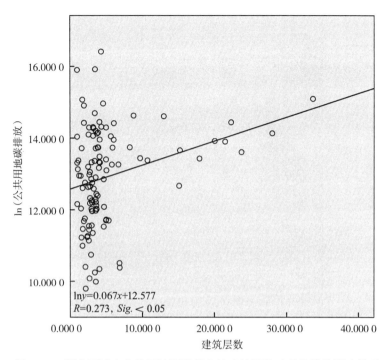

图 4-30 研究区域内公共用地调研样本的建筑层数对碳排放的影响关系

4.4.2 建筑体形系数

根据第 4.1 节建成环境与城镇建设用地碳排放的相关性分析可知，建筑体形系数与居住用地碳排放、公共用地碳排放在 0.01 水平上显著相关。通过分别将居住用地和公共用地样本的建筑体形系数要素进行分箱化处理发现，随着建筑体形系数的增加，居住用地与公共用地的碳排放均值及单位用地面积碳排放强度均值均呈现大致递减的变化规律。根据建筑体形系数的计量方法可知，随着建筑体形系数的增加，建筑层数相应减少，而建筑层数均值与居住用地与公共用地上的建筑面积均值、碳排放均值及单位用地面积碳排放强度均值均呈显著正相关，因此在低碳空间规划编制过程中，可以通过增加建筑体形系数来降低城镇建设用地碳排放，但同时需要考虑其他建成环境要素的综合影响（图 4-31、图 4-32）。

以建筑体形系数为自变量，分别建立建筑体形系数与居住用地和公共用地碳排放的散点图（图 4-33），分析建筑体形系数对居住用地和公共用地碳排放的影响程度。观察散点图可知，建筑体形系数与居住用地和公共用地碳排放均呈现出一元线性关系，且相关关系显著，其中对居住用地碳排放的解释程度 R 为 0.472，对公共用地碳排放的解释程度 R 为 0.431，说明随着建筑体形系数的增加，居住用地和公共用地碳排放均呈不同程度的降低趋势。在回归线的斜率方面，建筑体形系数与居住用地碳排放的回归线斜率为 -3.766，即平均建筑体形系数每增加 0.1，居住

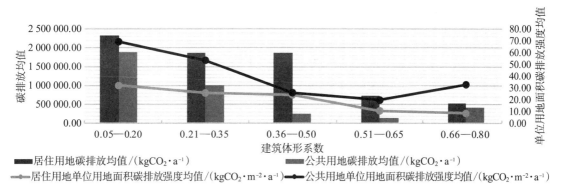

图 4-31　研究区域内不同类型调研样本的建筑体形系数与碳排放及碳排放强度的相关性

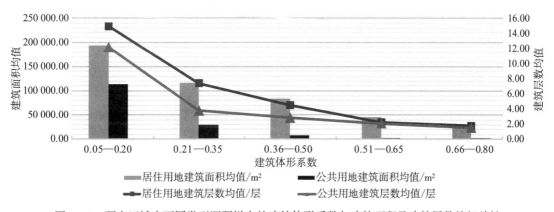

图 4-32　研究区域内不同类型调研样本的建筑体形系数与建筑面积及建筑层数的相关性

用地每年减少约 1.45 $kgCO_2$ 碳排放（取对数转换后数值，下同）；建筑体形系数与公共用地碳排放的回归线斜率为 –5.207，即平均建筑体形系数每增加 0.1，公共用地每年减少约 1.68 $kgCO_2$ 碳排放。这在一定程度上反映了相互之间的具体量化影响关系。

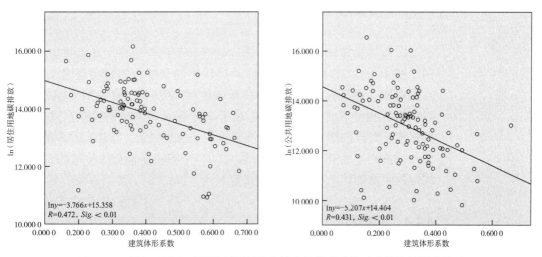

图 4-33　研究区域内不同类型调研样本的建筑体形系数对碳排放的影响关系

4.4.3 建筑长宽比

根据第4.1节建成环境与城镇建设用地碳排放的相关性分析可知，建筑长宽比要素主要与居住用地碳排放具有显著的相关性，与其他建设用地类型碳排放的相关性不显著。本书根据106组调研的居住用地样本数据，对建筑长宽比要素进行分箱化处理并绘制相关性柱状图（图4-34）。从不同区段建筑长宽比的居住用地碳排放均值及居住用地单位用地面积碳排放强度均值的比较可以看出，两者的变化具有一定的差异性，当居住用地建筑长宽比为1.727—2.110时，碳排放均值最大，之后开始逐渐降低，而随着居住用地建筑长宽比的增加，居住用地单位用地面积碳排放强度整体呈现递增的变化规律。整体而言，随着建筑长宽比的增加，居住用地碳排放均值及居住用地单位用地面积碳排放强度均值均呈现大致增长的变化规律。可见，在低碳空间规划编制过程中，在一定的建筑长宽比区段，通过减小建筑长宽比来降低城镇建设用地碳排放具有一定的引导作用。

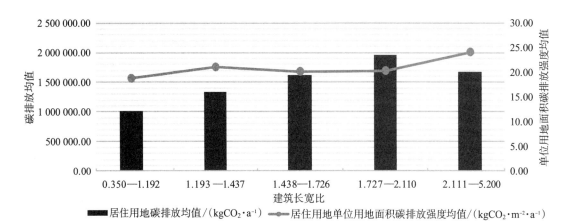

图4-34　研究区域内居住用地调研样本的建筑长宽比与碳排放的相关性

以建筑长宽比为自变量，建立建筑长宽比与居住用地碳排放的散点图（图4-35），分析建筑长宽比对居住用地碳排放的影响程度。观察散点图可知，建筑长宽比与居住用地碳排放呈现一元线性回归关系，回归线的解释程度 R 为0.203，并通过了0.05显著性水平的检验。这说明随着建筑长宽比的增加，居住用地碳排放呈增加趋势。在回归线斜率方面，回归线的斜率为0.317，通过计算可知，平均建筑长宽比每增加1，居住用地每年增加约1.37 $kgCO_2$ 碳排放。

4.4.4 建筑朝向

根据第4.1节建成环境与城镇建设用地碳排放的相关性分析可知，

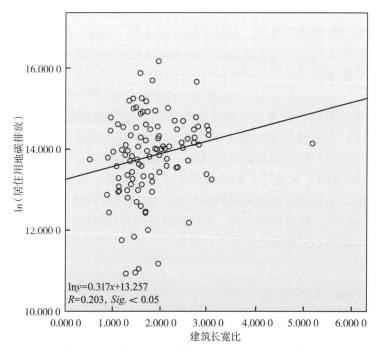

图 4-35　研究区域内居住用地调研样本的建筑长宽比对碳排放的影响关系

建筑朝向要素与城镇建设用地碳排放在 0.05 水平上呈现显著负相关，通过细分之后发现建筑朝向要素主要与居住用地碳排放具有显著的相关性，与其他建设用地类型碳排放的相关性不显著。本书根据 106 组调研的居住用地样本数据，对建筑朝向要素进行分箱化处理并绘制相关性柱状图（图 4-36）。从不同区段建筑朝向的居住用地碳排放均值及居住用地单位用地面积碳排放强度均值的比较可以看出，两者的变化具有差异性，呈现不同的增减变化规律。其中，随着建筑朝向的增加，居住用地碳排放

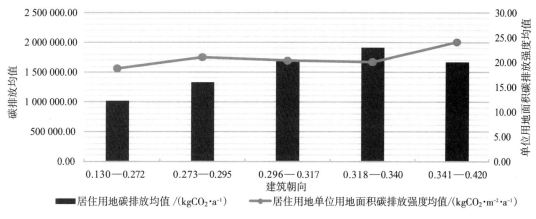

图 4-36　研究区域内居住用地调研样本的建筑朝向与碳排放的相关性

均值呈现先增后减的倒 U 形对应关系。当建筑朝向为 0.318—0.340 时，居住用地碳排放均值最大，之后开始逐渐降低。可见，在低碳空间规划编制过程中，通过增加建筑朝向比例来降低城镇建设用地碳排放具有一定的引导控制作用，但是需要同时考虑对于单位用地面积碳排放强度的影响。

以建筑朝向为自变量，建立建筑朝向与居住用地碳排放的散点图（图 4-37），分析建筑朝向对居住用地碳排放的影响程度。观察散点图可知，建筑朝向与居住用地碳排放呈现一元线性回归关系，回归线的解释程度 R 为 0.094，并通过了 0.01 显著性水平的检验。这说明随着建筑朝向的增加，居住用地碳排放呈降低趋势。在回归线斜率方面，回归线的斜率为 -0.758，通过计算可知，平均建筑朝向每增加 0.1，居住用地每年降低约 1.08 $kgCO_2$ 碳排放。

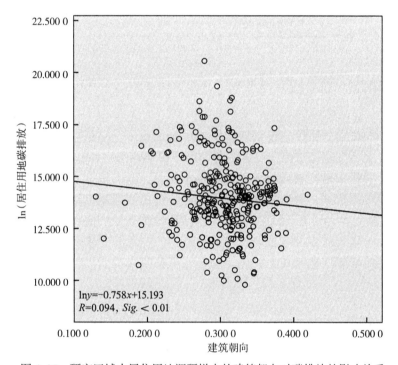

图 4-37　研究区域内居住用地调研样本的建筑朝向对碳排放的影响关系

根据上述建成环境要素对城镇建设用地碳排放的影响关系分析，可以获得具有显著相关的建成环境要素对城镇不同类型建设用地碳排放的线性或非线性影响关系，本书对其进一步总结和汇总，如表 4-5 所示。

表 4-5 建成环境要素对城镇建设用地碳排放的影响关系汇总

类型	要素		回归关系	斜率	极值
密度要素	建筑面积	居住用地	一元线性正向相关	0.957	—
		工业仓储用地		0.554	—
		公共用地		0.610	—
	建筑密度	居住用地	二次多项式关系	—	0.22（最大值）
	人口密度	居住用地	二次多项式关系	—	6 634 人/km²（最大值）
		公共用地		—	5 884 人/km²（最小值）
功能要素	用地性质		不同类型建设用地碳排放均值之间差异显著，工业仓储用地碳排放均值最大，其次为居住用地，公共用地碳排放均值最小		
	用地混合度	居住用地	三次多项式关系	—	当用地混合度为 0.042—0.068 时，居住用地碳排放均值最小
	用地建设时间	居住用地	二次多项式关系	—	2005—2009 年（最大值）
		公共用地	一元线性正向相关	0.347	—
	用地面积	居住用地	一元线性正向相关	0.830	—
		工业仓储用地		0.738	—
		公共用地		0.540	—
形态要素	建筑层数	居住用地	二次多项式关系	—	10 层（最大值）
		工业仓储用地	一元线性负向相关	-0.359	—
		公共用地	一元线性正向相关	0.067	—
	建筑体形系数	居住用地	一元线性负向相关	-3.766	—
		公共用地		-5.207	—
	建筑长宽比	居住用地	一元线性正向相关	0.317	—
	建筑朝向	居住用地	一元线性负向相关	-0.758	—

4.5 本章小结

本章主要基于第 3 章所构建的城镇建设用地碳排放数据库中的 293 组调研样本数据，通过统计产品与服务解决方案软件 SPSS 22.0 平台，对所确定的 11 个建成环境要素与居住用地、工业仓储用地和公共用地三类建设用地碳排放进行 Spearman 相关系数分析，筛选出与城镇不同类型建设用地碳排放具有显著相关的建成环境要素，并在此基础上对具有显著相关的建成环境要素对城镇建设用地碳排放的线性或非线性影响关系进行分析。

5 基于建成环境的城镇建设用地碳排放预测

通过第4章的分析可知,建成环境与城镇建设用地碳排放密切相关,部分建成环境要素如用地混合度等,与城镇建设用地碳排放呈现非线性的复杂变化关系,并在很大程度上影响城镇不同类型建设用地碳排放,因此要想对其进行相对准确的预测,就必须捕捉建成环境要素和城镇建设用地碳排放之间的非线性变化规律。而以BP神经网络为代表的机器学习方法在处理非线性事件时具有很强的优越性,其最大的特点是对于难以建立精确的非线性关系又不易收集学习样本的问题,可以在对样本数据的经验学习中,不断改进自身网络结构,从而获得输入值和输出值之间非常复杂的映射关系,并具有较好的拟合精度,促使其逐渐成为研究热点之一(曹兰,2010)。但是国内对BP神经网络在城镇建设用地碳排放领域的应用研究尚处于探索阶段。因此,本书尝试将BP神经网络方法引入城镇建设用地碳排放预测中,旨在建立基于建成环境的城镇建设用地碳排放预测的BP神经网络方法,从而为相关研究提供科学理论和技术支撑。

5.1 基于BP神经网络方法的城镇建设用地碳排放预测

5.1.1 BP神经网络方法原理

人工神经网络(Artificial Neural Network,ANN),是由大量具有自适应性的处理单元互连组成的网络,能够模拟生物神经系统对真实世界物体所做出的交互反应。人工神经网络的核心是通过统计分析方法,对已知的样本数据进行分析,并建立映射关系,从而对未知数据进行分析,它不仅被广泛应用于极端天气预测、疾病筛查、图像处理等各个领域,而且在建筑能耗预测方面也逐渐被广泛应用(Sondak et al.,1989)。目前,常见的人工神经网络有感知神经网络、前馈神经网络、径向基神经网络、回归神经元网络等,BP神经网络属于前馈神经网络,是应用得最为广泛的神经网络(喻伟等,2012;袁曾任,1999;陈祥光等,2003;Hecht-Nielsen,1989)。研究表明,不管是对于大样本还是小样本的复杂应用情景,BP神经网络都能够达到较好的预测效果(Zhou et al.,2017;Aijazi,2017;Amasyali et al.,2018)。

BP 神经网络是一种按照误差逆向传播算法的多层前馈神经网络（Zhao et al., 2012），有三层或三层以上的结构，分别是输入层、隐藏层和输出层，每层由若干个神经元组成。对于本书而言，每个建成环境要素就是一个输入神经元，城镇建设用地碳排放则可以被看作输出神经元。BP 神经网络的训练过程包括正向学习和反向学习。首先是正向学习，当将调研样本提供给 BP 神经网络之后，输入数据通过输入层传递到隐藏层的各个神经元，经过神经元的 S 型函数处理再向下传递，直到传递到输出层的预测值（Yi et al., 2005）。当输出的城镇建设用地碳排放预测值与真实值的误差较大时，进行下一步的反向学习，即由输出层开始逐层反向计算每层神经元间的输出误差，并调整各层的权值，通过反复的循环调整，直到输出的城镇建设用地碳排放预测值与真实值之间的误差符合要求或达到预定的学习次数时停止学习，并进行存储（楼顺天等，1998；袁曾任，1999；陈祥光等，2003）。典型的单隐藏层 BP 神经网络结构如图 5-1 所示。

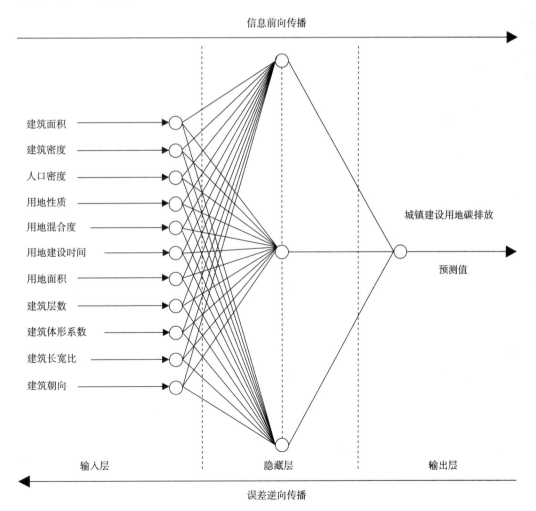

图 5-1 城镇建设用地碳排放预测的 BP 神经网络结构图

5.1.2 BP 神经网络方法在城镇建设用地碳排放预测中的适用性

城镇建设用地碳排放预测的研究属于需要突破原有单一空间数据类别来实现研究目标的城乡规划学科的新兴研究方向，不仅需要传统的土地利用等矢量空间数据，而且需要建筑能耗等能源领域的相关数据。而根据前文研究可知，建成环境与建筑能耗、城镇建设用地碳排放密切相关，且呈现复杂的非线性变化关系，加上城镇建设用地所包含的建设用地类型众多，影响不同类型建设用地碳排放的建成环境要素也各不相同，使得地上的碳排放数据与建成环境数据的收集与整理工作量大且较困难，可以说城镇建设用地碳排放的预测是一个典型的小样本、高维度、非线性问题。而 BP 神经网络方法具有较强的自主学习能力，不必通过获取大量样本建立城镇建设用地碳排放与建成环境要素之间具体的数学函数关系，仅通过对少量样本数据的学习就可以建立映射关系，从而实现基于建成环境对城镇建设用地碳排放进行准确预测，具有较强的适用性（甄峰，2016）。此外，由于城镇建设用地碳排放的预测有助于在空间规划的方案编制阶段对产生的碳排放进行量化和控制，因此对于城镇建设用地碳排放预测的精度要求相对比较高。而既有研究表明 BP 神经网络方法在复杂应用场景下相比传统的预测方法具有预测精度高、泛化能力强，同时具有一定的容错性等特点（唐之享，2018）。

综上，本书选择建立基于建成环境的城镇建设用地碳排放预测的 BP 神经网络方法，作为 BP 神经网络方法在城乡规划学中应用的切入点，其主要原因还包括以下两点：

第一，从城乡规划学的理论基础与数据获取来说，城镇建设用地碳排放与其建成环境密切相关，且有部分已经过实践检验，而且城镇中心城区包含了各种类型的建设用地地块，这将为 BP 神经网络方法提供一定的样本数据，并进一步提升方法的实际使用价值。

第二，从该方向的研究价值来说，详细规划、城市设计等在城乡规划学中有着普遍性，同时对城镇建设用地上的用地功能、建筑面积、建筑密度、建筑高度等建成环境要素具有直接的控制和引导作用，一般可验证该方法的有效性，而一旦验证有效即能被应用于更多的相关领域。

5.2 基于 BP 神经网络的城镇建设用地碳排放预测方法构建

5.2.1 基于 BP 神经网络的城镇建设用地碳排放预测方法流程

根据前文分析，本书采用 BP 神经网络方法，实现对城镇不同类型建设用地碳排放的预测，运用矩阵实验室 MATLAB 2017a 平台自带的神经网络工具箱，构建基于 BP 神经网络的城镇建设用地碳排放预测方法，具体包括四个步骤：① 样本数据分类；② 数据预处理；③ BP 神经网络结构及相关参数确定；④ 预测结果验证（图5-2）。

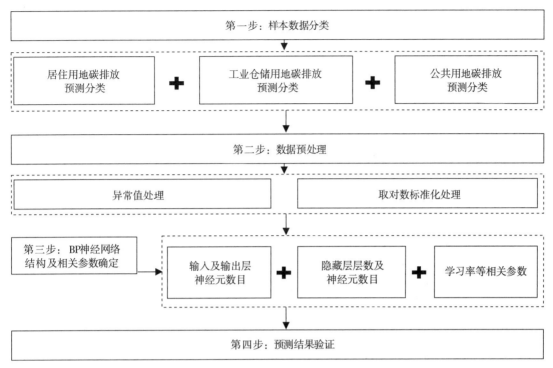

图5-2　基于BP神经网络的城镇建设用地碳排放预测方法流程

5.2.2　城镇建设用地碳排放预测的分类

BP神经网络本质上属于"监督学习"，通过对已有的样本数据集进行"学习"，建立城镇建设用地碳排放与建成环境要素之间的映射关系，从而实现基于建成环境对城镇建设用地碳排放进行准确预测。而城镇建设用地的类型众多，不同性质建设用地的碳排放之间具有明显的差别，并且影响不同类型建设用地碳排放的建成环境要素也各异，可见预先确定城镇建设用地碳排放预测的分类界限，对于提高BP神经网络的预测精度、缩短预测时间具有重要的影响。例如，乌巴（Uba）在用机器学习技术提取用地类型时，就是利用现成的带标签的图像数据分别进行训练（分为森林、湖泊、建筑），只需要花费相对较少的时间，便可以使预测结果达到预设的精度要求。但有一点需要注意的是，根据前文分析可知，受限于相关数据的可获得性等，城镇建设用地碳排放的预测属于典型的小样本预测问题，而样本数量与样本数据的分类特征与BP神经网络结构一样，是影响BP神经网络方法预测性能好坏的重要因素（张程熠等，2017）。因此，对于样本数据分类而言，虽然可以在一定程度上提高预测的精度，但是也会不可避免地减少每一类型的样本数量，从而可能会降低预测的精度。

目前，学界关于如何改善基于机器学习的小样本预测问题也展开了丰富的讨论。例如，李朝奎等（2020）针对高分辨率遥感影像道路提取这一小样本问题，通过镜像、旋转等方式来增加样本量，以此提高神经网络的预测精度。高文杰等（2015）认为在样本数量一定且较小时，为了使神经网络适应小样本情景，应尽可能简化输入和输出之间的关系以及网络结构，以此保证神经网络的泛化水平。李飞等（2019）进一步认为虽然样本数量对于 BP 神经网络方法的预测性能具有显著影响，但是输入 BP 神经网络的训练样本数据并不是越大越好，因为训练样本数据的增加容易引起预测结果不准确，使得 BP 神经网络可能会出现过度拟合，并通过试验发现当样本数量开始小于 9 个时，BP 神经网络的预测性能开始显著降低。阎平凡等（2005）根据统计学中的"十分之一"经验法则，提出输入 BP 神经网络的训练样本数据至少应该能够满足每种类型的训练样本在 10 个左右，同时不要超过 BP 神经网络结构中相关参数数量的 10 倍。

基于上述学者分析，本书基于与城镇不同类型建设用地碳排放具有显著相关的建成环境要素，同时根据不同调研样本的用地性质及碳排放特征对城镇不同类型建设用地碳排放进行分类预测。而对于样本数量较少的建设用地类型，主要根据统计学中的"十分之一"经验法则，同时结合调研样本数量的分布，选择样本数量不低于 9 个的建设用地类型进行预测，对于样本数量低于 9 个的建设用地类型则以该类型建设用地样本碳排放的平均值代替，原因在于：① 由于分类后不同类型建设用地样本之间的建成环境要素值域范围具有较大的差异性，而同一类型建设用地样本的建成环境要素值域范围则具有一定的相似性，因此在一定程度上避免了由于样本不足而引起的预测精度降低问题（刘秀峰等，2018）；② 根据第 4 章建成环境与城镇不同类型建设用地碳排放的关系分析可知，不同类型建设用地样本的建成环境要素及对应的碳排放数据之间具有显著的关联性，并呈现规律性的集中变化趋势，有助于 BP 神经网络的"学习"；③ 在后续 BP 神经网络的训练与测试中，本书采用的是交叉输入验证的方式输入训练样本数据，通过多次随机交叉输入的训练与测试，会在一定范围内扩大调研样本数量，进而弥补由于样本数量不足而引起的预测精度降低问题。

综上，本书通过第 2.1.3 节建立的城镇不同类型建设用地与建筑功能关联表（表 2-5），在第 4 章建成环境与城镇建设用地碳排放关系分析的基础上，综合确定居住用地、工业仓储用地和公共用地的分类界限。一方面，通过对样本数据的分类进行针对性的"学习"，并建立相应的映射关系，避免与建成环境特征类似的不同类型城镇建设用地的干扰，进而提高预测的精度；另一方面，还可以对比同一类型建设用地下不同碳排放特征的空间形态差别，以更好地指导低碳空间规划的编制，便于规划设计人员在采用碳排放特征作为参考值对低碳空间规划方案的碳排放进行评估时，更加接近真实值。

（1）居住用地碳排放预测分类

根据《城市居住区规划设计标准》(GB 50180—2018)，居住用地按照其上的住宅建筑层数可以分为低层居住用地（1—3层）、多层居住用地（4—6层）、中高层居住用地（7—9层）和高层居住用地（≥10层）。

根据第4章建成环境与城镇建设用地碳排放的关系分析可知，随着建筑层数的增加，居住用地的碳排放及强度均呈现增加的变化规律，因此本书选择建筑层数作为居住用地碳排放的分类要素，同时根据调研样本的数据分布，结合建成环境要素与居住用地碳排放的相关性分析进行归并，将居住用地样本按照建筑层数划分为1—3层、4—6层、≥7层三个类别分别进行预测。

此外，虽然村庄住宅用地与城镇住宅用地在碳排放及单位用地面积碳排放强度之间具有明显的差异，但在空间规划方案编制阶段一般不会出现新增村庄住宅用地，因此本书按照调研样本的平均值进行统一考虑，不再单独预测。综上，本书确定了居住用地的四种分类界限（表5-1）。

表5-1 研究区域内居住用地调研样本的碳排放预测分类界限

用地类型	类型细分	建筑层数/层	样本数量/个
居住用地	村庄住宅用地	—	25
	城镇住宅用地	1—3	9
		4—6	44
		≥7	28

为了进一步说明居住用地碳排放预测分类结果的可靠性，本书基于第3章所构建的城镇建设用地碳排放数据库分别统计不同类型的建成环境要素的均值。由表5-2可知，密度要素中的1—3层城镇住宅用地、4—6层城镇住宅用地、≥7层城镇住宅用地的建筑面积、建筑密度及人口密度的均值都呈现明显的差异，其中建筑面积均值逐渐增加，建筑密度均值逐渐降低，人口密度均值虽然先增加后降低，但整体增加；功能要素中的用地性质与用地混合度的均值差异较小，用地建设时间与用地面积的均值呈现较为明显的差异，其中用地性质一致，都属于居住用地，用地混合度均值的整体变化幅度较小，但是仍呈现逐渐降低的趋势，用地建设时间均值逐渐增加，用地面积均值逐渐增加；形态要素中的建筑层数、建筑体形系数、建筑长宽比、建筑朝向的均值都呈现明显的差异，其中建筑层数均值逐渐增加，建筑体形系数均值逐渐降低，建筑长宽比均值与建筑朝向均值则是先增加后降低。而村庄住宅用地的密度要素、功能要素及形态要素的均值与1—3层城镇住宅用地、4—6层城镇住宅用地、≥7层城镇住宅用地之间同样具有明显的差异。可见，基于居住用地碳排

放的预测分类，不同类型的建成环境之间整体呈现较为明显的差异特征。

表 5-2 研究区域内不同分类界限下居住用地调研样本的建成环境要素均值

类型		要素均值			
		1—3 层城镇住宅用地	4—6 层城镇住宅用地	≥7 层城镇住宅用地	村庄住宅用地
密度要素	建筑面积 /m²	49 381.02	87 109.13	142 530.59	43 165.99
	建筑密度	0.37	0.26	0.21	0.24
	人口密度 /(人·km⁻²)	5 734.22	7 327.20	6 348.46	1 047.84
功能要素	用地性质	2	2	2	1
	用地混合度	0.049 7	0.049 4	0.049 1	0.000 0
	用地建设时间	4.00	4.14	5.00	1.44
	用地面积 /m²	47 942.92	80 809.51	81 671.69	84 614.28
形态要素	建筑层数 / 层	2.64	4.36	10.19	2.12
	建筑体形系数	0.44	0.37	0.28	0.59
	建筑长宽比	1.90	2.04	1.80	1.42
	建筑朝向	0.32	0.33	0.31	0.29

（2）工业仓储用地碳排放预测分类

根据第 4 章建成环境要素与工业仓储用地碳排放的相关性分析结果，本书选择行业门类作为工业仓储用地碳排放的分类要素。由于调研样本涉及工业仓储用地上的企业门类较多，无法对每种企业门类进行预测，因此将其视为一类，这在一定程度上会降低研究精度。本书采取折中的方法，考虑到不同行业门类下工业仓储用地的碳排放及碳排放强度高度正相关（图 5-3），选择不同行业门类的碳排放强度作为工业仓储用地碳排放预测的分类依据，将其划分为高碳排放工业仓储用地、中碳排放工业仓储用地和低碳排放工业仓储用地三个区段分别进行预测（表 5-3）。不同区段工业仓储用地上建成环境要素均值的差异性分析不再赘述。

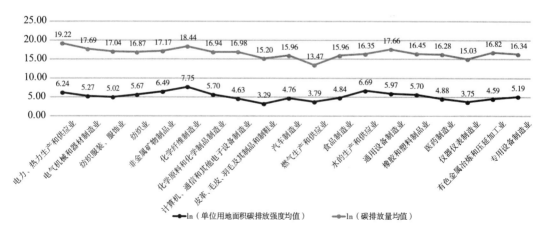

图 5-3 研究区域内不同行业门类下工业仓储用地调研样本的碳排放及碳排放强度相关性

表 5-3 研究区域内工业仓储用地调研样本的碳排放预测分类界限

工矿仓储用地预测分类	编号	行业部门类型	碳排放强度均值指标
高碳排放工业仓储用地 [392—3 528 kgCO$_2$/(m^2·a)]	1	化学纤维制造业、水的生产和供应业、电力/热力生产和供应业等	965.03 kgCO$_2$/(m^2·a)
中碳排放工业仓储用地 [103—392 kgCO$_2$/(m^2·a)]	2	通用设备制造业、非金属矿物制品业、化学原料和化学制品制造业、橡胶和塑料制品业、纺织业、电气机械和器材制造业、专用设备制造业、纺织服装/服饰业、食品制造业、汽车制造业等	212.54 kgCO$_2$/(m^2·a)
低碳排放工业仓储用地 [3—103 kgCO$_2$/(m^2·a)]	3	计算机/通信和其他电子设备制造业、有色金属冶炼和压延加工业、医药制造业、燃气生产和供应业、仪器仪表制造业、皮革/毛皮/羽毛及其制品和制鞋业等	44.96 kgCO$_2$/(m^2·a)

（3）公共用地碳排放预测分类

根据前文分析，在调研样本中的公共用地包含了商务用地、文体用地、医疗用地、商业用地、旅馆用地、科教用地、行政办公用地和其他类型用地 8 种类型，并且不同类型公共用地之间的碳排放差异明显。因此，本书按照公共用地的类型进行预测，共分为 8 种分类界限（表5-4），其中文体用地，中心城区只有 4 个，旅馆用地，只有 6 个调研样本数据，根据前文分析，本书各取其均值，不再单独预测，而其他类型用地所包含的建筑类型较为复杂，涉及多种建设用地类型，同样取其均值，不再单独预测。

表 5-4 研究区域内公共用地调研样本的碳排放预测分类界限

用地类型	类型细分	调研样本数量/个
公共用地	商务用地	9
	文体用地	4
	医疗用地	10
	商业用地	29
	旅馆用地	6
	科教用地	27
	行政办公用地	17
	其他类型用地	11

5.2.3 数据预处理

根据前文分析可知，BP 神经网络知识的"学习"主要是从样本数据中得到，因此在 BP 神经网络开始"学习"前，针对分类后的样本数据进行预处理可以显著提高 BP 神经网络的预测精度。本书中的数据预处理主要包括两个步骤：一是异常值处理。因为建筑运行能耗受到多方面因素的影响，其中也包括很多偶然的因素，如天气等，会使得收集到的建筑能耗数据包含一些"噪声"，如果将这些数据也输入BP神经网络中，则会在一定程度上降低BP神经网络的预测精度，需要在预测前删除这些容易造成误差的数据。二是标准化处理。因为城镇建设用地碳排放与建成环境要素都有各自不同的计量方法，并且相互之间的单位不同，数量级也不同，而通过样本数据的标准化处理则可以降低单位及数量级的不同对预测结果的影响。目前常见的样本数据标准化处理方式包括最小—最大标准化（Min–Max Normalization）、log函数（ln函数）转换、零均值标准化（Zero–Score Standardization）等。为了保证数据的性质以及数据之间的相对关系，同时压缩变量的尺度，消除方差过大的因子对BP神经网络方法的影响，本书中的数据标准化处理方法主要是在剔除异常值的基础上，采用ln函数转换方法，一方面可以缩小城镇建设用地碳排放数据与建成环境数据之间的数量级，并去除单位的限制；另一方面可以使得数据变化更加稳定，同时可以保证数据之间的数量关系不发生变化。

5.2.4 BP神经网络结构及相关参数确定

BP神经网络的结构及相关参数的确定对BP神经网络方法的预测精度具有重要影响，需要在具体的应用过程中合理确定其网络结构及相关参数。根据前文分析可知，BP神经网络结构中的输入层和输出层都只有一层，依实际情况较易确定，而隐藏层可以是一层或是多层，因此，需要合理确定隐藏层的层数、不同层的神经元数目以及其他相关参数，其确定方法是否合理直接影响到城镇建设用地碳排放预测结果的精确度（陈勇等，2003；缪六莹等，1997；李焕荣等，2000）。

1）输入层和输出层神经元数目

输入层和输出层的神经元数目与需要预测的城镇建设用地类型密切相关。其中输入层主要接收经过预处理的输入数据，不进行科学计算，只是负责将多个输入数据传递给下一层隐藏层，因此每个建成环境要素可以被视为一个输入神经元，而输出层是BP神经网络的最后模块，其作用是输出对原始输入信息的最终计算结果，因此城镇建设用地碳排放可以被看作一个输出神经元。以城镇住宅用地为例，根据前文分析可知，城镇住宅用地碳排放与建筑面积、建筑密度、人口密度、用地性质、用地混合度、用地建设时间、用地面积、建筑层数、建筑体形系数、建筑长宽比、建筑朝向11个建成环境要素分别在0.01或0.05水平上呈现显著相关，因此输入层的神经元数目为11个，而目标输出是城镇住宅用地碳排放，因此输出层的神经元数目为1个。城镇不同类型建设用地碳排放预测时输入层及输出层的神经元数目如表5-5所示。

表 5-5　研究区域内不同类型调研样本在不同预测分类界限输入层与输出层的神经元数目

建筑类型		输入层神经元数目 / 个	输出层神经元数目 / 个
居住用地	1—3 层	11	1
	4—6 层	11	1
	≥7 层	11	1
工业仓储用地	高碳排放	4	1
	中碳排放	4	1
	低碳排放	4	1
公共用地	商务用地	7	1
	医疗用地	7	1
	商业用地	7	1
	科教用地	7	1
	行政办公用地	7	1

2）隐藏层层数及神经元数目

在建立 BP 神经网络的过程中，选取的隐藏层数目是否合理，对预测精度起着重要的作用，若隐藏层数目选取得不合理，则将达不到符合精度要求的预测效果。一般而言，BP 神经网络可以是一个隐藏层，也可以是多个隐藏层，研究表明，具有单层隐藏层的 BP 神经网络由于结构简单，能够映射任何维度的空间，因此更加适用于小样本预测（Guo et al., 2007）。因此，本书将隐藏层数目确定为 1 个。

确定隐藏层数目后，下一步就是确定隐藏层的神经元数目，从理论上讲，可以随机选择隐藏层的神经元数目，但若选取的神经元数目过多，则会使预测结果的波动次数过多，幅度变化较大，且训练和学习时间较长，容易出现所谓的"过拟合现象"，训练结束后不能较好地逼近预期值，使得网络的输出值与真实值偏差较大；相反，若选取的神经元数目过少，则会使得预测结果达不到要求（张博，2017）。整体而言，隐藏层神经元数目的确定大多在参考以下经验公式的基础上，结合不断试验综合确定（隋惠惠，2015；杨锦跃，2015）：

$$m = \sqrt{n+l} + a \qquad (5-1)$$

式中，m 为隐藏层神经元数目；n 为输入层神经元数目；l 为输出层神经元数目；a 为 1—10 的常数。

此外，在确定神经元数目的过程中，需要在满足精度要求的情况下尽可能减少个数，通常情况下隐藏层神经元的数目应小于 $N-1$ 个（其中 N 为训练样本数）。以城镇住宅用地为例，城镇住宅用地碳排放预测的 BP 神经网络的输入层神经元数为 11 个，输出层神经元数目为 1 个，根据经验公式计算可知，在城镇住宅用地碳排放预测的 BP 神经网络中，隐藏层神经元数目为 4—13 个，具体数值的确定则需要通过多次试验，对不同取值下的预测结果进行反复对比筛选，从而确定最佳的隐藏层神经元的个数。通过对比，本书将城镇住宅用地碳排放预测的 BP 神经网络中的隐藏层神经元数目确定为10个，其他类型的城镇建设用地碳排放预测的BP神经网络中隐藏层神经元数目的确定方法同上，在此不再赘述。

3）相关参数确定

在确定BP神经网络结构后，其他相关参数如最大训练次数、学习率、动量因子等的确定也很重要，上述相关参数的设置目的是通过多次训练后可以快速达到预测精度要求。相比之下，最大训练次数、学习率、动量因子等相关参数相对固定，仅需要确定其初始值即可，但需要注意的是初始值的确定会受到各种因素的影响，如训练数据大小、输入变量选择和BP神经网络结构等。本书相关参数设置结果如表5-6所示。

表5-6 BP神经网络训练参数

训练参数	参数介绍	数值
net.trainParam.epochs	最大训练次数/次	10 000
net.trainParam.goal	训练要求精度	0.001
net.trainParam.lr	学习率	0.8
net.trainParam.mc	动量因子	0.6
net.trainParam.max_fail	最大失败次数/次	10 000
net.trainParam.mem_reduc	训练层数/层	3
net.trainParam.show	显示训练迭代过程	100

5.2.5 城镇建设用地碳排放预测结果的验证

BP神经网络方法在解决实际问题时，一般需要通过预测结果的验证后才能进行应用分析。将预测结果验证定义为"在方法适用范围内，证明方法具有符合要求的精度范围以及方法的输出与预期结果的一致性"，如果方法准确性在其可接受范围内，则可证明方法的正确性。因此，为了进一步验证基于BP神经网络的城镇建设用地碳排放预测结果的可靠性，本书选择通过与真实值比较，具体采用计算平均误差率的方法比较城镇建设用地碳排放预测结果的可靠性，用R表示（牛晓晓，2017）。相比平均绝对误差（Mean Absolute Error，MAE）或均方根误差（Root Mean Square Error，RMSE）的方法，平均误差率的方法可以更为直观地表现与真实值的差异波动情况，其计算公式如下：

$$R = \frac{1}{n} \sum_{i=1}^{n} \left| \frac{Y_i - \bar{Y}_i}{Y_i} \right| \quad (5-2)$$

式中，n为测试样本的数量；Y_i为第i个样本的真实值；$\bar{Y}_i$为第i个样本的预测值。

由式（5-2）可以看出，平均误差率R的值越接近于0，说明预测结果的精度越高。

5.3 城镇不同类型建设用地碳排放预测

5.3.1 BP 神经网络的训练与测试

在建立 BP 神经网络方法后,就可以利用 BP 神经网络训练城镇不同类型建设用地碳排放样本,并进行测试。本书将调研收集的城镇不同类型建设用地上的建筑能耗数据,根据第 3.4 节的计算方法换算为碳排放数据后作为因变量输入,建成环境要素作为自变量经过预处理后输入。根据第 5.2.2 节的分析结论,本书按照城镇不同类型建设用地共划分了 15 种分类界限,除村庄住宅用地、文体用地、旅馆用地、其他类型用地取平均值外,将剩余 11 种分类界限下的调研样本分别输入 BP 神经网络中进行预测。

为了弥补由于小样本造成的误差影响,本书采用交叉输入验证的方式输入 11 种分类界限下的调研样本,具体流程为:(1)将训练集(调研样本)随机划分为 k 个互不相交且大小相当的子集。(2)每次选择 s_i ($i=1, 2, \cdots, k$)作为测试集(测试样本),其余所有子集合并之后作为训练集,利用训练集训练 BP 神经网络方法,利用测试集对训练结果进行测试,通过记录其错分样本点的个数或者其预测误差,检测训练后网络的泛化能力。本书根据不同预测情景下的数据分布情况,分别取 k 为 3—5 的情况,即每次输入某一分类下 60%—80% 的调研样本数据作为训练集,剩余 20%—40% 的调研样本数据作为测试集(图 5-4)。(3)设置好参数后,经过多次训练,误差基本稳定在 20% 以内后停止训练,保存最优训练参数,并进行预测。需要说明的是,在进行预测时,预测数据的自变量数据预处理操作具体步骤也如第 5.2 节所述一致,首先选择与训练数据输入一致的自变量,同时注意顺序及数量都要保持一致;其次加载训练好的最优参数,导入所需预测数据,得到数据预测结果。

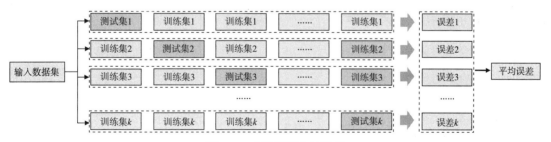

图 5-4 交叉验证方法示意

以 4—6 层的城镇住宅用地样本为例,根据调研可知,4—6 层的城镇住宅用地样本共 44 个,采用交叉输入验证的方法,本书随机选择 80% 的样本数据(35 个)用来训练,参加方法训练及建立过程,选择 20% 的样本数据(9 个)用来测试,以检验方法的预测能力。输入层为经过预处理的与城镇住宅用地碳排放显著相关的 11 个建成环境要素,输出层为城镇住宅用地碳排放。在训练过程中,通过对 BP 神经网络结构及相关参数的不断调整,最后达到预测精度要求。由图 5-5 可看出,神经网络在经过 10 000 次左右的训练后满足预设的精度要求,且没有过拟合现象,说明已经建立建成环境与城镇住宅用地碳排放之间的关系。

图 5-5 表示在预测过程中建成环境与 4—6 层城镇住宅用地碳排放之间的相关性。在整个训练样本中,预测输出值与真实值之间的相关系数达到了 0.96,用训练好的网络对 20% 的测试数据进行预测,其相关系数也达到了 0.93,说明预测方法可以实现对 4—6 层城镇住宅用地碳排放的可靠预测。

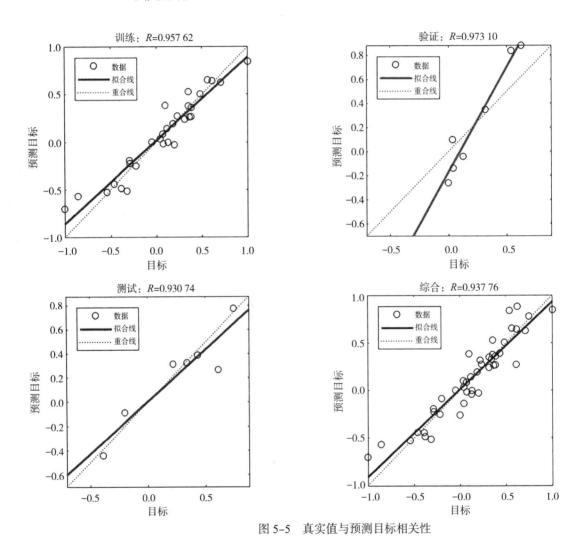

图 5-5　真实值与预测目标相关性

5.3.2　城镇不同类型建设用地碳排放预测结果

在完成 11 种分类界限下 BP 神经网络的训练后,网络的权阈值就确定了,接下来就可以利用训练好的 BP 神经网络进行城镇不同类型建设用地碳排放预测,检验网络的实际预测能力。

1)居住用地碳排放预测结果

根据前文分析,本节对确定的居住用地三种分类界限分别进行预测,通过训练集分别训练各自的参数,并随机选取相应数量的样本分别进行预测。经预测,使用 BP 神经网络方法能够在一定程度上准确预测居住用地碳排放,其中居住用地总体的碳排放预测值与真实值的平均误差率约为 12.65%,1—3 层城镇住宅用地碳排放预测的最小误差对应的真实值与预测值分别为 949 413.8 $kgCO_2$、980 972.8 $kgCO_2$,最大误差对应的真实值与预测值分别为 257 146.2 $kgCO_2$、317 108.7 $kgCO_2$,预测值与真实值的平均误差率为 11.72%;4—6 层城镇住宅用地碳排放预测的最小误差对应的真实值与预测值分别为 4 200 860.74 $kgCO_2$、4 203 802.37 $kgCO_2$,最大误差对应的真实值与预测值分别为 6 561 960.68 $kgCO_2$、4 396 854.69 $kgCO_2$,预测值与真实值的平均误差率为 11.38%;≥ 7 层城镇住宅用地碳排放预测的最小误差对应的真实值与预测值分别为 934 530.93 $kgCO_2$、884 342.76 $kgCO_2$,最大误差对应的真实值与预测值分别为 1 241 213.39 $kgCO_2$、1 593 590.17 $kgCO_2$,预测值与真实值的平均误差率为 28.39%(表 5-7,详见附录 2)。

表 5-7 研究区域内居住用地调研样本的碳排放预测误差

用地类型		训练样本数 / 个	预测样本数 / 个	平均误差率 /%
城镇住宅用地	1—3 层	9	5	11.72
	4—6 层	44	9	11.38
	≥7 层	28	7	14.84
总体				12.65

图 5-6 至图 5-8 为采用 BP 神经网络方法得到的居住用地三种分类界限下碳排放预测值与真实值的误差波动曲线及拟合曲线。通过比较可以看出,预测结果的曲线走势与真实值的曲线走势基本一致。

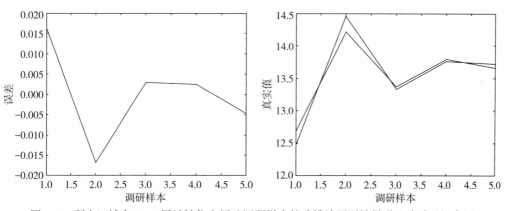

图 5-6 研究区域内 1—3 层城镇住宅用地调研样本的碳排放预测结果误差波动及拟合图

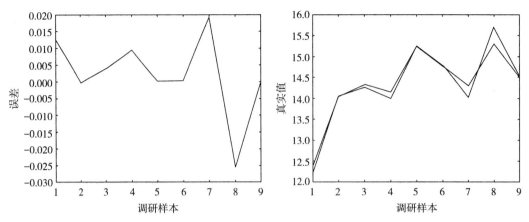

图 5-7 研究区域内 4—6 层城镇住宅用地调研样本的碳排放预测结果误差波动及拟合图

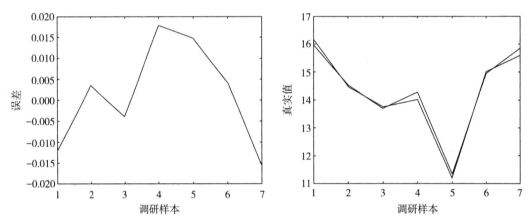

图 5-8 研究区域内 ≥7 层城镇住宅用地调研样本的碳排放预测结果误差波动及拟合图

2）工业仓储用地碳排放预测结果

根据前文分析，本节对确定的工业仓储用地三种分类界限分别进行预测，通过训练集分别训练各自的参数，并随机选取相应数量的样本分别进行预测。经预测，使用 BP 神经网络方法能够在一定程度上准确预测工业仓储用地碳排放，其中工业仓储用地总体的碳排放预测值与真实值的平均误差率约为 13.80%，高碳排放工业仓储用地碳排放预测的最小误差对应的真实值与预测值分别为 951 599.95 $kgCO_2$、1 021 824.18 $kgCO_2$，最大误差对应的真实值与预测值分别为 12 579 763.38 $kgCO_2$、8 116 422.21 $kgCO_2$，预测值与真实值的平均误差率为 17.94%；中碳排放工业仓储用地碳排放预测的最小误差对应的真实值与预测值分别为 253 253 114.72 $kgCO_2$、237 576 444.21 $kgCO_2$，最大误差对应的真实值与预测值分别为 5 639 466.35 $kgCO_2$、7 907 324.19 $kgCO_2$，预测值与真实值的平均误差率为 13.68%；低碳排放工业仓储用地碳排放预测的最小误差对应的真实值与预测值分别为

3 549 438.57 kgCO$_2$、3 772 317.15 kgCO$_2$,最大误差对应的真实值与预测值分别为 3 993 984.85 kgCO$_2$、4 615 358.02 kgCO$_2$,预测值与真实值的平均误差率为 9.77%(表 5-8,详见附录 2)。

表 5-8 研究区域内工业仓储用地调研样本的碳排放预测误差

用地类型		训练样本数 / 个	预测样本数 / 个	平均误差率 /%
工业仓储用地	高碳排放	9	3	17.94
	中碳排放	54	10	13.68
	低碳排放	11	3	9.77
总体				13.80

图 5-9 至图 5-11 为采用 BP 神经网络方法得到的工业仓储用地三种分类界限下碳排放预测值与真实值的误差波动曲线及拟合曲线。通过比较可以看出,预测结果的曲线走势与真实值的曲线走势基本一致。

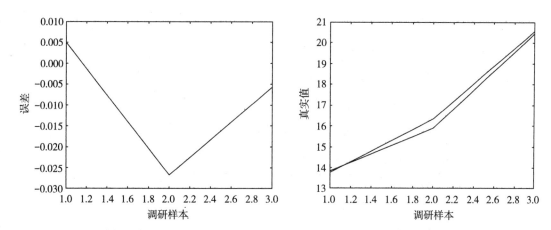

图 5-9 研究区域内高碳排放工业仓储用地调研样本的碳排放预测结果误差波动及拟合图

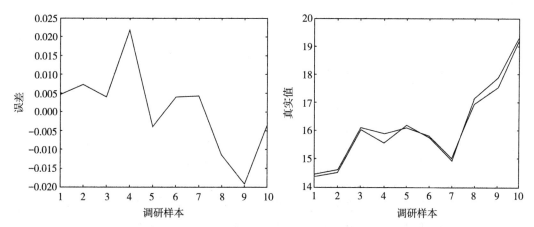

图 5-10 研究区域内中碳排放工业仓储用地调研样本的碳排放预测结果误差波动及拟合图

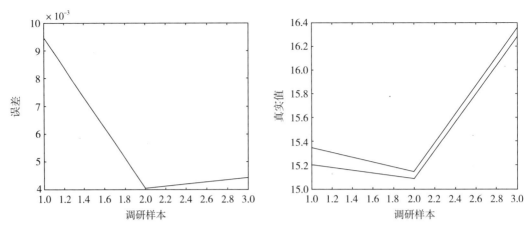

图 5-11 研究区域内低碳排放工业仓储用地调研样本的碳排放预测结果误差波动及拟合图

3）公共用地碳排放预测结果

根据前文分析，本节对确定的公共用地五种分类界限分别进行预测，通过训练集分别训练各自的参数，并随机选取相应数量的样本分别进行预测。经预测，使用 BP 神经网络方法能够在一定程度上准确预测公共用地碳排放，其中公共用地总体的碳排放预测值与真实值的平均误差率为 15.73%，商务用地碳排放预测的最小误差对应的真实值与预测值分别为 345 276.2 $kgCO_2$、357 253.2 $kgCO_2$，最大误差对应的真实值与预测值分别为 68 830.35 $kgCO_2$、78 810.38 $kgCO_2$，预测值与真实值的平均误差率为 7.45%；医疗用地碳排放预测的最小误差对应的真实值与预测值分别为 293 138.36 $kgCO_2$、293 754.60 $kgCO_2$，最大误差对应的真实值与预测值分别为 28 299.52 $kgCO_2$、36 720.85 $kgCO_2$，预测值与真实值的平均误差率为 14.22%；商业用地碳排放预测的最小误差对应的真实值与预测值分别为 253 216.47 $kgCO_2$、253 292.44 $kgCO_2$，最大误差对应的真实值与预测值分别为 21 848.99 $kgCO_2$、44 511.37 $kgCO_2$，预测值与真实值的平均误差率为 19.68%；科教用地碳排放预测的最小误差对应的真实值与预测值分别为 157 518.79 $kgCO_2$、152 741.16 $kgCO_2$，最大误差对应的真实值与预测值分别为 33 083.83 $kgCO_2$、47 486.46 $kgCO_2$，预测值与真实值的平均误差率为 18.10%；行政办公用地碳排放预测的最小误差对应的真实值与预测值分别为 120 909.79 $kgCO_2$、120 716.49 $kgCO_2$，最大误差对应的真实值与预测值分别为 32 373.65 $kgCO_2$、49 350.34 $kgCO_2$，预测值与真实值的平均误差率为 19.21%（表 5-9，详见附录 2）。

表 5-9 研究区域内公共用地调研样本的碳排放预测误差

用地类型		训练样本数 / 个	预测样本数 / 个	平均误差率 /%
公共用地	商务用地	9	3	7.45
	医疗用地	10	4	14.22
	商业用地	29	6	19.68
	科教用地	27	7	18.10
	行政办公用地	18	6	19.21
总体				15.73

图 5-12 至图 5-16 为采用 BP 神经网络方法得到的公共用地五种分类界限下碳排放预测值与真实值的误差波动曲线及拟合曲线。通过比较可以看出，预测结果的曲线走势与真实值的曲线走势基本一致。

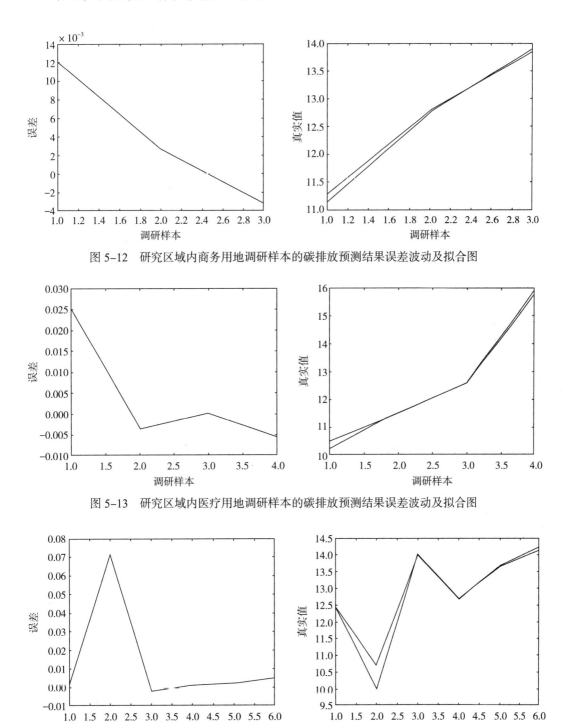

图 5-12 研究区域内商务用地调研样本的碳排放预测结果误差波动及拟合图

图 5-13 研究区域内医疗用地调研样本的碳排放预测结果误差波动及拟合图

图 5-14 研究区域内商业用地调研样本的碳排放预测结果误差波动及拟合图

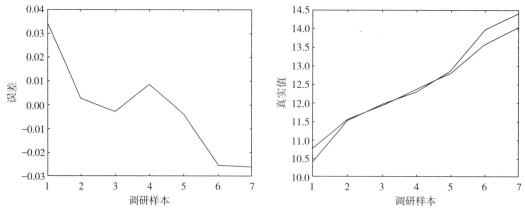

图 5-15　研究区域内科教用地调研样本的碳排放预测结果误差波动及拟合图

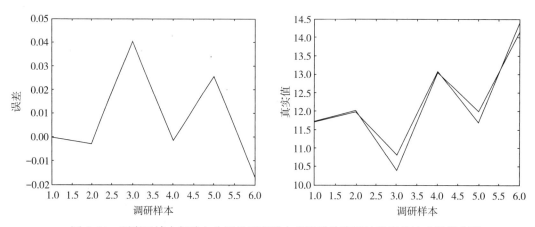

图 5-16　研究区域内行政办公用地调研样本的碳排放预测结果误差波动及拟合图

5.4　城镇不同类型建设用地碳排放预测结果的比较验证

为了进一步说明 BP 神经网络方法预测结果的可靠性,本节分别构建了建成环境与城镇不同类型建设用地碳排放之间的支持向量机(SVM)预测方法和多元线性回归模型,这两种方法也是目前最为常用的预测方法。但是在分别进行预测过程中发现,SVM 预测方法在对小样本的城镇不同类型建设用地碳排放的预测过程中,由于"学习效率"低于 BP 神经网络方法,预测结果非常容易陷入过拟合或欠拟合,从而对城镇不同类型建设用地碳排放的预测结果无效或无法准确预测,其预测结果的可靠性甚至低于多元线性回归模型。因此,本书在对城镇不同类型建设用地碳排放预测结果进行比较验证时,仅选择多元线性回归模型与真实值进行比较,作为基于 BP 神经网络的城镇不同类型建设用地碳排放预测结果的比较验证。

5.4.1 居住用地碳排放预测结果的比较

1）建成环境与居住用地碳排放的多元线性预测模型构建

根据第4章分析结论，因变量居住用地碳排放与自变量建筑面积、建筑密度、人口密度、用地性质、用地混合度、用地建设时间、用地面积、建筑层数、建筑体形系数、建筑长宽比、建筑朝向11个建成环境要素均呈现出显著的相关性，本节主要采用多元线性回归模型预测居住用地碳排放。为了可以更清晰地比较数据之间的变化关系，同时保证因变量与自变量相互之间的数量关系不发生改变，本书分别对因变量和自变量中方差较大的变量取对数（表5-10），再依据处理好的变量建立多元线性回归模型，分析预测模型的拟合优度。

表5-10 不同建成环境要素的编号

因变量	因变量符号	自变量	自变量符号
城镇建设用地碳排放	$\ln y$	用地性质	x_1
		用地面积	$\ln x_2$
		建筑长宽比	x_3
		建筑体形系数	x_4
		建筑面积	$\ln x_5$
		建筑密度	x_6
		建筑层数	x_7
		用地建设时间	x_8
		用地混合度	x_9
		人口密度	$\ln x_{10}$
		建筑朝向	x_{11}

如表5-11所示，1—3层城镇住宅用地碳排放回归模型的相关系数 R 为0.944，R^2 为0.891，即模型对1—3层城镇住宅用地碳排放的解释度达到89.2%；4—6层城镇住宅用地碳排放回归模型的相关系数 R 为0.938，R^2 为0.880，即模型对4—6层城镇住宅用地碳排放的解释度达到88.0%；≥7层城镇住宅用地碳排放回归模型的相关系数 R 为0.961，R^2 为0.924，即模型对≥7层城镇住宅用地碳排放的解释度达到92.4%。此外，上述回归模型中标准估计的误差都比较小，且 $Sig.$ 值都为0.000，说明建立的回归模型有效。

表5-11 研究区域内城镇住宅用地调研样本的模型拟合信息

模型	建筑层数	R	R^2	调整 R^2	标准估计的误差	$Sig.$	杜宾—瓦特森（Durbin-Watson）
城镇住宅用地	1—3	0.944	0.891	0.876	0.3595 633	0.000	1.526
	4—6	0.938	0.880	0.843	0.2926 818	0.000	2.021
	≥7	0.961	0.924	0.878	0.3461 099	0.000	2.595

三个回归模型的系数估计结果如表 5-12 所示，模型中变量非标准化系数的符号表示其对城镇不同类型建设用地碳排放增加或减少的作用方向，通过观察表中影响关系的正负情况，可以分析多个建成环境对居住用地碳排放的综合影响关系。从模型可以看出，部分建成环境要素在其他建成环境要素的综合影响下，非标准化系数的符号与第 4.1 节相关性分析结果不符。可以推测，虽然多元线性回归模型能够在一定程度上解释建成环境与城镇建设用地碳排放之间的综合影响关系，但是会覆盖部分建成环境要素的影响，解释程度有限，这一点从单一建成环境要素与城镇建设用地碳排放的关系分析结论中也可以得到相应的支撑。

表 5-12 研究区域内城镇住宅用地调研样本的模型系数估计结果

模型非标准化系数	1—3 层城镇住宅用地	4—6 层城镇住宅用地	≥7 层城镇住宅用地
常量	27.650	3.666	3.552
x_1	—	—	—
$\ln x_2$	−0.356	−0.157	−0.031
x_3	—	0.006	−0.136
x_4	7.658	0.423	−0.031
$\ln x_5$	—	1.127	1.216
x_6	−19.299	−1.146	−4.682
x_7	0.633	−0.164	−0.059
x_8	—	−1.722	−0.301
x_9	−1.995	−0.009	2.226
$\ln x_{10}$	−1.062	0.072	0.046
x_{11}	−0.430	0.158	−0.526

根据以上分析，我们最终确定 1—3 层城镇住宅用地碳排放的回归方程为

$$\ln y = 27.650 - 0.356\ln x_2 + 7.658 x_4 - 19.299 x_6 + 0.633 x_7 - 1.995 x_9 - 1.062\ln x_{10} - 0.430 x_{11} \quad (5-3)$$

4—6 层城镇住宅用地碳排放的回归方程为

$$\ln y = 3.666 - 0.157\ln x_2 + 0.006 x_3 + 0.423 x_4 + 1.127\ln x_5 - 1.146 x_6 - 0.164 x_7 - 1.722 x_8 - 0.009 x_9 + 0.072\ln x_{10} + 0.158 x_{11} \quad (5-4)$$

≥7 层城镇住宅用地碳排放的回归方程为

$$\ln y = 3.552 - 0.031\ln x_2 - 0.136 x_3 - 0.031 x_4 + 1.216\ln x_5 - 4.682 x_6 - 0.059 x_7 - 0.301 x_8 + 2.226 x_9 + 0.046\ln x_{10} - 0.526 x_{11} \quad (5-5)$$

2）居住用地碳排放预测结果的比较验证

为了使比较结果更具说服力，本节选择用于比较验证的样本与 BP 神经网络测试样本一致。从图 5-17 至图 5-19 可以看出，BP 神经网络方法预测结果的准确率整体高于多元线性回归的预测结果；基于 BP 神经

网络方法的居住用地碳排放预测结果与真实值的平均误差率为 12.65%，基于多元线性回归的居住用地碳排放预测结果与真实值的平均误差率为 41.99%。通过分别选取 1—3 层城镇住宅用地、4—6 层城镇住宅用地、≥7 层城镇住宅用地的样本，BP 神经网络方法预测结果的平均误差率分别为 11.72%、11.38%、14.84%，而多元线性回归预测结果的平均误差率分别为 0.17%、99.43%、26.38%，可见 BP 神经网络方法的预测结果更稳定，说明利用 BP 神经网络方法对居住用地碳排放预测具有一定的可行性和应用推广价值。

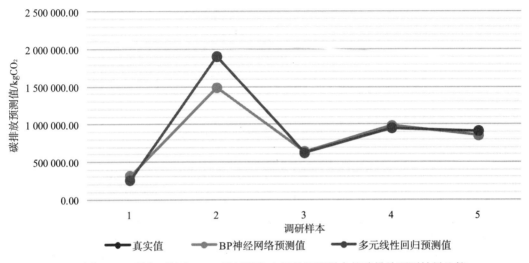

图 5-17 研究区域内 1—3 层城镇住宅用地调研样本的碳排放预测结果比较

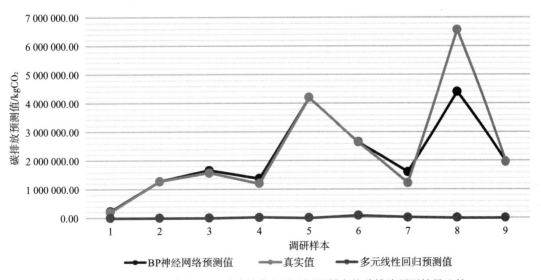

图 5-18 研究区域内 4—6 层城镇住宅用地调研样本的碳排放预测结果比较

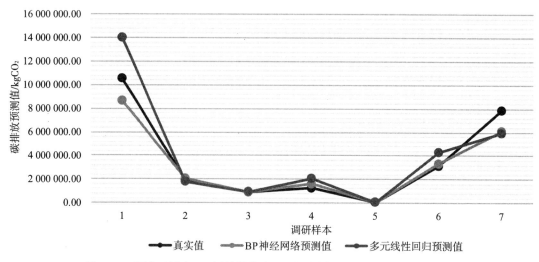

图 5-19　研究区域内 ≥7 层城镇住宅用地调研样本的碳排放预测结果比较

5.4.2　工业仓储用地碳排放预测结果的比较

1）建成环境与工业仓储用地碳排放的多元线性预测模型构建

根据第 4 章分析结论可知，因变量工业仓储用地碳排放与自变量建筑面积、行业门类、用地面积、建筑层数 4 个建成环境要素呈现出显著的相关性。与居住用地碳排放的多元线性预测模型构建过程中不同建成环境要素的编号一致，本节主要采用多元线性回归模型预测工业仓储用地碳排放，并分析预测模型的拟合优度。如表 5-13 所示，高碳排放工业仓储用地碳排放回归模型的相关系数 R 为 0.919，R^2 为 0.845，即模型对高碳排放工业仓储用地碳排放的解释度达到 84.5%；中碳排放工业仓储用地碳排放回归模型的相关系数 R 为 0.462，R^2 为 0.213，即模型对中碳排放工业仓储用地碳排放的解释度达到 21.3%；低碳排放工业仓储用地碳排放回归模型的相关系数 R 为 0.571，R^2 为 0.326，即模型对低碳排放工业仓储用地碳排放的解释度达到 32.6%。此外，虽然上述回归模型中标准估计的误差都比较小，但 *Sig.* 值都不为 0，说明建立的回归模型拟合度一般。三个回归模型的系数估计结果如表 5-14 所示。

表 5-13　研究区域内工业仓储用地调研样本的模型拟合信息

模型	类型	R	R^2	调整 R^2	标准估计的误差	*Sig.*	杜宾—瓦特森（Durbin-Watson）
工业仓储用地	高碳排放	0.919	0.845	0.691	1.605 369 6	0.098	2.483
	中碳排放	0.462	0.213	0.171	1.108 814 5	0.004	2.068
	低碳排放	0.571	0.326	−0.348	1.483 105 0	0.717	1.599

表 5-14 研究区域内工业仓储用地调研样本的模型系数估计结果

模型非标准化系数	高碳排放工业仓储用地	中碳排放工业仓储用地	低碳排放工业仓储用地
常量	22.952	8.943	12.823
x_1	—	—	—
$\ln x_2$	−4.372	0.569	−3.429
$\ln x_5$	4.950	0.121	4.030
x_7	−3.249	−0.197	−1.480

根据以上分析，本书最终确定高碳排放工业仓储用地碳排放的回归方程为

$$\ln y = 22.952 - 4.372\ln x_2 + 4.950\ln x_5 - 3.249 x_7 \quad (5\text{-}6)$$

中碳排放工业仓储用地碳排放的回归方程为

$$\ln y = 8.943 + 0.569\ln x_2 + 0.121\ln x_5 - 0.197 x_7 \quad (5\text{-}7)$$

低碳排放工业仓储用地碳排放的回归方程为

$$\ln y = 12.823 - 3.429\ln x_2 + 4.030\ln x_5 - 1.480 x_7 \quad (5\text{-}8)$$

2）工业仓储用地碳排放预测结果的比较验证

从图 5-20 至图 5-22 可以看出，BP 神经网络方法预测结果的准确率整体高于多元线性回归的预测结果。基于 BP 神经网络方法的工业仓储用地碳排放预测结果与真实值的平均误差率为 13.80%，基于多元线性回归的工业仓储用地碳排放预测结果与真实值的平均误差率为 60.95%。通过分别选取高碳排放工业仓储用地、中碳排放工业仓储用地、低碳排放工业仓储用地的样本，BP 神经网络方法预测结果的平均误差率分别为 17.94%、13.68%、9.77%，而多元线性回归预测结果的平均误差率分别为 59.73%、44.39%、78.74%，可见 BP 神经网络方法的预测结果更稳定，说明利用 BP 神经网络方法对工业仓储用地碳排放预测具有一定的可行性和应用推广价值。

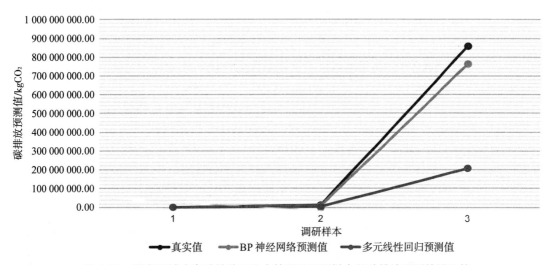

图 5-20 研究区域内高碳排放工业仓储用地调研样本的碳排放预测结果比较

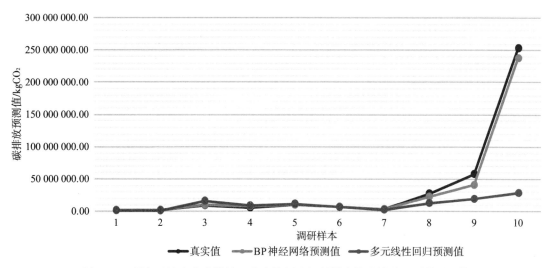

图 5-21　研究区域内中碳排放工业仓储用地调研样本的碳排放预测结果比较

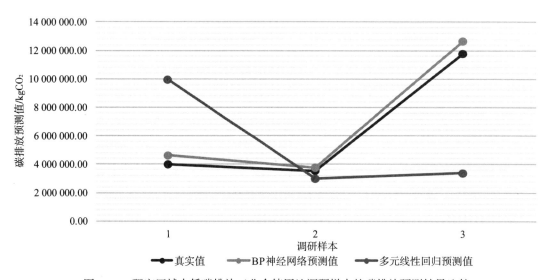

图 5-22　研究区域内低碳排放工业仓储用地调研样本的碳排放预测结果比较

5.4.3　公共用地碳排放预测结果的比较

1）建成环境与公共用地碳排放的多元线性预测模型构建

根据第 4 章分析结论，因变量公共用地碳排放与自变量建筑面积、人口密度、用地性质、用地建设时间、用地面积、建筑层数、建筑体形系数 7 个建成环境要素呈现出显著的相关性，与居住用地碳排放的多元线性预测模型构建过程中不同建成环境要素的编号一致，本节主要采用多元线性回归模型预测公共用地碳排放，并分析预测模型的拟合优度。

如表 5-15 所示，商务用地碳排放回归模型的相关系数 R 为 0.995，R^2 为 0.990，即模型对商务用地碳排放的解释度达到 99.0%；医疗用地碳排放回归模型的相关系数 R 为 0.989，R^2 为 0.978，模型对医疗用地碳排放的解释度达到 97.8%；商业用地碳排放回归模型的相关系数 R 为 0.545，R^2 为 0.297，即模型对商业用地碳排放的解释度达到 29.7%；科教用地碳排放回归模型的相关系数 R 为 0.927，R^2 为 0.860，即模型对科教用地碳排放的解释度达到 86.0%；行政办公用地碳排放回归模型的相关系数 R 为 0.804，R^2 为 0.646，即模型对行政办公用地碳排放的解释度达到 64.6%。此外，虽然上述回归模型中标准估计的误差都比较小，但大多数模型的 $Sig.$ 值都不为 0，说明建立的回归模型拟合度一般。五个回归模型的系数估计结果如表 5-16 所示。

表 5-15 研究区域内公共用地调研样本的模型拟合信息

模型	类型	R	R^2	调整 R^2	标准估计的误差	$Sig.$	杜宾—瓦特森（Durbin-Watson）
公共用地	商务用地	0.995	0.990	0.962	0.241 156 2	0.029	1.969
	医疗用地	0.989	0.978	0.937	0.425 709 6	0.013	1.052
	商业用地	0.545	0.297	0.105	1.437 602 9	0.210	1.823
	科教用地	0.927	0.860	0.818	0.523 649 8	0.000	2.760
	行政办公用地	0.804	0.646	0.434	0.888 569 8	0.058	1.928

表 5-16 研究区域内公共用地调研样本的模型系数估计结果

模型非标准化系数	商务用地	医疗用地	商业用地	科教用地	行政办公用地
常量	0.229	−5.103	0.473	5.308	−0.681
x_1	—	—	—	—	—
$\ln x_2$	0.888	1.022	0.363	−0.150	0.949
x_4	−1.859	5.794	5.837	−1.173	3.029
$\ln x_5$	0.494	0.615	0.313	0.972	0.071
x_7	−0.048	−0.235	0.088	−0.080	−0.025
x_8	−0.046	0.303	0.471	0.060	0.408
$\ln x_{10}$	0.229	0.047	−0.248	−0.028	0.215

根据以上分析，我们最终确定商务用地碳排放的回归方程为

$$\ln y = 0.229 + 0.888\ln x_2 - 1.859x_4 + 0.494\ln x_5 - 0.048x_7 - 0.046x_8 + 0.229\ln x_{10} \quad (5-9)$$

医疗用地碳排放的回归方程为

$$\ln y = -5.103 + 1.022\ln x_2 + 5.794x_4 + 0.615\ln x_5 - 0.235x_7 + 0.303x_8 + 0.047\ln x_{10} \quad (5-10)$$

商业用地碳排放的回归方程为

$$\ln y = 0.473 + 0.363\ln x_2 + 5.837x_4 + 0.313\ln x_5 + 0.088x_7 + 0.471x_8 - 0.248\ln x_{10} \quad (5-11)$$

科教用地碳排放的回归方程为

$$\ln y = 5.308 - 0.150\ln x_2 - 1.173x_4 + 0.972\ln x_5 - 0.080x_7 + 0.060x_8 - 0.028\ln x_{10} \quad (5-12)$$

行政办公用地碳排放的回归方程为

$$\ln y = -0.681 + 0.949\ln x_2 + 3.029x_4 + 0.071\ln x_5 - 0.025x_7 + 0.408x_8 + 0.215\ln x_{10} \quad (5-13)$$

2）公共用地碳排放预测结果的比较验证

从图 5-23 至图 5-27 可以看出，BP 神经网络方法预测结果的准确率整体高于多元线性回归的预测结果：基于 BP 神经网络方法的公共用地碳排放预测结果与真实值的平均误差率为 15.73%，基于多元线性回归的公共用地碳排放预测结果与真实值的平均误差率为 31.80%。通过分别选取商务用地、医疗用地、商业用地、科教用地、行政办公用地的样本，BP 神经网络方法预测结果的平均误差率分别为 7.45%、14.22%、19.68%、18.10%、19.21%，而多元线性回归预测结果的平均误差率分别为 10.12%、22.45%、36.97%、31.55%、57.92%，可见 BP 神经网络方法的预测结果更稳定，预测性能更好，说明利用 BP 神经网络方法对公共用地碳排放预测具有一定的可行性和应用推广价值。

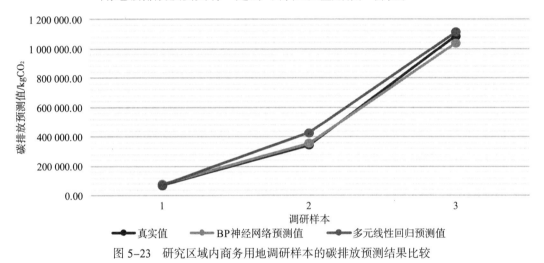

图 5-23 研究区域内商务用地调研样本的碳排放预测结果比较

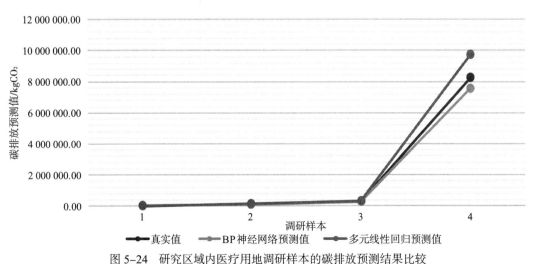

图 5-24 研究区域内医疗用地调研样本的碳排放预测结果比较

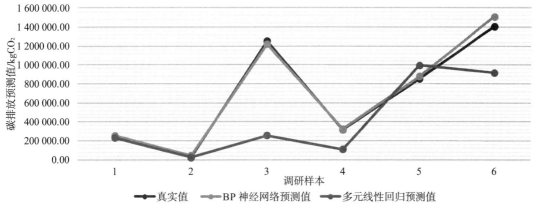

图 5-25　研究区域内商业用地调研样本的碳排放预测结果比较

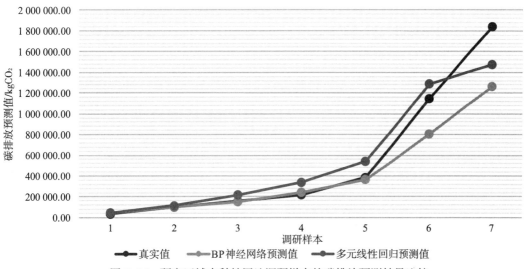

图 5-26　研究区域内科教用地调研样本的碳排放预测结果比较

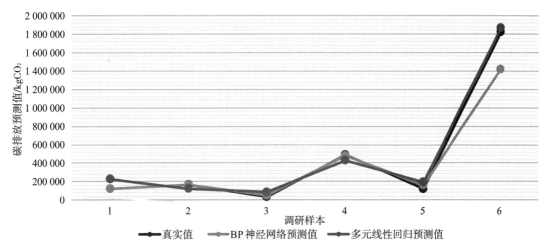

图 5-27　研究区域内行政办公用地调研样本的碳排放预测结果比较

5.5 城镇建设用地碳排放预测结果分析讨论

通过分别对长兴县中心城区的居住用地、工业仓储用地和公共用地碳排放建立 BP 神经网络方法与多元线性回归，并与真实值进行比较可知，BP 神经网络方法对于调研样本数据的适应性更强，而且基于 BP 神经网络方法的城镇建设用地碳排放预测结果具有更好的可靠性。因此，本书以 BP 神经网络方法的预测结果为基础进行分析讨论，主要围绕在城镇尺度确定不同类型建设用地碳排放值域范围及均值、探索城镇建设用地碳排放空间分布规律以及划定城镇建设用地碳排放强度分区三个方面展开。

5.5.1 城镇不同类型建设用地碳排放值域范围及均值

基于 BP 神经网络方法的城镇建设用地碳排放预测结果，本书为了更加准确和全面地利用数据，以预测后数据的 10% 和 90% 的分位点数据获得长兴县中心城区尺度不同类型建设用地的单位用地面积碳排放强度的范围及均值。

如表 5-17 所示，长兴县中心城区村庄住宅用地的单位用地面积碳排放强度范围为 1.50—17.00 $kgCO_2/(m^2·a)$，均值为 5.70 $kgCO_2/(m^2·a)$；城镇住宅用地（1—3 层）的单位用地面积碳排放强度范围为 6.00—55.00 $kgCO_2/(m^2·a)$，均值为 17.68 $kgCO_2/(m^2·a)$；城镇住宅用地（4—6 层）的单位用地面积碳排放强度范围值为 12.50—75.50 $kgCO_2/(m^2·a)$，均值为 31.72 $kgCO_2/(m^2·a)$；城镇住宅用地（≥7 层）的单位用地面积碳排放强度范围为 11.00—45.00 $kgCO_2/(m^2·a)$，均值为 25.60 $kgCO_2/(m^2·a)$；工业仓储用地（高碳排放）的单位用地面积碳排放强度范围为 5.50—2 366.00 $kgCO_2/(m^2·a)$，均值为 451.73 $kgCO_2/(m^2·a)$；工业仓储用地（中碳排放）的单位用地面积碳排放强度范围为 65.00—900.00 $kgCO_2/(m^2·a)$，均值为 254.45 $kgCO_2/(m^2·a)$；工业仓储用地（低碳排放）的单位用地面积碳排放强度范围为 29.00—668.50 $kgCO_2/(m^2·a)$，均值为 149.29 $kgCO_2/(m^2·a)$；商务用地的单位用地面积碳排放强度范围为 14.50—369.00 $kgCO_2/(m^2·a)$，均值为 135.00 $kgCO_2/(m^2·a)$；文体用地的单位用地面积碳排放强度范围为 7.00—62.00 $kgCO_2/(m^2·a)$，均值为 23.28 $kgCO_2/(m^2·a)$；医疗用地的单位用地面积碳排放强度范围为 14.00—107.50 $kgCO_2/(m^2·a)$，均值为 37.24 $kgCO_2/(m^2·a)$；商业用地的单位用地面积碳排放强度范围为 1.50—243.50 $kgCO_2/(m^2·a)$，均值为 70.42 $kgCO_2/(m^2·a)$；旅馆用地的单位用地面积碳排放强度范围为 4.50—129.50 $kgCO_2/(m^2·a)$，均值为 43.61 $kgCO_2/(m^2·a)$；科教用地的单位用地面积碳排放强度范围为 4.00—17.00 $kgCO_2/(m^2·a)$，均值为 8.52 $kgCO_2/(m^2·a)$；行政办公用地的单位用地面积碳排放强度范围为 14.00—296.50 $kgCO_2/(m^2·a)$，均值为 92.75 $kgCO_2/(m^2·a)$；其他类型用

地的单位用地面积碳排放强度范围为 5.00—268.00 $kgCO_2/(m^2·a)$，均值为 63.81 $kgCO_2/(m^2·a)$。

表 5-17　长兴县中心城区不同类型建设用地碳排放、碳排放强度的范围值及均值

用地类型		碳排放范围值/ ($kgCO_2·a^{-1}$)	碳排放均值/ ($kgCO_2·a^{-1}$)	碳排放强度范围值/ ($kgCO_2·m^{-2}·a^{-1}$)	碳排放强度均值/ ($kgCO_2·m^{-2}·a^{-1}$)
村庄住宅用地		44 759.56—1 112 182.86	276 841.82	1.50—17.00	5.70
城镇住宅用地	1—3 层	67 886.00—1 489 216.45	876 532.41	6.00—55.00	17.68
	4—6 层	228 675.28—4 396 731.71	1 447 723.76	12.50—75.50	31.72
	≥7 层	340 573.70—8 646 693.60	2 015 425.13	11.00—45.00	25.60
工业仓储用地	高碳排放	37 741.46—55 153 027.69	27 201 508.62	5.50—2 366.00	451.73
	中碳排放	3 197 648.85—120 522 478.00	18 377 965.00	65.00—900.00	254.45
	低碳排放	843 712.40—18 469 496.69	4 443 790.67	29.00—668.50	149.29
公共用地	商务用地	79 496.85—1 997 688.00	820 766.34	14.50—369	135.00
	文体用地	75 676.88—2 412 796.00	780 308.41	7.00—62.00	23.28
	医疗用地	84 944.39—8 233 903.20	1 137 607.60	14.00—107.50	37.24
	商业用地	22 609.10—6 094 148.80	836 754.98	1.50—243.50	70.42
	旅馆用地	105 795.27—623 068.84	285 089.61	4.50—129.50	43.61
	科教用地	45 392.68—1 407 197.67	571 479.00	4.00—17.00	8.52
	行政办公用地	84 242.10—1 574 277.10	669 531.37	14.00—296.50	92.75
	其他类型用地	79 888.21—6 221 861.24	964 716.44	5.00—268.00	63.81

整体而言，城镇不同类型建设用地的碳排放均值与单位用地面积碳排放强度均值之间具有显著差异，具体呈现出村庄住宅用地—公益性公共用地—城镇住宅用地—经营性公共用地—工业仓储用地递增的趋势，与第 4 章中基于调研样本的分析结果基本一致。上述结论有助于在城镇尺度比较认识建成环境与城镇不同类型建设用地碳排放的关系，为低碳空间规划的量化模拟与减碳策略的制定提供更加科学的指导。

由于既有研究对城镇不同类型建设用地碳排放的系统研究较少，而针对不同类型建筑能耗的研究相对较多，因此本书基于第 3 章所构建的数据库，将单位用地面积碳排放强度转换为单位建筑面积能耗强度，并将转换后的数据与《中国建筑节能发展报告：区域节能（2018 年）》《民用建筑能耗标准》（GB/T 51161—2016）以及其他相关学者的研究结论进行比较（中华人民共和国住房和城乡建设部，2016；陈莉等，2008；阮方等，2015；石红柳，2014；吴敏莉，2014；董凯等，2016）。

通过比较可知，城镇住宅建筑、科教建筑、行政办公建筑、其他类型建筑的单位建筑面积能耗强度与《中国建筑节能发展报告：区域节能（2018 年）》和《民用建筑能耗标准》（GB/T 51161—2016）中的研究基本持平，而由于相关学者的研究结论高低不一，因此仅作为参考。

其他如商务建筑、文体建筑、医疗建筑、商业建筑、旅馆建筑等建筑类型的单位建筑面积能耗强度略低于《中国建筑节能发展报告：区域节能（2018年）》和《民用建筑能耗标准》（GB/T 51161—2016）中的能耗强度。究其原因，主要是由于本书所采用的实地调研数据在很大程度上受到空置率的影响，在具体的实地调研过程中我们也发现，一些新建小区、商场或办公楼的空置率非常高，内部人员活动强度较低，从而对城镇建设用地上的单位建筑面积能耗强度产生了比较大的影响，使得其低于相关研究中提出的理想值或参考值。但是通过在长兴县中心城区选择典型的较为成熟的地块进行比较发现，与《中国建筑节能发展报告：区域节能（2018年）》和《民用建筑能耗标准》（GB/T 51161—2016）等的研究结论基本持平。比如长兴县中心城区的八佰伴商场的单位建筑面积能耗强度为169.29 kW·h/(m²·a)、长兴县人民医院的单位建筑面积能耗强度为109.54 kW·h/(m²·a)等都基本符合现有相关研究结论（表5-18）。

表5-18 长兴县中心城区不同建筑类型单位建筑面积能耗强度均值比较

建筑类型		单位建筑面积能耗强度均值 /(kW·h·m⁻²·a⁻¹)			
		城镇建设用地碳排放预测转换结果	《民用建筑能耗标准（2016）》	《中国建筑节能发展报告（2018）》	其他相关学者研究结论
村庄住宅建筑		17.50	—	—	17.36（王建龙，2015）
城镇住宅建筑 [26.76 kW·h/(m²·a)]	1—3层	34.05	22.92	—	29.24（石红柳，2014）
	4—6层	28.73			
	≥7层	15.36			
工业仓储建筑 [658.10 kW·h/(m²·a)]	高碳排放	1 044.57	—	—	1 045.20（袁伟，2015）
	中碳排放	526.02			
	低碳排放	403.72			
公共建筑 [96.55 kW·h/(m²·a)]	商务建筑	68.68	85.00	98.39	78.33（梁传志，2011）
	文体建筑	30.35	—	—	42.29（陈柳枝，2013）
	医疗建筑	88.49	—	168.06	113.54（高子龙，2018）
	商业建筑	104.78	260.00	151.4	92.00（刘俊杰，2013）
	旅馆建筑	45.41	110.00	144.69	91.99（李智，2016）
	科教建筑	18.07	—	—	15.48（李颖，2017）
	行政办公建筑	76.41	70.00	75.10	100.00（任彬彬等，2015）
	其他类型建筑	75.42	—	78.47	—

5.5.2 城镇建设用地碳排放空间分布规律

根据基于BP神经网络方法的城镇建设用地碳排放预测结果，通过录入第 3 章构建的城镇建设用地碳排放数据库,可以更直观地在城镇尺度分析城镇建设用地碳排放的空间分布规律,这也是低碳空间规划的重要研究内容之一。这样既可以为低碳空间规划的编制调整提供基础数据,也可以作为低碳空间规划探索城镇尺度或城镇分区尺度建设用地碳排放特征,并制定相应差异化减碳目标的依据。

通过在长兴县中心城区建设用地碳排放数据库中对城镇不同类型建设用地碳排放进行可视化分析,可以看出长兴县中心城区不同类型建设用地碳排放在空间上呈现出以下几个特征:

(1)不同区域的地块之间具有明显的差异性。从图 5-28 可以看出,不同区位建设用地的碳排放处于不同的分布区间之内,整体上呈现从西往东、从北往南逐渐升高的趋势。一方面,因为东面及南面是长兴县的经济开发区,用地性质以工业为主,而根据前文分析可知,工业仓储用地的碳排放均值要远高于其他类型用地;另一方面,根据实地调研可知,老城区北面龙山新区多为新开发用地,用地性质以居住、商业、商务办公等为主,用地开发虽以高层高密度为主,但入住率较低,在一定程度上降低了碳排放,从而呈现出北面新开发的高层高密度用地类型的碳排放均值低于老城区多层低密度用地类型的碳排放均值。

(2)邻近地块之间具有一定的相似性。从图 5-28 可以看出,邻近地块的碳排放均值多分布在同一区间范围内,也就是说碳排放比较接近,

图 5-28　长兴县中心城区不同类型建设用地碳排放空间分布

低值附近的碳排放均值较低，而高值附近的碳排放均值较高，表现出一定的区域集聚性。

为了进一步量化说明上述空间分布规律，本书利用空间计量软件 OpenGeoDa，通过借鉴生活圈理论，分别构造了距离为 500 m、1 000 m、1 500 m 的三种空间权重矩阵，并基于三种距离的空间权重矩阵选取长兴县中心城区不同类型建设用地作为样本分别计算全局莫兰指数（Moran'I），相应结果如表 5-19 所示。

表 5-19 不同空间权重矩阵下长兴县中心城区建设用地碳排放的全局莫兰指数（Moran'I）

距离 /m	莫兰指数（Moran'I）	期望值 $[E(I)]$	平均值（mean）	标准差（SD）	标准分数（z-value）	概率值（p-value）
500	0.117 080 0	−0.000 6	−0.000 7	0.035 3	9.527 1	0.001
1 000	0.088 615 4	−0.000 6	−0.000 4	0.004 4	20.196 0	0.001
1 500	0.079 589 4	−0.000 6	−0.000 6	0.002 9	27.794 0	0.001

从表 5-19 可以看出，三种距离设定情况下长兴县中心城区建设用地碳排放的 Moran'I 的概率值均小于 0.05，说明均通过了 5% 水平的显著性检验，且标准分数值都大于 1.96，表示通过了标准检验。根据表 5-19 中的数据可以进一步明确上述空间分布规律，具体如下：

（1）城镇建设用地碳排放具有显著的正向空间相关性

表 5-19 中的数据显示，由每一种距离条件下生成的空间权重矩阵计算得出的 Moran'I 均显著有意义，且距离分别为 500 m、1 000 m、1 500 m 时，Moran'I 均显著为正，说明城镇建设用地碳排放效应是显著正相关的。

（2）随着距离的增大城镇建设用地碳排放的空间相关性在逐渐变弱

从表 5-19 中的数据可以看出，在不同的空间权重矩阵情况下，Moran'I 值是有差异的，且随着距离的增大，Moran'I 值逐渐减小。当距离为 500 m 时，Moran'I 值为 0.117 08，随着距离范围的逐渐增大，Moran'I 值逐渐减小，当距离为 1 500 m 时，Moran'I 值最小，只有 0.079 589 4，说明在越小的区域范围内，邻近地块碳排放的空间相关性越强，即依赖性越强，随着区域范围的逐渐增大，邻近地块间的空间相关性逐渐减弱。这说明城镇建设用地碳排放的空间分布规律同样遵循地理学第一定律，也就是说随着两个建设用地地块之间的距离不断增加，相互之间的关联程度逐渐降低，而随着两个建设用地地块之间的距离进一步增加，相互之间则不再具有关联性，且呈现出随机分布的特征。

此外，通过对城镇不同类型建设用地碳排放进行热点分析可知（图 5-29），以工业仓储用地为主导的经济开发区区域为高高集聚，以别墅用地为主导的度假区区域以及以农林用地和村庄用地为主导的老城区外围区域为低低集聚，其他区域由于区域用地功能的主导性不明显，呈现出高低或低高集聚的特点。

图 5-29 长兴县中心城区不同类型建设用地碳排放热点图

5.5.3 城镇建设用地碳排放强度分区

以城镇建设用地碳排放强度作为分类依据,在地理信息系统 ArcGIS 10.2 中通过比较选择几何间隔方法作为城镇建设用地碳排放强度最优离散化的分组方法,将长兴县中心城区建设用地碳排放强度划分为五个区间段,并按照高低程度分为五类强度区(图 5-30),每一组区间的下限、上限、上下限差值、均值、样本数详见表 5-20。其中,低强度区的单位用地面积碳排放强度值域范围为 0.00—6.50 $kgCO_2/(m^2·a)$,下限为 1.50 $kgCO_2/(m^2·a)$,上限为 6.47 $kgCO_2/(m^2·a)$,上下限的差值为 4.97 $kgCO_2/(m^2·a)$,均值为 3.72 $kgCO_2/(m^2·a)$,样本数为 213 个地块;中低强度区的单位用地面积碳排放强度值域范围为 6.51—28.00 $kgCO_2/(m^2·a)$,下限为 6.56 $kgCO_2/(m^2·a)$,上限为 27.93 $kgCO_2/(m^2·a)$,上下限的差值为 21.37 $kgCO_2/(m^2·a)$,均值为 15.66 $kgCO_2/(m^2·a)$,样本数为 287 个地块;中强度区的单位用地面积碳排放强度值域范围为 28.01—123.50 $kgCO_2/(m^2·a)$,下限为 28.12 $kgCO_2/(m^2·a)$,上限为 123.43 $kgCO_2/(m^2·a)$,上下限的差值为 95.31 $kgCO_2/(m^2·a)$,均值为 64.13 $kgCO_2/(m^2·a)$,样本数为 229 个地块;中高强度区的单位用地面积碳排放强度值域范围为 123.51—541.00 $kgCO_2/(m^2·a)$,下限为 124.86 $kgCO_2/(m^2·a)$,上限为 530.70 $kgCO_2/(m^2·a)$,上下限的差值为 405.84 $kgCO_2/(m^2·a)$,均值为 233.17 kgCO₂/(m²·a)，样本数为 177 个地块；高强度区的单位用地面积碳排放强度值域范围为 541.01—2 366.00 kgCO₂/(m²·a)，下限为 565.75 kgCO₂/(m²·a)，上限为 2 366.00 kgCO₂/(m²·a)，上下限的差值为 1 800.25 kgCO₂/(m²·a)，均值为 1 249.47 kgCO₂/(m²·a)，样本数为 28 个地块。

图 5-30　长兴县中心城区建设用地碳排放强度区分布

表 5-20　长兴县中心城区建设用地碳排放强度区划分

类型	单位用地面积碳排放强度值域范围 / (kgCO₂·m⁻²·a⁻¹)	端点下限 / (kgCO₂·m⁻²·a⁻¹)	端点上限 / (kgCO₂·m⁻²·a⁻¹)	上下限差值 / (kgCO₂·m⁻²·a⁻¹)	均值 / (kgCO₂·m⁻²·a⁻¹)	样本数 / 个
低强度区	0.00—6.50	1.50	6.47	4.97	3.72	213
中低强度区	6.51—28.00	6.56	27.93	21.37	15.66	287
中强度区	28.01—123.50	28.12	123.43	95.31	64.13	229
中高强度区	123.51—541.00	124.86	530.70	405.84	233.17	177
高强度区	541.01—2 366.00	565.75	2 366.00	1 800.25	1 249.47	28

5.6　本章小结

在对 BP 神经网络方法的原理及在城镇建设用地碳排放预测中的适用性进行分析的基础上，本章基于矩阵实验室 MATLAB 2017a 平台，通过样本数据分类、数据预处理、BP 神经网络结构及相关参数确定、预测结果验证四个步骤建立了基于建成环境的城镇建设用地碳排放 BP 神经网络预测方法，并将基于 BP 神经网络方法的城镇建设用地碳排放预测结果与多元线性回归预测结果与真实值进行比较，得出如下结论：

（1）居住用地总体的碳排放预测值与真实值的平均误差率为 12.65%，1—3 层城镇住宅用地碳排放预测值与真实值的平均误差率为 11.72%；4—6 层城镇住宅用地碳排放预测值与真实值的平均误差率为 11.38%；≥7 层城镇住宅用地碳排放预测值与真实值的平均误差率为 14.84%。

（2）工业仓储用地总体的碳排放预测值与真实值的平均误差率为 13.80%，高碳排放工业仓储用地碳排放预测值与真实值的平均误差率为 17.94%；中碳排放工业仓储用地碳排放预测值与真实值的平均误差率为 13.68%；低碳排放工业仓储用地碳排放预测值与真实值的平均误差率为 9.77%。

（3）公共用地总体的碳排放预测值与真实值的平均误差率为 15.73%；商务用地碳排放预测值与真实值的平均误差率为 7.45%；医疗用地碳排放预测值与真实值的平均误差率为 14.22%；商业用地碳排放预测值与真实值的平均误差率为 19.68%；科教用地碳排放预测值与真实值的平均误差率为 18.10%；行政办公用地碳排放预测值与真实值的平均误差率为 19.21%。

（4）通过比较可知，BP 神经网络方法预测结果的准确率整体高于多元线性回归，并且与真实值更加接近，也更加稳定。其中，基于 BP 神经网络方法的居住用地、工业仓储用地和公共用地碳排放预测结果与真实值的平均误差率分别为 12.65%、13.80% 和 15.73%，而基于多元线性回归的居住用地、工业仓储用地和公共用地碳排放预测结果与真实值的平均误差率分别为 41.99%、60.95% 和 31.80%。

（5）选择基于 BP 神经网络方法的预测结果作为基础，从三个方面对长兴县中心城区尺度的建设用地碳排放预测结果进行分析讨论：① 得到城镇不同类型建设用地碳排放值域范围及均值；② 分析城镇建设用地碳排放空间分布规律；③ 划定城镇建设用地碳排放强度分区。

6 城镇建设用地碳排放预测方法的规划应用

本章以长兴县太湖新城片区控制性详细规划（以下简称控规）及城市设计方案为城镇建设用地碳排放预测方法的规划应用对象，对运用此方法开展具体规划方案的碳排放预测展开实证研究。通过对优化前与优化后的规划方案碳排放进行预测和比较，评估空间规划方案的低碳优化对城镇建设用地碳排放的减碳效益。

6.1 城镇建设用地碳排放预测方法规划应用的思路与流程

传统的空间规划方案主要是基于经济因素的考虑，以功能为导向，往往缺乏对建设用地碳排放控制的考虑，从而增加了建设用地上的建筑能耗与碳排放，同时也使得建成后面临种种的生态与环境问题。因此，根据前文建成环境与城镇建设用地碳排放关系分析的主要结论，从降低规划方案碳排放的角度，综合确定规划方案中不同类型建设用地的高碳排放用地类型地块上具体建成环境要素低碳优化的方向、重点及力度，并对优化后的规划方案再一次进行预测，通过与优化前规划方案碳排放预测结果进行比较，评估空间规划方案的低碳优化对城镇建设用地碳排放的减碳效益。综上，本书将城镇建设用地碳排放预测方法规划应用的流程提炼为三个关键步骤（图6-1）：（1）规划方案碳排放预测；（2）规划方案低碳优化；（3）规划方案低碳优化后再预测及减碳效益分析。其中，对规划方案碳排放进行预测并确定需要进行低碳优化的高碳排放地块，得到优化前的基准值，是后续优化及减碳效益分析的前提。根据前文建成环境与城镇建设用地碳排放关系分析的主要结论，确定不同类型建设用地的高碳排放地块上具体建成环境要素低碳优化的方向、重点及力度是核心环节，对优化后的规划方案进行再预测，并分析减碳效益。

6.2 长兴县太湖新城片区控规及城市设计方案碳排放预测

6.2.1 规划方案分析

1）规划概况

长兴县太湖新城位于长兴县中心城区东侧，东至太湖西南岸，西至

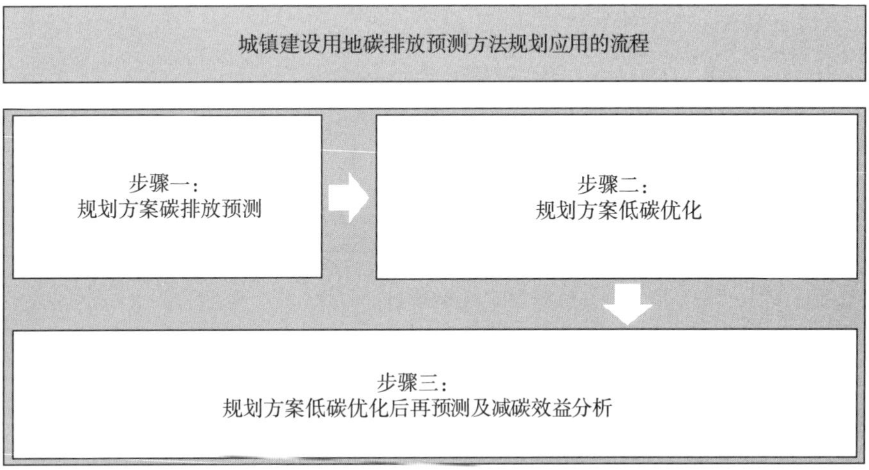

```
┌─────────────────────────────────────────────────────────────────┐
│           城镇建设用地碳排放预测方法规划应用的流程              │
└─────────────────────────────────────────────────────────────────┘

  ┌──────────────────┐         ┌──────────────────┐
  │    步骤一：      │  ───▶   │    步骤二：      │
  │规划方案碳排放预测│         │ 规划方案低碳优化 │
  └──────────────────┘         └──────────────────┘
                                        │
                                        ▼
  ┌─────────────────────────────────────────────────────┐
  │                   步骤三：                          │
  │      规划方案低碳优化后再预测及减碳效益分析         │
  └─────────────────────────────────────────────────────┘
```

图 6-1　城镇建设用地碳排放预测方法规划应用的流程

杭宁高速公路，北至合溪新港，南至太湖大道，规划面积约为 1 254 hm²。2013 年，长兴县政府组织编制完成了长兴县太湖新城片区控规及城市设计。根据该规划，太湖新城被定位为长兴县的城市会客厅，以现状高铁站为中心，建立一条横向的城市核心带沟通新城内部公园与太湖，形成"公园—高铁站—湖滨"功能轴线，以更好地辐射周边区域，打造生态宜居新城。

2）规划方案

太湖新城规划总用地面积为 1 254.49 hm²，其中规划建设用地面积为 1 062.74 hm²，占规划总用地面积的 84.71%。在规划建设用地中，居住用地面积为 297.02 hm²，主要布局在太湖新城的东侧及北侧，其中东侧以低层或多层的花园度假洋房为主，北侧以高层的生态居住为主。工业仓储用地面积为 182.30 hm²，被定位为低碳节能环保的高端制造业聚集区，主要布局在太湖新城的西南侧。公共用地面积为 212.93 hm²，主要布局在高铁站周围以及东片区的滨湖沿线。根据城市设计可知，高铁站周围主要以高层高密度的商务办公建筑为主，高铁站以东片区的滨湖沿线主要以水系绿地为本底，串联酒店、商业、文化等建筑。规划方案中具体的不同类型用地布局、面积占比及城市设计详见图 6-2 及表 6-1。

6.2.2　规划方案碳排放预测

1）规划方案碳排放数据库构建

基于第 3 章提出的城镇建设用地碳排放数据库构建方法，本节通过总体结构设计、数据信息录入、建成环境要素计量三个步骤，建立包含建筑数据、用地数据、人口数据等在内的规划方案碳排放数据库，得到规划方案中各个地块的建成环境要素数值。规划方案碳排放数据库具体包

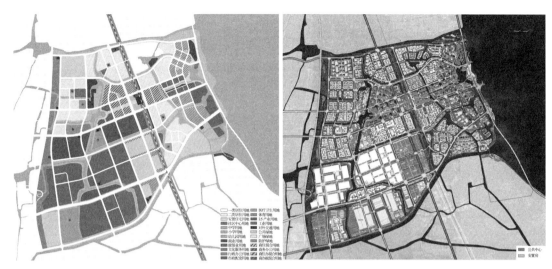

图 6-2 规划方案用地布局及城市设计

表 6-1 长兴县太湖新城片区控规及城市设计方案用地统计表

用地类型		用地面积 /hm²	占比 /%
居住用地	1—3 层	88.82	7.08
	4—6 层	67.18	5.36
	≥7 层	141.02	11.24
工业仓储用地		182.30	14.53
公共用地	商务用地	45.03	3.59
	文体用地	4.24	0.34
	医疗用地	5.05	0.40
	商业用地	80.41	6.41
	旅馆用地	3.00	0.24
	科教用地	34.30	2.74
	行政办公用地	0.89	0.07
	其他类型用地	40.01	3.19
道路交通用地		189.10	15.07
绿地与广场用地		181.39	14.46
农林用地		74.32	5.92
水域用地		117.43	9.36
合计		1 254.49	100.00

括 146 个不同性质建设用地地块的建成环境数据，其中在 146 个样本地块中，居住用地为 53 个样本，占规划方案中建设用地数量的 36.30%；工业仓储用地为 14 个样本（根据规划方案的功能定位，规划方案中的工业仓储用地被定位为低碳节能环保的高端制造业，因此按照低碳排放工业仓储用地进行预测），占规划方案中建设用地数量的 9.59%；公共用地为 79 个样本，占规划方案中建设用地数量的 54.11%。具体不同地块上的建成环境要素数值计算结果详见图 6-3。

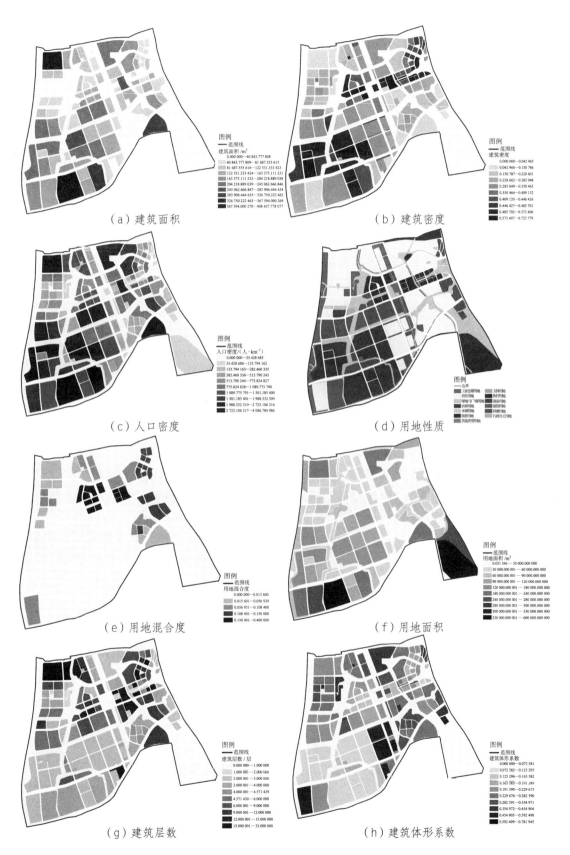

6 城镇建设用地碳排放预测方法的规划应用

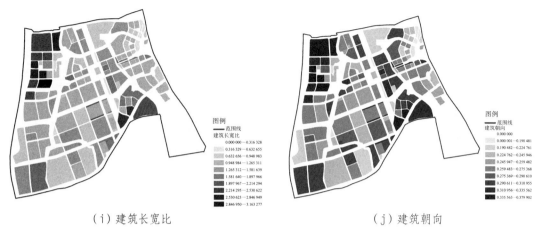

(i)建筑长宽比　　　　　　　　　　　　　(j)建筑朝向

图 6-3　长兴县太湖新城片区控规及城市设计方案中不同用地上建成环境要素数值计算结果

2）规划方案碳排放预测结果

对分类后的数据进行预处理，分别输入第 5.3 节中保存好的训练网络及参数中，通过比较验证后，预测得到太湖新城片区控规及城市设计方案中不同类型建设用地的碳排放及碳排放强度。如表 6-2 所示，规划方案整体碳排放为 217 488 409.72 $kgCO_2$，其中碳排放最高的建设用地类型是商业用地，为 55 473 830.60 $kgCO_2$，占规划方案碳排放总量的 25.51%，其次为工业仓储用地，碳排放为 47 231 685.75 $kgCO_2$，占规划方案碳排放总量的 21.72%，其他依次为≥7 层居住用地（16.65%）、商务用地（12.71%）、4—6 层居住用地（7.76%）、1—3 层居住用地（5.36%）、其他类型用地（3.82%）、旅馆用地（2.57%）、医疗用地（1.83%）、科教用地（1.71%）、文体用地（0.26%）、行政办公用地（0.10%）。此外，根据图 6-4 和图 6-5 的空间可视化，可以进一步分析规划方案中不同碳排放强度及碳排放的建设用地的空间分布及相互之间的位置关系，从而明确规划方案的优化重点。

表 6-2　长兴县太湖新城片区控规及城市设计方案用地碳排放预测结果

用地类型		碳排放总量 / $kgCO_2$	单位用地面积碳排放强度均值 / （$kgCO_2 \cdot m^{-2} \cdot a^{-1}$）	碳排放总量占比 /%
居住用地	1—3 层	11 664 556.81	21.47	5.36
	4—6 层	16 883 283.67	27.71	7.76
	≥7 层	36 215 093.54	29.60	16.65
工业仓储用地		47 231 685.75	49.12	21.72
公共用地	商务用地	27 649 421.43	74.95	12.71
	文体用地	555 864.00	13.11	0.26
	医疗用地	3 978 390.00	78.78	1.83
	商业用地	55 473 830.60	112.27	25.51

续表 6-2

用地类型		碳排放总量 / $kgCO_2$	单位用地面积碳排放强度均值 / ($kgCO_2 \cdot m^{-2} \cdot a^{-1}$)	碳排放总量占比 /%
公共用地	旅馆用地	5 579 509.72	83.55	2.57
	科教用地	3 719 213.09	20.54	1.71
	行政办公用地	227 484.00	25.56	0.10
	其他类型用地	8 310 077.11	20.77	3.82
总计		217 488 409.72	—	100.00

图 6-4 长兴县太湖新城片区控规及城市设计方案碳排放分布

图 6-5 长兴县太湖新城片区控规及城市设计方案单位用地面积碳排放强度分布

3）规划方案碳排放预测结果比较验证

为了验证规划方案碳排放预测结果的可靠性，本书将规划方案碳排放预测结果的单位用地面积碳排放强度均值与长兴县中心城区调研样本单位用地面积碳排放强度范围进行比较（表6-3）。通过比较可知，规划方案中不同类型城镇建设用地的单位用地面积碳排放强度均值基本位于调研样本单位用地面积碳排放强度范围的合理区间内，说明预测结果具有一定的可靠性和应用价值。

表6-3 长兴县太湖新城片区控规及城市设计方案用地碳排放预测结果比较验证

用地类型		长兴县太湖新城片区控规及城市设计方案单位用地面积碳排放强度均值/（$kgCO_2 \cdot m^{-2} \cdot a^{-1}$）	长兴县中心城区调研样本单位用地面积碳排放强度均值/（$kgCO_2 \cdot m^{-2} \cdot a^{-1}$）	长兴县中心城区调研样本单位用地面积碳排放强度范围/（$kgCO_2 \cdot m^{-2} \cdot a^{-1}$）
居住用地	1—3层	21.47	18.76	11.02—42.09
	4—6层	27.71	23.91	10.05—46.76
	≥7层	29.60	29.62	10.54—56.24
工业仓储用地（低碳排放）		49.12	44.96	3.00—103.00
公共用地	商务用地	74.95	118.63	43.27—199.80
	文体用地	13.11	23.28	7.23—61.77
	医疗用地	78.78	34.75	14.10—91.54
	商业用地	112.27	68.01	1.83—292.45
	旅馆用地	83.55	97.67	24.79—190.63
	科教用地	20.54	9.67	2.13—32.41
	行政办公用地	25.56	37.91	3.48—94.50
	其他类型用地	20.77	45.48	3.90—223.79

6.3 长兴县太湖新城片区控规及城市设计方案低碳优化

6.3.1 低碳优化情景设定

本书规划方案低碳优化情景的设定主要是基于地块建成环境要素与城镇不同类型建设用地碳排放的关系机理，选取规划方案中不同类型建设用地上高碳排放地块的建成环境要素进行低碳优化，通过调整规划方案中不同类型高碳排放地块上建成环境要素的数值，降低规划方案碳排放。但是在选取高碳排放地块之前，需要明确以下三条规划方案的低碳优化原则：（1）充分考虑与周边环境的关系，利用好周边的自然环境资源，减少对周边环境的影响；（2）尽量保证优化后规划方案的功能定位、结构布局、空间形态等不发生较大改变；（3）符合各类规范要求，如地块内建筑优化应满足建筑日照间距、红线退让和防火间距要求等。

此外，在选取高碳排放地块的过程中还包括以下两个方面考虑：一方面需要依据用地类型选取。由于不同建成环境要素与不同类型建设用地碳排放之间的影响关系不同，因此为了能够降低城镇不同类型建设用地碳排放，需要针对居住用地、工业仓储用地、公共用地三种类型的建设用地分别选取典型的高碳排放地块进行优化，从而综合降低规划方案碳排放。另一方面则需要依据碳排放高低选取。根据第6.2节对规划方案的碳排放预测结果进行选取，这样不仅能够保证所选取的地块是降低规划方案碳排放的优化重点，具有迫切的低碳优化需求，同时通过高碳排放地块对建成环境进行低碳优化，可以显著降低规划方案碳排放。综上，本书在地理信息系统软件 ArcGIS 10.2 中将规划方案中不同类型建设用地碳排放分为高碳排放地块、中碳排放地块和低碳排放地块三个区段。不同区段下不同类型建设用地碳排放的值域范围及空间分布见图6-6 至图 6-8。

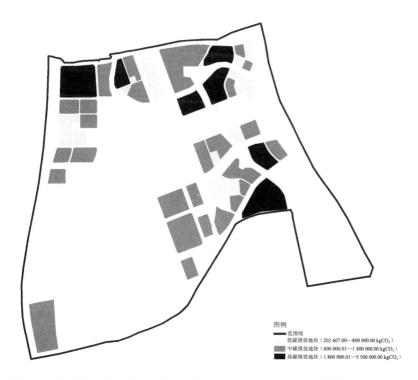

图例
— 范围线
低碳排放地块（202 607.00—800 000.00 kgCO$_2$）
中碳排放地块（800 000.01—1 800 000.00 kgCO$_2$）
高碳排放地块（1 800 000.01—5 500 000.00 kgCO$_2$）

图 6-6　长兴县太湖新城片区控规及城市设计方案居住用地碳排放区段划分

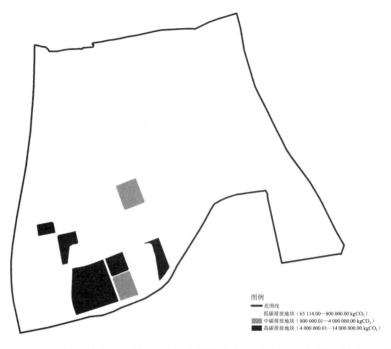

图 6-7　长兴县太湖新城片区控规及城市设计方案工业仓储用地碳排放区段划分

图 6-8　长兴县太湖新城片区控规及城市设计方案公共用地碳排放区段划分

6.3.2　规划方案低碳优化

在对规划方案低碳优化情景设定的基础上,本节基于第 4 章建成环境与城镇建设用地碳排放的关系分析结论,针对规划方案中不同类型建设用地高碳排放地块上的建成环境要素进行优化,分别提出不同建成环境要素低碳优化的方法,进一步明确不同类型建设用地的高碳排放地块上建成环境要素优化的方向、重点及力度。

1)密度要素优化

(1)建筑面积

根据第4.2节分析结果,建筑面积与城镇不同类型建设用地碳排放呈现出一定的显著线性正相关趋势。这意味着减少地块的建筑面积,可以在很大程度上实现碳排放的降低,但是大建筑面积开发地块有利于实现土地的紧凑开发,因此在方案的具体优化过程中不可一概而论。建议在统筹考虑相关规范、区位、交通、景观等其他要求的基础上,合理地确定城镇不同类型建设用地的开发强度分区及相应建筑面积的上下限控制,并在开发强度分区的指引下,确定地块上建筑面积的上下限,同时充分利用空中和地下空间实现立体拓展,以垂直方向的扩张取代水平方向的土地蔓延,提高土地开发的紧凑程度。综上,针对规划方案中部分地块建筑面积偏大的问题,本书对太湖新城不同地块上建筑面积的上下限进行优化调整,并重新划分为五级强度区,相比优化前,四级强度区容积率的上限控制由2.5降低为2.0,五级强度区容积率的上限控制由3.5降低为3.0。具体不同类型强度区的空间分布详见图6-9。

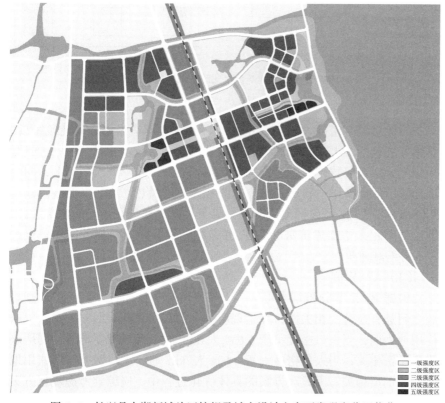

图6-9 长兴县太湖新城片区控规及城市设计方案开发强度分区优化

（2）建筑密度

根据第 4.2 节分析结果可知，建筑密度主要与城镇住宅用地碳排放呈现一定的倒 U 形回归关系，并以 0.22 为界限，当建筑密度小于 0.22 时，建筑密度与城镇住宅用地碳排放呈正相关，而当建筑密度大于 0.22 时，建筑密度与城镇住宅用地碳排放呈负相关。因此在方案的具体优化过程中，建议分情景优化，针对建筑密度小于 0.22 的用地，建议适当降低建筑密度，具体方法包括：① 调整建筑的排列方式，在建筑面积基本不改变的情况下，通过合理确定地块上围合式、混合式、点式、行列式等建筑布局模式，降低地块建筑密度（图 6-10）；② 适当增加绿化和水体面积，形成生态绿廊，降低建筑密度，同时可以起到降温、增湿和遮阴等调节微气候的作用，降低太阳辐射的热度。

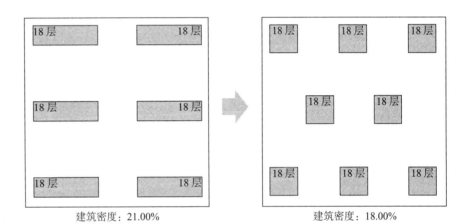

图 6-10　建筑面积基本不改变的情况下建筑密度的调整

而针对建筑密度大于 0.22 的用地，建议考虑适当增加其建筑密度，具体方法包括：① 在建筑面积一定的情况下，通过增加建筑基底面积，相应减少建筑层数，减少建筑暴露于阳光的面积来降低太阳辐射，同时结合采用低层架空、骑楼等措施来改善地块的风热环境，降低城镇建设用地碳排放；② 在保证地块的采光等条件下，通过适当降低建筑层高、缩小楼间距来增加建筑密度；③ 在兼顾建筑间距的前提下增加建筑进深，并缩减建筑面宽；④ 适当减少景观和公共绿化区域。

（3）人口密度

根据第 4.2 节分析结果可知，人口密度与居住用地和公共用地碳排放之间具有显著的相关性，并呈现出一定的二次多项式回归关系。以居住用地为例，当人口密度小于 6 634 人 /km² 时，人口密度与居住用地碳排放呈正相关；当人口密度大于 6 634 人 /km² 时，人口密度与居住用地碳排放呈负相关。因此在方案的具体优化过程中，应综合考虑规划方案的功能定位与人口密度的极值情况，具体方法包括：① 对于居住用地而言，在保证一定的人均住房面积的前提下，适当降低（0—6 634 人/km² 时）或提高（大于 6 634 人/km² 时）居住用地地块内的人口密度，不仅可以降低规划方案的碳排放，而且可以在一定程度上缓解老城区的人口压力。② 对于公共用地而言，在保证一定的人均建筑面积的前提下，适当提高（0—5 884 人/km² 时）或降低（大于 5 884 人/km² 时）公共用地地块内的人口密度。

2）功能要素优化

（1）用地性质

城镇不同类型建设用地碳排放水平具有较大差异，单位用地面积碳排放强度呈现出村庄住宅用地—公益性公共用地—城镇住宅用地—经营性公共用地—工业仓储用地递增的趋势。因此在方案的具体优化过程中，建议结合片区发展功能定位，合理确定各类型建设用地的比例与布局，尤其是高碳排放工业仓储用地、商业用地、商务用地等城镇建设用地的比例与布局，从而降低规划方案的碳排放。

（2）用地混合度

根据第 4.3 节分析结果可知，用地混合度与居住用地碳排放之间具有显著的相关性，但影响机理复杂，随着用地混合度的增加，居住用地碳排放呈现出升高—降低—升高的 S 形对应关系。因此在方案的具体优化过程中，建议在一定区间范围内适当增加用地混合度，具体用地混合度应结合区间变化范围合理确定。比如根据前文分析可知，在 0.042—0.068 区间范围内适当提高用地混合度，可以在一定程度上降低居住用地碳排放。此外，由于本书仅仅是针对居住用地，同时应考虑适当增加商务与商业等经营性公共用地的用地混合度比例、居住用地与就业用地的用地混合度比例等，具体可以通过在一栋建筑内混合多种功能，或者在地块上混合多栋不同功能的建筑等方式来提高用地混合度。比如在商业地块上混合商务建筑、公寓建筑、综合服务建筑、娱乐建筑、展览建筑等综合功能，通过在合理的区间范围内增加用地混合度，一方面可以减少城镇建设用地碳排放，另一方面也可以在一定程度上降低交通出行碳排放，最终降低规划方案碳排放。

（3）用地建设时间

根据第 4.3 节分析结果可知，用地建设时间与居住用地和公共用地碳排放之间具有显著的相关性，与居住用地碳排放之间呈现倒 U 形的二次多项式回归关系，与公共用地碳排放之间呈现正向的一元线性关系。以居住用地为例，当用地建设时间在 2016 年及以后时，用地建设时间与居住用地碳排放呈负相关，说明随着时间的推进，建筑的建造标准、围护结构、HVAC 系统等节能性能都相应有了较大提高，从而在一定程度上降低了居住用地碳排放，因此在方案的具体优化过程中，建议通过提高绿色建筑比例来提高建筑节能标准。比如，根据《长兴县绿色建筑专项规划》可知，太湖新城片区远期（2021—2025 年）新建二星级绿色建筑的占比不得低于25%，三星级绿色建筑的占比不得低于4%，通过综合考虑上述相关规划的要求，降低规划方案碳排放（表6-4）。

表6-4 长兴县太湖新城片区绿色建筑指标

建筑类型	绿色建筑二星级 （2021—2025年）	绿色建筑三星级 （2021—2025年）
保障性住房	25%	—
居住建筑	≥8万 m²	≥15万 m²
政府投资类公共建筑	25%	4%
其他公共建筑	≥5万 m²	≥10万 m²

（4）用地面积

根据第4.3节分析结果可知，用地面积与城镇不同类型建设用地碳排放呈现出显著的线性正相关趋势，因此在方案的具体优化过程中，建议采取"窄路密网"的优化措施，通过减小地块的面积来降低规划方案碳排放。基于规划方案碳排放数据库，以48号居住地块为例，在对用地面积进行优化前，该地块的用地面积为20.29 hm²，在充分考虑其他要素的影响下优化后，将48号地块细分为48-1号、48-2号、48-3号和48-4号四个地块，用地面积分别为5.44 hm²、5.06 hm²、4.27 hm²和4.17 hm²（图6-11）。

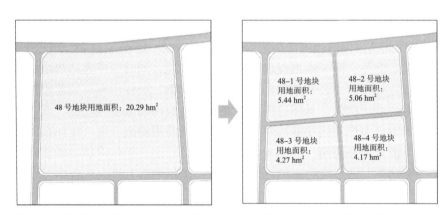

图6-11 长兴县太湖新城片区控规及城市设计方案中48号居住用地的用地面积要素低碳优化示意

3）形态要素优化

（1）建筑层数

根据第4.4节分析结果可知，建筑层数与城镇不同类型建设用地碳排放具有显著的相关性，其中与居住用地碳排放之间呈现倒U形的二次多项式回归关系，与工业仓储用地及公共用地碳排放之间呈现一元线性关系。一般而言，当建筑层数较低时，建筑产生的阴影较小，使得地面接收到的太阳辐射增加，导致热岛效应增加；而当建筑层数较高时，建筑产生的阴影较大，则会在一定程度上降低地面所接收到的太阳辐射，进而影响城镇建设用地碳排放。因此在方案的具体优化过程中，应当合理确定不同类型建设用地上的建筑层数：① 对于居住用地而言，在综合考虑开发强度等其他因素的前提下，适当减少（0—10层）或增加（大于10层）居住用地地块的建筑层数；② 对于工业仓储用地和公共用地而言，工业仓储用地需要综合考虑行业门类等因素的影响，公共用地则需要最大限度地利用公共建筑白天时建筑间的遮阴作用和减缓夜间热岛效应，同时结合相关规范要求或者能耗模拟设定建筑层数的上下限，通过比较来实现降低建设用地上建筑能耗及碳排放的目的。

（2）建筑体形系数

根据第4.4节分析结果可知，建筑体形系数与居住用地和公共用地碳排放之间呈现出显著的线性负相关趋势，这意味着随着建筑体形系数的增加，居住用地和公共用地碳排放会降低。这是由于建筑体形系数与建筑层数、建筑面积等密切相关，建筑体形系数的增加会使建筑层数相应减少，进而使得建筑面积减少，从而降低了城镇建设用地碳排放。结合既有研究可知，虽然建筑体形系数的增加会相应使得单位建筑面积能耗增加，但是小于建筑面积减少所带来的影响，而且随着建筑节能标准等的提高，建筑外围结构的保温隔热性能都得到了大幅度提高，使得单位建筑面积能耗受到建筑体形系数的增加所带来的影响进一步降低。因此在方案的具体优化过程中，需要综合考虑建筑层数、建筑面积等其他要素的影响，合理确定城镇建设用地的建筑体形系数。具体方法包括：① 综合考虑建筑层数、建筑面积等要素的影响，规整建筑外形，使建筑平面布局紧凑，减少外墙凹凸变化；② 减小建筑的进深与体量；③ 提高建筑围护结构的保温性能等，降低建筑体形系数的影响，避免简单地通过增加建筑体形系数来降低碳排放。

（3）建筑长宽比

根据第4.4节分析结果可知，建筑长宽比主要与居住用地碳排放之间呈现出显著的线性正相关趋势，这意味着随着居住用地建筑长宽比的增加，城镇建设用地碳排放整体呈现出递增的变化规律。因此在方案的具体优化过程中，有两点建议：① 通过增加点式高层的方式来降低地块的用地建筑长宽比；② 在满足建筑设计标准的前提下，将长建筑"打散"为几组短建筑，通过合理确定用地建筑长宽比，避免出现过多的"细长"建筑，降低规划方案碳排放。

（4）建筑朝向

根据第4.4节分析结果可知，建筑朝向与居住用地碳排放之间呈现出显著的线性负相关趋势，这意味着随着建筑朝向的增加，居住用地碳排放整体呈现出递减的变化规律。考虑到我国的城镇大部分位于北回归线以北，冬季太阳高度角较小，夏季太阳高度角较大，而建筑朝向以南向为主的话，冬季可以使更多斜射的太阳光线进入建筑内部，从而提高室内温度，同时夏季可以避免过多的阳光辐射，从而降低室内温度，从整体上实现降低居住用地碳排放的目的。因此在方案的具体优化过程中，建议尽量使居住用地上的建筑朝向处于南偏西30°—南偏东30°范围内。

4）规划方案中建成环境要素低碳优化建议

上文以低碳为目标，基于第4章建成环境与城镇建设用地碳排放的关系分析结论，分别从密度、功能和形态要素三个方面，分析总结了一系列针对规划方案中建成环境要素的低碳优化建议，具体涵盖建筑面积、建筑密度、人口密度、用地性质、用地混合度、用地建设时间、用地面积、建筑层数、建筑体形系数、建筑长宽比和建筑朝向，共计11个建成环境要素，并从这11个建成环境要素中细化出共24条具体的低碳优化建议，进一步明确不同类型建设用地的高碳排放地块上建成环境要素优化的方向、重点及力度（表6-5）。

表6-5 规划方案中建成环境要素低碳优化建议

建成环境要素		影响方向	低碳优化建议
密度要素	建筑面积	+	① 统筹考虑其他要素影响的基础上，合理确定不同类型建设用地的开发强度分区及相应建筑面积的上下限控制； ② 充分利用空中和地下空间实现立体拓展，以垂直方向的扩张取代水平方向的土地蔓延，提高土地开发紧凑程度
	建筑密度	建筑密度＜0.22，"+"	① 在建筑面积基本不改变的情况下，调整建筑的排列方式，如将板式改为点式等，降低建筑密度； ② 适当增加绿化和水体面积，降低建筑密度
		建筑密度＞0.22，"-"	① 在建筑面积一定的情况下，通过增加建筑基底面积，相应减少建筑层数，同时结合采用低层架空、骑楼等措施来改善地块的风热环境，降低城镇建设用地碳排放； ② 在保证地块的采光等条件下，通过适当降低建筑层高、缩小楼间距来增加建筑密度； ③ 在兼顾建筑间距的前提下增加建筑进深，并缩减建筑面宽； ④ 适当减少景观和公共绿化区域
	人口密度	居住用地： 人口密度＜6 634人/km²，"+" 人口密度＞6 634人/km²，"-"	在保证一定的人均住房面积的前提下，适当降低（0—6 634人/km²）或提高（大于6 634人/km²）居住用地地块内的人口密度，不仅可以降低规划方案碳排放，而且可以在一定程度上缓解老城区的人口压力
		公共用地： 人口密度＜5 884人/km²，"-" 人口密度＞5 884人/km²，"+"	在保证一定的人均建筑面积的前提下，适当提高（0—5 884人/km²）或降低（大于5 884人/km²）公共用地地块内的人口密度
功能要素	用地性质	-	结合片区发展功能定位，合理确定各类型建设用地的比例与布局，尤其是高碳排放工业仓储用地、商业用地、商务用地等城镇建设用地的比例与布局
	用地混合度	-	① 在0.041—0.068的区间范围内适当提高居住用地混合度； ② 适当增加商务与商业等经营性公共用地的用地混合度比例、居住用地与就业用地的用地混合度比例等，具体可以通过在一栋建筑内混合多种功能，或者在地块上混合多栋不同功能的建筑等方式提高用地混合度
	用地建设时间	-	① 提高绿色建筑比例； ② 提高建筑节能标准
	用地面积	+	采取"窄路密网"的优化措施，通过减小地块的面积来降低碳排放

续表 6-5

建成环境要素		影响方向	低碳优化建议
形态要素	建筑层数	居住用地： 建筑层数<10层，"+" 建筑层数>10层，"-"	在综合考虑开发强度等其他因素的前提下，适当减少（0—10层）或增加（大于10层）居住用地地块的建筑层数
		公共用地："+" 工业仓储用地："-"	建议综合考虑行业门类等因素的影响，以及最大限度地利用白天时建筑间的遮阴作用和减缓夜间热岛效应，同时结合相关规范要求或者能耗模拟设定建筑层数的上下限来降低建筑能耗及碳排放
	建筑体形系数	-	① 综合考虑建筑层数、建筑面积等要素的影响，规整建筑外形，使建筑平面布局紧凑，减少外墙凹凸变化； ② 减小建筑的进深与体量； ③ 提高建筑围护结构的保温性能等，降低建筑体形系数的影响
	建筑长宽比	+	① 通过增加点式高层的方式来降低地块的用地建筑长宽比； ② 在满足建筑设计标准的前提下，将长建筑"打散"为几组短建筑，避免出现过多的"细长"建筑
	建筑朝向	-	综合考虑我国太阳辐射的特点，尽量确保居住用地上的建筑朝向处于南偏西30°—南偏东30°范围内

注："+"代表正相关；"-"代表负相关。

根据第 4 章建成环境与城镇建设用地碳排放关系的分析结果可知，城镇建设用地是碳排放的主要空间载体，通过对地块上密度、功能和形态三类建成环境要素的低碳优化，可以在一定程度上降低城镇建设用地碳排放，并且表 6-5 中 24 条优化建议的提出都是以降低城镇建设用地碳排放为目标的，但在实际中，建成环境要素的低碳优化往往会存在冲突。比如，从建筑面积与建筑层数的低碳优化来看，在建筑层数大于 10 层时，居住用地碳排放随着建筑层数的增加呈现出降低的趋势，而由于建筑层数与建筑面积具有显著正相关，随着建筑层数的增加，建筑面积也相应增加，建筑面积则又与居住用地碳排放具有显著正相关，因此随着建筑面积的增加，居住用地碳排放会相应增加，使得建筑面积与建筑层数的低碳优化存在一定的冲突性。再从建筑层数与建筑体形系数的低碳优化来看，同样在建筑层数大于 10 层时，居住用地碳排放随着建筑层数的增加而呈现出降低的趋势，由于建筑层数与建筑体形系数具有显著负相关，随着建筑层数的增加，建筑体形系数是降低的，而建筑体形系数与居住用地碳排放具有显著负相关，这就意味着在建筑层数大于 10 层时，随着建筑层数的增加，建筑体形系数降低，居住用地碳排放是增加的。可见，不同类型建成环境要素的低碳优化很难同时满足降低城镇建设用地碳排放的要求。

因此，在规划方案的低碳优化过程中，建议根据实际情况，统筹兼顾低碳与经济性的需求，综合确定不同类型建成环境要素的数值，进而比较优化前与优化后规划方案的减碳效益。或者单独针对不同类型建成环境要素或者显著相关的建成环境要素（如建筑层数与建筑体形系数等）

分别进行低碳优化,并根据低碳优化的建成环境要素不同,划分不同的规划方案优化类型,提出相应的更为明晰和更具可实施性的低碳优化建议。这样不仅可以比较优化前与优化后规划方案的减碳效益,而且可以对不同类型建成环境要素低碳优化情景下的规划方案进行比选,确定减碳效果最优的低碳优化规划方案。本书主要是通过综合确定不同类型建成环境要素的数值,比较优化前与优化后规划方案的减碳效益,分析城镇建设用地碳排放预测方法对规划应用的可行性,进而寻求既能有效实现降低碳排放,又能满足规划方案经济性的平衡点。

6.4 长兴县太湖新城片区控规及城市设计方案低碳优化减碳效益分析

6.4.1 规划方案低碳优化后的碳排放预测

基于第 6.3.2 节整合的关于规划方案中建成环境要素的 24 条低碳优化建议,本书对既有规划方案进行低碳优化,同时结合第 3 章提出的城镇建设用地碳排放数据库构建方法,进一步构建优化后的规划方案碳排放数据库,根据第 5 章建立的城镇建设用地碳排放预测方法,通过预测得到优化后太湖新城片区控规及城市设计方案中不同类型建设用地的碳排放及碳排放强度。如表 6-6 所示,优化后规划方案整体碳排放为 183 547 901.75 $kgCO_2$,其中碳排放最高的建设用地类型是工业仓储用地,为 43 817 852.70 $kgCO_2$,占规划方案碳排量总量的 23.87%,其次为 ≥7 层居住用地,碳排放为 35 557 369.84 $kgCO_2$,占规划方案碳排量总量的 19.37%,其他依次为商业用地(17.43%)、商务用地(12.40%)、4—6 层居住用地(8.61%)、1—3 层居住用地(5.65%)、科教用地(5.32%)、其他类型用地(4.53%)、医疗用地(2.17%)、文体用地(0.30%)、旅馆用地(0.23%)、行政办公用地(0.12%)。

表 6-6 优化后长兴县太湖新城片区控规及城市设计方案用地碳排放预测结果

用地类型		碳排放总量 / $kgCO_2$	单位用地面积碳排放强度均值 / ($kgCO_2 \cdot m^{-2} \cdot a^{-1}$)	碳排放总量占比 /%
居住用地	1—3 层	10 372 338.10	17.16	5.65
	4—6 层	15 801 450.87	23.74	8.61
	≥7 层	35 557 369.84	33.01	19.37
工业仓储用地		43 817 852.70	37.75	23.87
公共用地	商务用地	22 757 162.94	72.34	12.40
	文体用地	555 864.00	13.11	0.30
	医疗用地	3 978 390.00	78.78	2.17
	商业用地	31 986 504.08	67.42	17.43
	旅馆用地	414 332.22	13.82	0.23

续表 6-6

用地类型		碳排放总量 / kgCO$_2$	单位用地面积碳排放强度均值/(kgCO$_2$·m^{-2}·a^{-1})	碳排放总量占比 /%
公共用地	科教用地	9 769 075.89	16.13	5.32
	行政办公用地	227 484.00	25.56	0.12
	其他类型用地	8 310 077.11	20.77	4.53
总计		183 547 901.75	—	100.00

6.4.2 规划方案低碳优化后的减碳效益分析

通过对比优化前规划方案碳排放与优化后规划方案碳排放，对规划方案低碳优化后的减碳效益进行分析。根据比较可知，优化前规划方案碳排放为 217 488 409.72 kgCO$_2$，优化后规划方案碳排放为 183 547 901.75 kgCO$_2$，总减碳量为 33 940 507.97 kgCO$_2$，总减碳量占优化前规划方案碳排放的 15.61%（表 6-7）。其中，优化后 1—3 层居住用地减碳量为 1 292 218.71 kgCO$_2$，占优化前规划方案碳排放的 0.59%；优化后 4—6 层居住用地减碳量为 1 081 832.80 kgCO$_2$，占优化前规划方案碳排放的 0.50%；优化后 ≥7 层居住用地减碳量为 657 723.70 kgCO$_2$，占优化前规划方案碳排放的 0.30%；优化后工业仓储用地减碳量为 3 413 833.05 kgCO$_2$，占优化前规划方案碳排放的 1.57%；优化后商务用地减碳量为 4 892 258.49 kgCO$_2$，占优化前规划方案碳排放的 2.25%；优化后商业用地减碳量为 23 487 326.52 kgCO$_2$，占优化前规划方案碳排放的 10.80%；优化后旅馆用地减碳量为 5 165 177.50 kgCO$_2$，占优化前规划方案碳排放的 2.37%。文体用地、医疗用地、行政办公用地和其他类型用地减碳量为 0 kgCO$_2$ 的原因在于优化前与优化后碳排放未发生变化。此外，碳排放增长的用地类型主要是科教用地，原因主要是在规划方案低碳优化过程中，根据功能定位对科教用地的规模进行增加，从而相应带来了碳排放的增长。整体而言，对规划方案中建成环境要素的优化调整，能够有效降低规划方案的碳排放。

表 6-7 长兴县太湖新城片区控规及城市设计方案低碳优化减碳量比较

用地类型		优化前规划方案碳排放 /kgCO$_2$	优化后规划方案碳排放 /kgCO$_2$	减碳量 /kgCO$_2$	减碳量占优化前规划方案碳排放的比例 /%
居住用地	1—3 层	11 664 556.81	10 372 338.10	1 292 218.71	0.59
	4—6 层	16 883 283.67	15 801 450.87	1 081 832.80	0.50
	≥7 层	36 215 093.54	35 557 369.84	657 723.70	0.30
工业仓储用地		47 231 685.75	43 817 852.70	3 413 833.05	1.57
公共用地	商务用地	27 649 421.43	22 757 162.94	4 892 258.49	2.25
	文体用地	555 864.00	555 864.00	0.00	0.00

续表 6-7

用地类型		优化前规划方案碳排放 /kgCO$_2$	优化后规划方案碳排放 /kgCO$_2$	减碳量 /kgCO$_2$	减碳量占优化前规划方案碳排放的比例 /%
公共用地	医疗用地	3 978 390.00	3 978 390.00	0.00	0.00
	商业用地	55 473 830.60	31 986 504.08	23 487 326.52	10.80
	旅馆用地	5 579 509.72	414 332.22	5 165 177.50	2.37
	科教用地	3 719 213.09	9 769 075.89	-6 049 862.80	-2.78
	行政办公用地	227 484.00	227 484.00	0.00	0.00
	其他类型用地	8 310 077.11	8 310 077.11	0.00	0.00
总计		217 488 409.72	183 547 901.75	33 940 507.97	15.61

为了能够进行具有针对性的和具体性的研究，本书进一步缩小尺度，根据前文研究，分别在优化前规划方案中的居住用地、工业仓储用地及公共用地中各选择一个典型的高碳排放地块进行分析，从而清楚地比较规划方案具体优化的建成环境要素与减碳量的关系。

1）典型高碳排放居住用地地块优化的减碳效益分析

48 号地块位于规划方案的西北角上，用地性质为居住用地，以高层的点式结合板式住宅建筑布局为主，同时在地块的南侧道路上配套有沿街商业。本书在现状规划方案的基础上，根据第 6.3.2 节总结归纳的建成环境要素低碳优化建议，对 48 号地块居住用地的建成环境要素进行低碳优化，具体采用的低碳优化策略包括以下几点：

（1）通过减少部分居住建筑的建筑层数，如将 26 层的居住建筑降至 24 层，或去掉局部的小建筑的方法来减少建筑面积。

（2）由于优化前规划方案的建筑密度为 0.14，小于 0.22，因此采用调整建筑排列方式的方法，将部分板式住宅建筑调整为点式住宅建筑。

（3）由于优化前规划方案的人口密度为 4 086.78 人 /km^2，小于 6 634 人 /km^2，因此采用降低人口密度的方法，如在减少建筑面积的基础上，通过增加居住区内大户型住宅的比例等方法来降低人口密度。

（4）在 0.041—0.068 的区间范围内适当提高居住用地混合度。

（5）采取"窄路密网"的优化措施，通过减少地块的面积来降低碳排放。

（6）规整建筑外形，使建筑平面布局紧凑，减少外墙凹凸变化。

（7）增加点式住宅建筑的比例。

（8）确保居住用地上建筑的朝向处于南偏西 30°—南偏东 30°范围内。

根据构建的规划方案碳排放数据库，得到优化前规划方案中 48 号地块的碳排放与各项建成环境要素数值，以及优化后规划方案中 48-1 号、48-2 号、48-3 号、48-4 号地块的碳排放与各项建成环境要素数值。通过对比可知（碳排放、建筑面积、用地面积是通过将优化前 48 号地块的数值减去优化后 48-1 号、48-2 号、48-3 号、48-4 号四个地块的总和数值,其他建成环境要素是通过将优化前 48 号地块的数值减去优化后 48-1 号、48-2 号、48-3 号、48-4 号四个地块的平均值数值),优化后规划方案中 48-1 号、48-2 号、48-3 号、48-4 号地块的碳排放与优化前规划方案中 48 号地块的碳排放相比,减少了 161 492.67 kgCO$_2$,减碳量占优化前规划方案中 48 号地块碳排放的 3.04%。在建成环境要素方面,优化后规划方案中 48-1 号、48-2 号、48-3 号、48-4 号地块的总建筑面积与总用地面积分别减少了 60 796.17 m^2 与 10 544.36 m^2,分别占优化前规划方案中 48 号地块建筑面积与用地面积的 14.89% 与 5.20%;优化后规划方案中 48-1 号、48-2 号、48-3 号、48-4 号地块的平均建筑密度升高了 0.05,占优化前规划方案中 48 号地块建筑密度的 35.71%;平均人口密度降低了 3 362.53 人/km^2,占优化前规划方案中 48 号地块人口密度的 82.28%;平均用地混合度增加了 0.01,占优化前规划方案中 48 号地块用地混合度的 25.00%;平均建筑层数减少了 3.91 层,占优化前规划方案中 48 号地块用地建筑层数的 25.24%;平均建筑体形系数降低了 0.01,占优化前规划方案中 48 号地块建筑体形系数的 4.55%;平均建筑长宽比降低了 0.76,占优化前规划方案中 48 号地块建筑长宽比的 35.35%;平均建筑朝向增加了 0.01,占优化前规划方案中 48 号地块建筑朝向的 2.94%。总体来看,与第 4 章的分析结论基本一致。具体优化前规划方案中 48 号地块与优化后规划方案中 48-1 号、48-2 号、48-3 号、48-4 号地块的碳排放与各项建成环境要素数值的变化情况及占比详见表 6-8 和图 6-12。

表 6-8　长兴县太湖新城片区控规及城市设计方案中 48 号居住用地地块优化减碳量比较

用地类型	优化前规划方案	优化后规划方案				变化情况	变化占比/%
	48 号地块	48-1 号地块	48-2 号地块	48-3 号地块	48-4 号地块		
碳排放/kgCO$_2$	5 313 757.95	1 071 822.38	1 891 179.61	1 187 874.94	1 001 388.35	161 492.67	3.04
建筑面积/m^2	408 437.78	70 160.61	153 694.82	53 996.17	69 790.01	60 796.17	14.89
建筑密度	0.14	0.18	0.19	0.16	0.23	−0.05	−35.71
人口密度/(人·km^{-2})	4 086.78	584.67	1 280.79	449.97	581.58	3 362.53	82.28
用地性质	2.00	2.00	2.00	2.00	2.00	0.00	0.00
用地混合度	0.04	0.04	0.04	0.05	0.05	−0.01	−25.00
用地建设时间	6.00	6.00	6.00	6.00	6.00	0.00	0.00
用地面积/m^2	202 933.98	57 402.26	50 599.86	42 653.79	41 733.71	10 544.36	5.20
建筑层数/层	15.49	15.38	12.23	7.86	10.86	3.91	25.24

续表 6-8

用地类型	优化前规划方案	优化后规划方案				变化情况	变化占比/%
	48 号地块	48-1 号地块	48-2 号地块	48-3 号地块	48-4 号地块		
建筑体形系数	0.22	0.14	0.21	0.23	0.26	0.01	4.55
建筑长宽比	2.15	1.05	1.21	1.86	1.43	0.76	35.35
建筑朝向	0.34	0.32	0.35	0.35	0.38	−0.01	−2.94

注："−"代表增加。

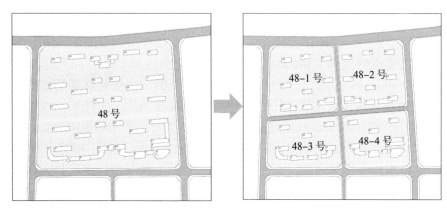

图 6-12　优化前 48 号地块与优化后 48-1 号、48-2 号、48-3 号、48-4 号地块比较

2）典型高碳排放工业仓储用地地块优化的减碳效益分析

14 号地块位于规划方案的西南侧，用地性质为工业用地，以大小体量结合的生产车间与配套办公楼为主。本书在现状规划方案的基础上，根据第 6.3.2 节总结归纳的建成环境要素低碳优化建议，对 14 号地块工业仓储用地的建成环境要素进行低碳优化，具体采用的低碳优化策略包括以下几点：

（1）综合考虑路网、外部环境等条件，减小大体量厂房建筑的体量。

（2）采取"窄路密网"的优化措施，通过减小地块的面积来降低碳排放。

（3）在不增加建筑面积的前提下，通过增加部分建筑的层数来提高地块的平均建筑层数。

根据构建的规划方案碳排放数据库，得到优化前规划方案中 14 号地块的碳排放与各项建成环境要素数值，以及优化后规划方案中 14-1 号、14-2 号、14-3 号地块的碳排放与各项建成环境要素数值。通过对比可知，优化后规划方案中 14-1 号、14-2 号、14-3 号地块的碳排放与优化前规划方案中 14 号地块的碳排放相比，减少了 414 397.07 $kgCO_2$，减碳量占优化前规划方案中 14 号地块碳排放的 3.58%。在建成环境要素方面，优化后规划方案中 14-1 号、14-2 号、14-3 号地块的总建筑面积与总用地面积分别减少了 36 250.96 m^2 与 79 387.17 m^2，分别占优化前规划方案中14号地块建筑面积与用地面积的9.48%与22.22%；优化后规划方案中14-1号、14-2号、14-3号地块的平均建筑层数升高了0.077，占优化前规划方案中14号地块建筑层数的2.10%。这也与第4章的分析结论较为一致。具体优化前规划方案中14号地块与优化后规划方案中14-1号、14-2号、14-3号地块的碳排放与各项建成环境要素数值的变化情况及占比详见表6-9和图6-13。

表6-9 长兴县太湖新城片区控规及城市设计方案中14号工业仓储用地地块优化减碳量比较

用地类型	优化前规划方案	优化后规划方案			变化情况	变化占比/%
	14号地块	14-1号地块	14-2号地块	14-3号地块		
碳排放/kgCO$_2$	11 562 407.56	2 708 079.10	3 328 740.91	5 111 190.48	414 397.07	3.58
建筑面积/m^2	382 339.64	86 882.25	87 221.33	171 985.10	36 250.96	9.48
企业门类	3.00	3.00	3.00	3.00	0.00	0.00
用地面积/m^2	357 245.58	117 606.40	90 222.90	70 029.11	79 387.17	22.22
建筑层数/层	3.67	3.74	3.69	3.81	−0.077	−2.10

注："−"代表增加。

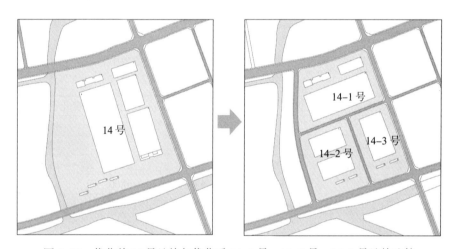

图6-13 优化前14号地块与优化后14-1号、14-2号、14-3号地块比较

3）典型高碳排放公共用地地块优化的减碳效益分析

84号地块位于规划方案的中间位置，用地性质为商务用地，地块东南侧紧邻长兴高铁站，规划以点式、条式结合的办公建筑为主，同时配套低层商业。本书在现状规划方案的基础上，根据第6.3.2节总结归纳的建成环境要素低碳优化建议，对84号地块商务用地的建成环境要素进行低碳优化，具体采用的低碳优化策略包括以下几点：

（1）减少部分办公建筑的建筑层数，如将8层的条式办公建筑减少为6层，同时将长条形的建筑"打散"为点式建筑，并去掉局部零散的小体量配套商业建筑，而且还可以增加开敞空间，增加地块的通风效果。

（2）由于优化前规划方案的人口密度为955.08人/km^2，小于5 884

人/km², 因此通过适当减少人均办公建筑面积等方法来增加人口密度。

（3）规整建筑外形，通过减少建筑层数的方式来增加建筑体形系数。

根据构建的规划方案碳排放数据库，得到优化前规划方案中84号地块的碳排放与各项建成环境要素数值，以及优化后规划方案中84地块的碳排放与各项建成环境要素数值。通过对比可知，优化后规划方案中84地块的碳排放与优化前规划方案中84号地块的碳排放相比，减少了267 783.77 $kgCO_2$，减碳量占优化前规划方案中84号地块碳排放的8.03%。在建成环境要素方面，优化后规划方案中84地块的总建筑面积减少了7 517.02 m²，占优化前规划方案中84号地块建筑面积的7.88%；优化后规划方案中84地块的人口密度增加了239.45人/km²，占优化前规划方案中84号地块人口密度的25.07%；优化后规划方案中84号地块的建筑层数减少了0.28层，占优化前规划方案中84号地块建筑层数的3.90%；优化后规划方案中84号地块的建筑体形系数升高了0.01，占优化前规划方案中84号地块建筑体形系数的5.26%。这与第4章的分析结论基本一致。具体优化前规划方案中84号地块与优化后规划方案中84号地块的碳排放与各项建成环境要素数值的变化情况及占比详见表6-10和图6-14。

表6-10　长兴县太湖新城片区控规及城市设计方案中84号
公共用地地块优化减碳量比较

用地类型	优化前规划方案	优化后规划方案	变化情况	变化占比/%
碳排放/$kgCO_2$	3 336 117.22	3 068 333.45	267 783.77	8.03
建筑面积/m²	95 451.39	87 934.37	7 517.02	7.88
人口密度/(人·km⁻²)	955.08	1 194.53	-239.45	-25.07
用地建设时间	6.00	6.00	0.00	0.00
用地面积/m²	35 090.92	35 090.92	0.00	0.00
建筑层数/层	7.18	6.90	0.28	3.90
建筑体形系数	0.19	0.20	-0.01	-5.26

注："-"代表增加。

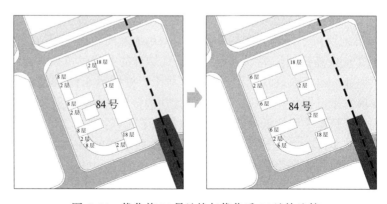

图6-14　优化前84号地块与优化后84地块比较

6.5 本章小结

本章选择长兴县太湖新城片区控规及城市设计方案作为实例,对城镇建设用地碳排放预测方法展开规划应用研究,进一步明确了该方法在规划实践中发挥减碳作用的路径。首先,本章提出城镇建设用地碳排放预测方法规划应用的思路与流程,并提炼为三个关键步骤:(1)规划方案碳排放预测;(2)规划方案低碳优化;(3)规划方案低碳优化后再预测及减碳效益分析。其次,本章通过对长兴县太湖新城片区控规及城市设计方案中建成环境要素进行计量,建立规划方案碳排放数据库,基于第 5 章构建的城镇建设用地碳排放预测方法,对规划方案的碳排放进行预测,预测后得到了规划方案中不同类型建设用地的碳排放。通过预测可知,规划方案整体碳排放为 217 488 409.72 $kgCO_2$,其中规划方案中碳排放最高的建设用地类型是商业用地,为 55 473 830.60 $kgCO_2$,占规划方案碳排量总量的 25.51%,其他依次为工业仓储用地(21.72%)、$\geqslant$7 层居住用地(16.65%)、商务用地(12.71%)、4—6 层居住用地(7.76%)、1—3 层居住用地(5.36%)、其他类型用地(3.82%)、旅馆用地(2.57%)、医疗用地(1.83%)、科教用地(1.71%)、文体用地(0.26%)、行政办公用地(0.10%)。通过预测,进一步明确了规划方案中碳排放的空间分布以及碳排放的重点区域。再次,结合前文建成环境与城镇建设用地碳排放关系研究的主要结论,从降低规划方案碳排放的角度,对规划方案中不同类型的高碳排放用地上的密度、功能和形态三类建成环境要素提出具体的低碳优化方法。最后,对优化后的规划方案进行再预测,得到优化后规划方案中不同类型建设用地的碳排放,并通过与优化前规划方案碳排放进行比较,分析减碳效益。通过比较可知,优化后规划方案碳排放为 183 547 901.75 $kgCO_2$,总减碳量为 33 940 507.97 $kgCO_2$,总减碳量占优化前规划方案碳排放的 15.61%。整体而言,对规划方案中建成环境要素的优化调整,能够有效降低规划方案的碳排放。

7 结论与展望

城镇建设用地不仅是我们生活、工作、休憩的空间载体，而且是碳排放的主要载体。本书通过建立城镇建设用地碳排放数据库，明确城镇不同类型建设用地碳排放的核算方法，并在此基础上分析建成环境与城镇建设用地碳排放之间的关系，从而建立了建成环境视角下城镇建设用地碳排放预测方法，并以浙江省长兴县太湖新城片区控规及城市设计方案为例进行实证应用研究，进一步明确了方法在规划实践中发挥作用的路径。研究结果不仅拓展了碳排放与土地利用研究的领域，明确了跨学科融合的低碳空间规划领域前沿探索方向，而且丰富了低碳空间规划研究的方法论体系，增强了空间规划的科学性，并为城镇建设用地的低碳优化与空间规划方案的科学定量预测提供了技术方法支撑与实践指导。

7.1 主要结论

（1）建立了建成环境视角下城镇建设用地碳排放预测的分析框架。通过对城镇建设用地碳排放、建筑能耗及建成环境的概念内涵进行界定，提出了基于建筑能耗的城镇建设用地碳排放的研究内涵，以及影响城镇建设用地碳排放的建成环境要素，具体包括密度要素、功能要素和形态要素三大类，其中密度要素包括建筑面积、建筑密度、人口密度3个要素，功能要素包括用地性质、用地混合度、用地建设时间、用地面积4个要素，形态要素包括建筑层数、建筑体形系数、建筑长宽比和建筑朝向4个要素，共计11个建成环境要素。在此基础上，分析建成环境对城镇建设用地碳排放的综合作用机制，得出如下结论：密度、功能和形态三类建成环境要素主要从城镇建设用地上的能耗需求、微气候环境、建筑本体特征以及建筑使用者的用能活动内容、强度等方面对建筑能耗产生影响，从而影响城镇建设用地碳排放，并间接反作用于建成环境。

（2）提出了基于地理信息系统软件ArcGIS的城镇建设用地碳排放数据库构建方法。基于实地调查和会议访谈调查，获取了长兴县中心城区2018年不同性质建设用地地块上的年用电能耗、建筑、用地、企业和人口等数据。基于地理信息系统软件ArcGIS 10.2，提出了城镇建设用地碳排放数据库构建方法，通过总体结构设计、数据信息录入、城镇建设用地碳排放及建成环境要素计量三个步骤，构建了城镇建设用地碳排放数据库。该数据库具体包括293个分层随机抽样选取的不同性质建设用地样本地块的碳排放数据，以及全部933个不同性质建设用地地块的建成环境数据，其中在293个样本地块中，居住用地为106个样本，占中心城区居住用地数量的25.92%，工业仓储用地为74个样本，占中心城区工业仓储用地数量的40.66%；公共用地为113个样本，占中心城区公共用地数量的33.04%。

（3）基于调研收集的长兴县中心城区不同性质建设用地样本地块的碳排放数据及建成环境数据，通过统计产品与服务解决方案软件SPSS 22.0平台，确定了与城镇不同类型建设用地碳排放具有显著相关的建成环境要素，以及相互之间的定量影响关系。结果表明：① 居住用地碳排放与建筑面积、建筑密度、人口密度、用地性质、用地混合度、用地建设时间、用地面积、建筑层数、建筑体形系数、建筑长宽比、建筑朝向11个建成环境要素的相互关系分别在0.01或0.05水平上呈现显著相关；工业仓储用地碳排放与建筑面积、行业门类、用地面积、建筑层数4个建成环境要素的相互关系分别在0.01或0.05水平上呈现显著相关；公共用地碳排放与建筑面积、人口密度、用地性质、用地建设时间、用地面积、建筑层数、建筑体形系数7个建成环境要素的相互关系分别在0.01或0.05水平上呈现显著相关。② 在密度要素中，建筑面积与居住用地、工业仓储用地和公共用地碳排放之间呈现正向的一元线性回归关系；建筑密度与城镇住宅用地碳排放之间呈现倒U形的二次多项式回归关系，并且当建筑密度为0.22时，城镇住宅用地碳排放最大；人口密度与居住用地碳排放之间呈现倒U形的二次多项式回归关系，而与公共用地碳排放之间呈现正U形的二次多项式回归关系，并且当人口密度为6 634人/km^{2}时，居住用地碳排放最高，当人口密度为5 884人/km^{2}时，公共用地碳排放最低。③ 在功能要素中，从不同用地性质的碳排放均值来看，工业仓储用地的碳排放均值最大，其次为居住用地，公共用地的碳排放均值最小，而从单位用地面积碳排放强度均值来看，工业仓储用地的单位用地面积碳排放强度均值最高，其次为公共用地，居住用地的单位用地面积碳排放强度均值最低。用地混合度与居住用地碳排放之间大致呈现升高—降低—升高的S形变化趋势。用地建设时间与居住用地碳排放之间呈现倒U形的二次多项式回归关系，并且当用地建设时间在2005—2009年时，居住用地碳排放均值最大；用地建设时间与公共用地碳排放呈现正向的一元线性回归关系。用地面积与居住用地、工业仓储用地和公共用地碳排放之间呈现正向的一元线性回归关系。④ 在形态要素中，建筑层数与居住用地碳排放之间呈现倒U形的二次多项式回归关系，并且当建筑层数为10层时，居住用地碳排放最大；建筑层数与工业仓储用地碳排放呈现负向的一元线性回归关系；建筑层数与公共用地碳排放则呈现正向的一元线性回归关系。建筑体形系数与居住用地和公共用地碳排放均呈现负向的一元线性回归关系。建筑长宽比与居住用地碳排放呈现正向的一元线性回归关系。建筑朝向与居住用地碳排放呈现负向的一元线性回归关系。

（4）基于调研收集的长兴县中心城区不同性质建设用地样本地块的碳排放数据及建成环境数据，运用矩阵实验室 MATLAB 2017a 平台，通过样本数据分类、数据预处理、BP 神经网络结构及相关参数确定、预测结果验证四个步骤建立了基于建成环境的城镇建设用地碳排放的 BP 神经网络预测方法。经过将预测值与真实值进行比较后发现：① 居住用地总体的碳排放预测值与真实值的误差率为 12.65%，其中 1—3 层城镇住宅用地、4—6 层城镇住宅用地、≥7 层城镇住宅用地碳排放预测值与真实值的误差率分别为 11.72%、11.38%、14.84%。② 工业仓储用地总体的碳排放预测值与真实值的误差率为 13.80%，其中高碳排放工业仓储用地、中碳排放工业仓储用地、低碳排放工业仓储用地碳排放预测值与真实值的误差率分别为 17.94%、13.68%、9.77%。③ 公共用地总体的碳排放预测值与真实值的误差率为 15.73%，其中商务用地、医疗用地、商业用地、科教用地、行政办公用地碳排放预测值与真实值的误差率分别为 7.45%、14.22%、19.68%、18.10%、19.21%。通过比较可知，BP 神经网络方法预测结果的准确率整体高于多元线性回归的预测结果，其中基于 BP 神经网络方法的居住用地、工业仓储用地和公共用地碳排放预测结果与真实值的平均误差率分别为 12.65%、13.80% 和 15.73%，而基于多元线性回归的居住用地、工业仓储用地和公共用地碳排放预测结果与真实值的平均误差率分别为 41.99%、60.95% 和 31.80%。基于预测结果，从三个方面对长兴县中心城区尺度的建设用地碳排放预测结果进行分析讨论，得到城镇不同类型建设用地碳排放的数值特征、空间分布规律，进而划定碳排放强度分区。

（5）提出城镇建设用地碳排放预测方法规划应用的思路与流程，并以长兴县太湖新城片区控规及城市设计方案为例，对城镇建设用地碳排放预测方法展开规划应用研究。从降低规划方案碳排放的角度出发，综合确定规划方案中不同类型建设用地上高碳排放地块的具体建成环境要素低碳优化的方向、重点及力度，并对优化后的规划方案再一次进行预测，通过对优化前与优化后规划方案的碳排放进行比较，评估空间规划方案的低碳优化对城镇建设用地碳排放的减碳效益，进一步明确了方法在规划实践中发挥作用的路径。① 优化前规划方案整体碳排放为 217 488 409.72 $kgCO_2$，其中规划方案中碳排放最高的建设用地类型是商业用地，为 55 473 830.60 $kgCO_2$，占规划方案碳排放总量的 25.51%，其他依次为工业仓储用地（21.72%）、≥7 层居住用地（16.65%）、商务用地（12.71%）、4—6 层居住用地（7.76%）、1—3 层居住用地（5.36%）、其他类型用地（3.82%）、旅馆用地（2.57%）、医疗用地（1.83%）、科教用地（1.71%）、文体用地（0.26%）、行政办公用地（0.10%）。② 优化后规划方案整体碳排放为 183 547 901.75 $kgCO_2$，其中碳排放最高的建设用地类型是工业仓储用地，为 43 817 852.70 kgCO$_2$，占规划方案碳排放总量的 23.87%，其次为≥7 层居住用地，碳排放为 35 557 369.84 kgCO$_2$，占规划方案碳排放总量的 19.37%，其他依次为商业用地（17.43%）、商务用地（12.40%）、4—6 层居住用地（8.61%）、1—3 层居住用地（5.65%）、科教用地（5.32%）、其他类型用地（4.53%）、医疗用地（2.17%）、文体用地（0.30%）、旅馆用地（0.23%）、行政办公用地（0.12%）。③ 对优化前与优化后规划方案的碳排放进行比较发现，优化后规划方案总减碳量为 33 940 507.97 kgCO$_2$，总减碳量占优化前规划方案碳排放的 15.61%。其中，优化后 1—3 层居住用地减碳量为 1 292 218.71 kgCO$_2$，占优化前规划方案碳排放的 0.59%；优化后 4—6 层居住用地减碳量为 1 081 832.80 kgCO$_2$，占优化前规划方案碳排放的 0.50%；优化后≥7 层居住用地减碳量为 657 723.70 kgCO$_2$，占优化前规划方案碳排放的 0.30%；优化后工业仓储用地减碳量为 3 413 833.05 kgCO$_2$，占优化前规划方案碳排放的 1.57%；优化后商务用地减碳量为 4 892 258.49 kgCO$_2$，占优化前规划方案碳排放的 2.25%；优化后商业用地减碳量为 23 487 326.52 kgCO$_2$，占优化前规划方案碳排放的 10.80%；优化后旅馆用地减碳量为 5 165 177.50 kgCO$_2$，占优化前规划方案碳排放的 2.37%。整体而言，对规划方案中建成环境要素的优化调整，能够有效降低规划方案的碳排放。

7.2 研究创新点

（1）以建筑能耗为切入点，提出了更加精细计算和分析城镇内部不同类型建设用地地块碳排放差异性的研究视角，为从城乡规划学科开展城镇尺度的建设用地的低碳优化与空间规划方案的科学定量预测提供了有效的技术方法支撑与实践指导。

虽然国内外学者对于城镇建设用地碳排放的计量研究开展了长时间、多方面的探讨，但是既有的计量方法对于城镇尺度以地块为基本单元的不同类型建设用地碳排放的计量适用性较差。一方面，无法深入研究城镇不同类型建设用地的碳排放计量，难以区分商业用地、商务用地、行政办公用地等的碳排放差异；另一方面，没有考虑城镇建设用地内部土地利用强度的差异对碳排放的影响，缺乏在地块单元上对城镇尺度不同类型建设用地碳排放计量的矢量研究，难以适应城镇建设用地上错综复杂的地块划分与建筑空间分布情况。相比之下，本书以城镇建设用地地块为研究对象，基于建筑能耗，系统分析城镇不同类型建设用地碳排放，并提出城镇不同类型建设用地碳排放的计量方法，相比其他研究具有一定的创新性，同时也是理解建成环境对城镇建设用地碳排放的综合作用机制，以及提出基于地理信息系统软件 ArcGIS 的城镇建设用地碳排放数据库构建方法的关键。

（2）从密度、功能和形态三个方面提出影响城镇建设用地碳排放的建成环境要素，并进一步揭示了建成环境对城镇建设用地碳排放的综合作用机制及相互之间的定量关系。

目前国内外学者关于建筑密度、用地面积、建筑层数等建成环境要素与城镇建设用地碳排放关系的研究尚存在争议，没有统一的定论，并且侧重于形态更为统一的居住用地，对于建成环境与工业仓储用地及公共用地碳排放之间的关系研究有所欠缺。本书将建成环境与城镇不同类型建设用地碳排放联系起来，从密度、功能、形态三个方面提出了影响城镇不同类型建设用地碳排放的11个建成环境要素，建立建成环境对城镇建设用地碳排放的综合作用机制，并以长兴县中心城区为例，通过统计分析方法，揭示了不同建成环境要素与城镇建设用地碳排放之间的相关性、趋势及阈值等定量关系，既可以在一定程度上补充并完善既有中微观尺度空间规划的控制指标体系，使得低碳空间规划方案对于碳排放的控制更加具有针对性，又可以为建立城镇建设用地碳排放预测方法以及提出城镇建设用地建成环境的低碳优化建议提供依据，从而为相关研究提供新的思路与可借鉴的方法。

（3）应用BP神经网络，建立基于建成环境的城镇建设用地碳排放预测方法，并通过提出城镇建设用地碳排放预测方法在规划实践中发挥减碳作用的具体路径，进一步明确了方法的规划应用情景。

目前，BP神经网络方法在建筑能耗预测中的应用大多针对单体建筑或单一类型建筑，而对城镇尺度的建设用地碳排放预测研究无论是从技术方法上还是模拟软件上都相对匮乏。基于此，本书提出将BP神经网络方法应用于建成环境视角下城镇建设用地碳排放预测中，作为一种应用创新，建立了基于建成环境的城镇建设用地碳排放的BP神经网络预测方法，在一定程度上弥补了既有研究的不足，并通过将建立的城镇建设用地碳排放预测方法应用于长兴县太湖新城片区控规及城市设计方案，明确了方法的应用情景，以及在规划实践中发挥作用的方式，通过对优化后的规划方案再一次进行预测，与优化前规划方案碳排放预测结果进行比较，评估空间规划方案的低碳优化对城镇建设用地碳排放的减碳效益，为低碳空间规划的量化模拟与减碳策略的制定提供更加科学的指导。

7.3 不足与展望

7.3.1 研究不足

城镇建设用地碳排放预测研究非常复杂，涉及多学科的交叉研究，本书虽然做了一些分析和研究，但还存在一些不足和遗憾，下一阶段将进行以下方面的研究：

1）城镇建设用地碳排放的计量内容需要更加全面

在本书中，城镇建设用地碳排放主要是指建设用地上所承载的静态建筑能耗碳排放，通过用地上的用电量进行表征，而受限于相关数据的可获得性及有效性，工业仓储用地碳排放则主要是指用地上所承载的企业能耗碳排放。但根据既有研究可知，城镇建设用地上碳排放的来源还同时包括居民用气、废弃物处理等产生的静态碳排放，虽然占比较小，但也会在一定程度上影响研究的精度。此外，由于交通能耗碳排放主要分布在城镇道路用地上，在其他不同类型建设用地上的交通出行碳排放占比较小，加上交通能耗碳排放主要受到城镇尺度的空间结构、功能分区、空间布局及居民出行行为等因素的影响，与地块尺度的建成环境要素关系较弱，因此本书没有对城镇建设用地上所承载的动态交通能耗碳排放进行计量考虑，也未将其纳入预测和优化建议的考虑范畴。在后续的研究中会考虑通过建立更加全面的城镇不同类型建设用地碳排放计量方法和系统的数据收集方式，进一步提高研究的精度及科学性。

2）增加对人的社会经济属性等因素的考虑

对建筑面积、建筑密度、建筑层数、体形系数等建成环境要素与城镇建设用地碳排放的关系研究固然重要，但是用地上建筑内所承载的人的社会经济属性及其用能行为活动因素的影响也很重要，比如人员密度、使用者对设备的使用习惯、生活行为等对城镇建设用地碳排放的影响机理及程度如何，还需要结合居民家庭、企业等进行实地调研，全面分析影响城镇建设用地碳排放的因素，从而支持和引导更加综合的低碳空间规划的编制。

3）样本数据的数量需要进一步增加

样本数据的数量是影响 BP 神经网络方法预测精度的重要因素之一。在本书中，不同类型调研样本的数量共计 293 个，属于小样本预测问题，而且分类后不同类型调研样本的数量之间差别较大，如 1—3 层城镇住宅用地的样本数量为 9 个、4—6 层城镇住宅用地的样本数量为 44 个、商务用地及旅馆用地的样本数量都不足 9 个等，虽然通过剔除样本数量少于 9 个的建设用地类型后，其他建设用地类型碳排放预测经过多次训练，最终误差稳定在 10%—20%，但是无法进一步降低预测误差，后续将会进一步克服相关能耗数据可获得性差的限制问题，通过收集更多的样本数据来加强训练，进一步提高预测的精度。

4）缺乏对建成环境与城镇建设用地碳排放关系研究的横向与纵向对比

本书中数据资料的来源涉及面较广，不仅收集了土地利用数据、建筑数据、相关规划数据等，而且收集了用地上的用电能耗数据、人口数据、企业产值数据等，其中用地上用电能耗数据的收集与整理工作量大且较困难。因此，本书虽然获取了长兴县中心城区不同类型样本用地的年用电截面数据，开展了建成环境对城镇建设用地碳排放的关系研究，并在此基础上建立了城镇建设用地碳排放预测方法，获得了一些非常有价值的研究结果。但是与其他数据相比，用电能耗数据的时间序列还需要延长，通过对增加的多年的面板数据的变化规律进行分析，提高建成环境与城镇建设用地碳排放的关系分析结果的稳健性。此外，随着我国城镇相关数据环境条件的不断完善，以及大数据采集技术的发展，研究还需要进一步延伸，通过对比不同地域和不同发展阶段的城镇建设用地碳排放与建成环境的关系，促进城镇建设用地碳排放领域相关研究的深入开展。

7.3.2 研究展望

在新数据环境下，关于城镇建设用地碳排放预测的相关研究会进一步增加，同时也会有许多新技术新方法出现，加上人工智能正在迅速发展，在该领域开发的许多新的和更强大的技术给城镇建设用地碳排放预测的相关研究带来升级或突破。希望本书中提出的方法和一些观点能对日后的研究起到一定的启发与铺垫作用。

目前，创立低碳空间规划编制、优化、评审的基础、依据和标准，既缺乏成熟的理论体系和实践方法的有力支撑，又缺乏健全的编制体系和完善的制度保障。比如如何将本书中提出的建成环境要素纳入控规法定的指标管控体系，并建立具有可操作性的弹性与刚性结合的实施机制，以指导后续地块的开发建设等，都还需要进一步深入研究，希望可以与志同道合的学者一起努力。

附录

附录1 附图（不同类型调研样本分布）

附录图1-1 村庄住宅用地调研样本分布

附录图1-2 城镇住宅用地调研样本分布

附录图 1-3　工业仓储用地调研样本分布

附录图 1-4　行政办公用地调研样本分布

附录图 1-5　科教用地调研样本分布

附录图 1-6　旅馆用地调研样本分布

附录图 1-7　其他类型用地调研样本分布

附录图 1-8　商务用地调研样本分布

附录图1-9　商业用地调研样本分布

附录图1-10　文体用地调研样本分布

附录图 1-11 医疗用地调研样本分布

附录 2 附表（正态性检验、共线性检验及碳排放预测结果误差）

附录表 2-1 研究区域内不同类型调研样本上的建成环境要素与碳排放的正态性检验

类别	柯尔莫可洛夫—斯米洛夫（Kolmogorov-Smirnov）[a]检验			夏皮罗—威尔克（Shapiro-Wilk）检验		
	统计量	df	Sig.	统计量	df	Sig.
用地碳排放	0.427	293	0.000	0.143	293	0.000
用地性质	0.297	293	0.000	0.831	293	0.000
用地面积	0.182	293	0.000	0.764	293	0.000
建筑长宽比	0.079	293	0.000	0.947	293	0.000
建筑体形系数	0.086	293	0.000	0.959	293	0.000
建筑面积	0.187	293	0.000	0.764	293	0.000
建筑密度	0.058	293	0.020	0.964	293	0.000
建筑层数	0.236	293	0.000	0.638	293	0.000
用地建设时间	0.179	293	0.000	0.897	293	0.000
用地混合度	0.442	293	0.000	0.357	293	0.000
人口密度	0.273	293	0.000	0.599	293	0.000
建筑朝向	0.054	293	0.039	0.978	293	0.000

注：a 表示里尔福斯（Lilliefors）显著水平修正。df 表示自由度；Sig. 表示显著性。

附录表 2-2 研究区域内 1—3 层城镇住宅用地调研样本的碳排放预测结果误差表

测试样本编号	预测值 / $kgCO_2$	真实值 / $kgCO_2$	误差率
1	317 108.7	257 146.2	0.233 185
2	1 489 275.0	1 901 969.0	-0.216 983
3	641 522.8	617 293.6	0.039 251
4	980 972.8	949 413.8	0.033 241
5	851 964.4	909 454.3	-0.063 214

附录表 2-3 研究区域内 4—6 层城镇住宅用地调研样本的碳排放预测结果误差表

测试样本编号	预测值 / $kgCO_2$	真实值 / $kgCO_2$	误差率	测试样本编号	预测值 / $kgCO_2$	真实值 / $kgCO_2$	误差率
1	228 684.82	195 849.15	0.167 66	6	2 648 489.41	2 637 652.83	0.004 11
2	1 274 035.53	1 279 525.67	-0.004 29	7	1 599 177.51	1 216 879.07	0.314 16
3	1 654 980.86	1 564 849.17	0.057 60	8	4 396 854.69	6 561 960.68	-0.329 95
4	1 377 801.95	1 206 217.51	0.142 25	9	1 958 324.86	1 964 601.53	-0.003 19
5	4 203 802.37	4 200 860.74	0.000 70	—	—	—	—

附录表 2-4　研究区域内≥7 层城镇住宅用地调研样本的碳排放预测结果误差表

测试样本编号	预测值 / $kgCO_2$	真实值 / $kgCO_2$	误差率	测试样本编号	预测值 / $kgCO_2$	真实值 / $kgCO_2$	误差率
1	8 646 801.14	10 544 342.31	−0.180 0	5	84 280.01	71 460.49	0.179 4
2	2 049 896.78	1 943 886.74	0.054 5	6	3 317 758.63	3 118 616.40	0.063 9
3	884 342.76	934 530.93	−0.053 7	7	6 096 954.85	7 852 951.45	−0.223 6
4	1 593 590.17	1 241 213.39	0.283 9	—	—	—	—

附录表 2-5　研究区域内高碳排放工业仓储用地调研样本的碳排放预测结果误差表

测试样本编号	预测值 / $kgCO_2$	真实值 / $kgCO_2$	误差率
1	1 021 824.18	951 599.95	0.073 8
2	8 116 422.21	12 579 763.38	−0.354 8
3	765 010 410.35	859 189 447.61	−0.109 6

附录表 2-6　研究区域内中碳排放工业仓储用地调研样本的碳排放预测结果误差表

测试样本编号	预测值 / $kgCO_2$	真实值 / $kgCO_2$	误差率	测试样本编号	预测值 / $kgCO_2$	真实值 / $kgCO_2$	误差率
1	1 860 024.10	1 742 445.25	0.067 5	6	7 240 494.04	6 809 981.76	0.063 2
2	2 174 479.75	1 960 676.26	0.109 0	7	3 197 564.55	3 002 032.15	0.065 1
3	9 801 049.21	9 193 433.16	0.066 1	8	22 887 466.40	27 896 171.08	−0.179 5
4	7 907 324.19	5 639 466.35	0.402 1	9	41 144 466.31	57 996 893.11	−0.290 6
5	9 922 346.56	10 589 780.60	−0.063 0	10	237 576 444.21	253 253 114.72	−0.061 9

附录表 2-7　研究区域内低碳排放工业仓储用地调研样本的碳排放预测结果误差表

测试样本编号	预测值 / $kgCO_2$	真实值 / $kgCO_2$	误差率
1	4 615 358.02	3 993 984.85	0.155 6
2	3 772 317.15	3 549 438.57	0.062 8
3	12 661 798.17	11 781 016.23	0.074 8

附录表 2-8　研究区域内商务用地调研样本的碳排放预测结果误差表

测试样本编号	预测值 / $kgCO_2$	真实值 / $kgCO_2$	误差率
1	78 810.38	68 830.35	0.144 995
2	357 253.20	345 276.20	0.034 688
3	1 039 240.00	1 086 748.00	−0.043 720

附录表 2-9　研究区域内医疗用地调研样本的碳排放预测结果误差表

测试样本编号	预测值 / $kgCO_2$	真实值 / $kgCO_2$	误差率
1	36 720.850	28 299.520	0.297 60
2	100 538.900	104 872.440	−0.041 32
3	293 754.600	293 138.360	0.002 10
4	7 538 245.345	8 243 206.792	−0.085 52

附录表 2-10　研究区域内商业用地调研样本的碳排放预测结果误差表

测试样本编号	预测值 / $kgCO_2$	真实值 / $kgCO_2$	误差率	测试样本编号	预测值 / $kgCO_2$	真实值 / $kgCO_2$	误差率
1	253 292.44	253 216.47	0.000 3	4	322 287.73	317 934.29	0.013 7
2	44 511.37	21 848.99	1.037 2	5	879 580.18	853 328.62	0.030 8
3	1 219 803.09	1 252 810.52	−0.026 3	6	1 506 500.55	1 404 511.34	0.072 6

附录表 2-11　研究区域内科教用地调研样本的碳排放预测结果误差表

测试样本编号	预测值 / $kgCO_2$	真实值 / $kgCO_2$	误差率	测试样本编号	预测值 / $kgCO_2$	真实值 / $kgCO_2$	误差率
1	47 486.46	33 083.83	0.435 3	5	366 920.32	384 808.08	−0.046 5
2	104 704.77	101 397.12	0.032 6	6	806 129.76	1 147 045.43	−0.297 2
3	152 741.16	157 518.79	−0.030 3	7	1 265 274.94	1 842 437.53	−0.313 3
4	243 677.28	219 191.27	0.111 7	—	—	—	—

附录表 2-12　研究区域内行政办公用地调研样本的碳排放预测结果误差表

测试样本编号	预测值 / $kgCO_2$	真实值 / $kgCO_2$	误差率	测试样本编号	预测值 / $kgCO_2$	真实值 / $kgCO_2$	误差率
1	120 716.49	120 909.79	−0.001 6	4	477 586.23	488 356.04	−0.022 1
2	160 107.38	165 760.62	−0.034 1	5	159 276.98	118 113.35	0.348 5
3	49 350.34	32 373.65	0.524 4	6	1 418 768.78	1 823 010.84	−0.221 7

附录3 数据（调研样本的碳排放及建成环境要素）

用地编号	总碳排放/kgCO₂	单位用地面积碳排放/(kgCO₂·m⁻²·a⁻¹)	建筑面积/m²	建筑密度	人口密度/(人·km⁻²)	用地性质	用地混合度	用地建设时间	用地面积/m²	建筑层数/层	建筑体形系数	建筑长宽比	建筑朝向
1	1 011 600.751 2	17.539 5	31 744.614 060	0.224 6	4 233.000 0	1	0.000 0	5	57 675.477 2	2.450 40	0.558 6	1.403 7	0.292 0
2	431 433.445 6	1.907 4	169 910.485 200	0.306 3	1 159.000 0	1	0.000 0	1	226 186.717 7	2.452 20	0.553 3	1.138 7	0.266 2
28	295 569.598 8	2.482 2	22 538.382 100	0.109 3	441.000 0	1	0.000 0	1	119 076.059 5	1.731 70	0.637 7	1.591 7	0.307 1
50	790 496.382 4	17.348 0	42 054.399 700	0.232 1	632.000 0	1	0.000 0	4	45 567.032 7	3.976 40	0.485 4	1.080 4	0.259 7
52	138 817.774 1	5.518 7	7 461.022 418	0.165 6	518.000 0	1	0.000 0	1	25 153.965 3	1.791 20	0.676 2	1.452 7	0.296 1
75	58 103 762.856 0	3 527.282 8	4 622.878 212	0.215 9	940.000 0	3	0.000 0	1	16 472.669 1	1.300 10	0.664 9	1.262 3	0.279 0
113	420 080.791 0	4.671 3	42 639.331 930	0.216 3	881.000 0	1	0.000 0	3	89 927.678 1	2.192 10	0.594 0	1.119 0	0.264 0
128	55 741.564 9	1.780 1	18 999.976 800	0.276 6	826.000 0	1	0.000 0	1	31 313.694 4	2.193 70	0.581 7	1.283 6	0.281 0
143	421 599.131 2	2.830 8	28 775.342 880	0.112 9	0.000 0	1	0.000 0	1	148 931.965 8	1.711 20	0.590 2	1.825 3	0.323 0
146	437 268.347 3	30.432 9	15 339.243 950	0.344 2	5 861.000 0	2	0.000 0	3	14 368.254 7	3.102 00	0.461 7	1.306 9	0.283 3
148	932 330.687 2	5.792 5	71 119.249 880	0.180 1	800.000 0	1	0.000 0	1	160 953.827 9	2.453 70	0.559 7	1.508 5	0.300 7
165	796 968.341 3	7.935 8	38 604.225 910	0.189 1	959.000 0	1	0.000 0	1	100 427.268 9	2.032 70	0.570 2	1.603 2	0.307 9
168	506 222.515 9	8.959 5	34 668.487 960	0.283 7	959.000 0	1	0.000 0	1	56 501.005 9	2.162 50	0.589 6	1.385 2	0.290 4
169	897 761.494 9	9.709 0	61 482.906 100	0.298 6	959.000 0	1	0.000 0	1	92 466.879 2	2.226 40	0.568 4	1.367 1	0.288 8
170	127 194.285 2	1.761 1	8 710.855 547	0.063 5	800.000 0	1	0.000 0	1	72 222.980 3	1.899 20	0.542 5	1.194 4	0.272 1
171	363 263.912 2	16.226 8	13 156.159 520	0.305 1	826.000 0	1	0.000 0	1	22 386.675 2	1.926 30	0.629 3	1.317 1	0.284 2
176	1 181 157.314 2	11.793 4	62 837.555 510	0.252 9	632.000 0	1	0.000 0	3	100 154.512 5	2.481 10	0.540 1	1.194 2	0.272 1
186	327 506.588 8	4.677 1	34 405.925 770	0.257 1	813.000 0	1	0.000 0	1	70 023.677 6	1.905 20	0.604 7	1.504 5	0.300 4
188	57 154.343 7	2.933 8	9 062.292 316	0.257 7	826.000 0	1	0.000 0	1	19 481.540 3	1.809 30	0.570 7	1.481 5	0.298 5
196	1 000 912.995 2	13.650 1	62 425.576 830	0.370 3	1 438.000 0	1	0.000 0	1	73 326.398 2	2.299 20	0.575 7	1.770 2	0.319 5
200	1 042 722.047 4	13.173 0	54 382.267 290	0.353 3	3 286.000 0	1	0.000 0	1	79 155.933 6	1.944 60	0.658 3	1.262 4	0.279 0
201	481 031.739 8	5.203 9	88 161.842 450	0.368 9	878.000 0	1	0.000 0	1	92 437.188 2	2.585 30	0.451 8	1.129 0	0.265 1
203	1 691 018.593 5	17.363 9	61 297.582 150	0.343 3	826.000 0	1	0.000 0	1	97 387.284 3	1.833 30	0.620 0	1.375 8	0.289 5

续表

用地编号	总碳排放/kgCO$_2$	单位用地面积碳排放/(kgCO$_2$·m^{-2}·a^{-1})	建筑面积/m^2	建筑密度	人口密度/(人·km^{-2})	用地性质	用地混合度	用地建设时间	用地面积/m^2	建筑层数/层	建筑体形系数	建筑长宽比	建筑朝向
204	439 478.020 8	6.822 8	15 930.596 500	0.166 1	826.000 0	1	0.000 0	1	64 413.258 9	1.488 60	0.662 5	1.533 3	0.302 6
219	163 285.996 8	4.349 7	12 051.637 640	0.172 8	800.000 0	1	0.000 0	1	37 539.937 0	1.857 60	0.590 6	1.743 8	0.317 8
222	636 477.644 3	8.319 6	25 385.598 230	0.165 6	940.000 0	1	0.000 0	1	76 503.316 5	2.003 50	0.638 5	1.311 8	0.283 7
227	618 794.798 8	3.963 0	61 343.462 390	0.232 8	779.000 0	1	0.000 0	1	156 142.619 7	1.687 60	0.642 6	1.808 6	0.322 0
233	7 267 299.983 7	218.546 4	9 781.925 506	0.260 3	707.000 0	3	0.000 0	4	33 252.895 0	1.130 00	0.384 6	1.846 9	0.324 4
245	12 579 846.664 0	805.689 9	3 037.025 867	0.110 8	11 613.000 0	3	0.000 0	6	15 613.757 5	1.755 60	0.543 5	2.230 9	0.345 2
253	30 341 473.230 3	216.233 0	28 854.033 960	0.205 6	750.000 0	3	0.000 0	5	140 318.444 1	1.000 00	0.349 2	0.975 1	0.246 8
255	20 618 801.472 7	45.741 8	317 877.050 800	0.221 3	664.000 0	3	0.000 0	3	450 764.516 3	3.186 40	0.176 0	1.539 5	0.303 1
264	191 246.749 0	14.037 9	2 420.976 653	0.177 7	940.000 0	3	0.000 0	3	13 623.573 2	1.000 00	0.475 8	0.877 2	0.233 3
269	346 446.097 7	7.325 3	14 619.169 750	0.148 1	889.000 0	11	0.000 0	4	47 294.778 7	2.086 60	0.339 4	0.875 4	0.233 4
270	8 095 113.794 3	143.273 9	5 898.573 904	0.104 4	813.000 0	11	0.000 0	5	56 500.972 8	1.000 00	0.309 9	0.998 4	0.249 8
273	59 507.751 0	4.233 5	8 182.403 481	0.336 6	5 861.000 0	11	0.000 0	1	14 056.329 4	1.729 30	0.468 7	2.289 1	0.348 0
282	540 970.193 3	12.277 5	35 355.491 930	0.109 3	3 271.000 0	2	0.112 9	6	44 062.060 0	7.338 30	0.311 5	1.829 3	0.323 3
283	10 544 467.548 1	28.664 2	393 677.479 600	0.164 5	4 917.000 0	2	0.017 9	4	367 862.160 4	6.506 90	0.360 8	1.958 4	0.331 0
288	135 848.178 8	12.055 9	14 374.265 620	0.246 8	2 651.000 0	2	0.132 0	5	16 244.977 7	3.585 90	0.415 6	2.591 9	0.360 8
290	1 607 827.796 2	26.115 8	61 245.324 250	0.232 3	2 651.000 0	2	0.102 5	5	61 565.439 0	4.282 20	0.372 9	1.585 9	0.306 6
292	1 152 123.707 2	18.375 7	132 038.345 200	0.155 4	498.000 0	2	0.000 0	6	62 698.110 0	13.554 40	0.288 6	1.717 7	0.316 0
294	503 733.765 4	37.440 3	17 583.008 350	0.397 1	5 861.000 0	2	0.000 0	3	13 454.315 4	3.291 30	0.509 6	1.612 0	0.308 6
297	257 133.754 1	18.671 9	9 549.495 357	0.390 6	5 861.000 0	2	0.000 0	1	13 771.132 8	1.775 20	0.517 7	1.690 9	0.314 2
300	3 303 499.935 7	46.775 1	96 389.012 990	0.312 5	4 233.000 0	2	0.136 7	4	70 625.121 0	4.367 50	0.362 9	1.435 9	0.294 7
303	3 039 221.477 8	25.935 3	148 410.997 100	0.225 1	3 271.000 0	2	0.020 6	5	117 184.736 9	5.626 50	0.338 0	1.626 5	0.309 6
308	1 279 577.404 7	15.195 0	62 542.454 110	0.195 4	2 252.000 0	2	0.000 0	5	84 213.604 7	3.801 80	0.327 5	1.531 8	0.302 5
309	586 300.286 2	10.051 6	49 078.511 840	0.239 6	2 252.000 0	2	0.099 6	6	68 278.008 7	3.000 00	0.437 8	1.408 8	0.292 4
313	1 156 870.069 1	26.857 6	81 498.271 850	0.175 8	1 010.000 0	2	0.000 0	6	43 074.259 0	10.759 50	0.292 7	1.316 2	0.284 1

续表

用地编号	总碳排放/kgCO₂	单位用地面积碳排放/(kgCO₂·m⁻²·a⁻¹)	建筑面积/m²	建筑密度	人口密度/(人·km⁻²)	用地性质	用地混合度	用地建设时间	用地面积/m²	建筑层数/层	建筑体形系数	建筑长宽比	建筑朝向
315	1 041 152.726 3	12.489 9	55 717.278 960	0.171 6	875.000 0	2	0.055 7	5	83 359.820 6	3.894 60	0.396 5	1.972 0	0.331 8
320	975 636.487 2	39.884 5	54 647.880 590	0.284 7	11 613.000 0	2	0.204 0	5	24 461.564 6	7.846 00	0.316 1	0.894 1	0.236 0
325	763 216.605 7	42.085 1	14 372.769 810	0.345 4	2 651.000 0	2	0.018 3	3	18 135.057 8	2.294 50	0.412 5	2.329 3	0.349 8
327	1 943 874.921 7	27.647 4	166 243.511 100	0.181 9	594.000 0	2	0.000 0	5	70 309.389 6	13.000 00	0.177 2	2.991 9	0.374 7
328	797 704.833 8	12.918 4	32 043.341 790	0.126 3	594.000 0	2	0.000 0	5	61 749.674 4	4.109 20	0.327 9	2.126 1	0.340 1
332	1 199 366.984 2	22.232 3	74 196.451 960	0.125 0	594.000 0	2	0.000 0	5	53 946.997 0	11.000 00	0.209 5	1.922 5	0.328 9
333	1 602 118.698 4	23.757 1	86 318.122 790	0.190 2	3 271.000 0	2	0.045 3	5	67 437.570 7	6.728 70	0.274 3	2.704 3	0.365 0
334	2 437 429.828 8	21.248 2	165 888.504 900	0.229 3	3 271.000 0	2	0.001 0	5	114 712.314 7	6.307 70	0.284 8	2.291 5	0.348 1
335	2 059 753.997 2	21.117 4	91 677.350 690	0.197 9	3 271.000 0	2	0.000 0	6	97 275.552 9	4.761 70	0.366 6	1.490 3	0.299 2
336	1 901 923.212 2	16.969 7	104 384.145 200	0.314 6	594.000 0	2	0.109 7	5	112 077.472 7	2.960 60	0.502 2	0.948 2	0.243 4
338	934 527.780 1	37.496 0	112 049.182 100	0.204 4	594.000 0	2	0.041 5	5	24 923.369 7	22.000 00	0.199 9	0.512 2	0.169 4
339	1 564 902.857 2	20.559 4	84 215.892 540	0.243 8	594.000 0	2	0.027 0	5	76 116.307 1	4.538 90	0.382 2	1.949 1	0.330 5
340	4 239 124.951 8	54.463 8	85 431.750 320	0.143 5	4 233.000 0	2	0.042 0	4	77 833.789 2	7.646 40	0.403 6	1.603 9	0.308 0
341	3 376 362.223 5	13.136 0	268 887.423 200	0.191 2	4 233.000 0	2	0.024 9	4	257 030.507 3	5.471 60	0.348 4	1.490 6	0.299 2
347	252 175.458 3	10.646 5	27 351.022 380	0.208 2	4 233.000 0	2	0.023 9	4	23 686.333 3	5.543 70	0.351 9	0.925 9	0.240 4
348	1 490 359.548 7	29.805 1	91 006.698 040	0.244 9	4 233.000 0	2	0.109 7	5	50 003.535 3	7.430 20	0.255 8	1.692 5	0.314 3
353	2 650 949.213 3	45.745 2	149 285.177 900	0.155 4	8 661.000 0	2	0.041 5	5	57 950.358 7	16.572 40	0.281 7	2.732 6	0.366 0
354	1 411 440.924 4	30.579 7	56 332.235 350	0.263 6	21 039.000 0	2	0.027 0	3	46 156.130 5	4.630 50	0.359 0	2.690 3	0.364 5
355	570 798.524 0	31.994 5	21 863.256 910	0.263 2	21 039.000 0	2	0.014 2	3	17 840.518 3	4.656 70	0.382 5	3.060 7	0.376 9
356	62 892.543 7	21.115 2	3 773.173 052	0.494 5	14 835.000 0	2	0.000 0	3	2 978.545 7	2.562 70	0.587 0	1.553 2	0.304 2
357	617 290.727 4	13.964 0	37 765.514 270	0.310 5	14 835.000 0	2	0.000 0	3	44 206.025 3	2.751 70	0.532 3	1.645 8	0.311 0
358	1 206 231.511 8	21.758 4	73 911.820 860	0.315 6	14 835.000 0	2	0.000 0	3	55 437.578 5	4.225 00	0.396 4	2.016 6	0.334 3
363	1 659 433.113 7	33.013 9	69 893.588 170	0.346 6	10 034.000 0	2	0.086 3	1	50 264.737 1	4.011 90	0.264 9	1.966 3	0.331 4
364	2 906 883.932 6	25.733 7	213 146.052 200	0.356 4	23 328.000 0	2	0.103 3	3	112 960.269 9	5.294 20	0.286 0	1.585 5	0.306 6

续表

用地编号	总碳排放/kgCO$_2$	单位用地面积碳排放/(kgCO$_2$·m^{-2}·a^{-1})	建筑面积/m²	建筑密度	人口密度/(人·km^{-2})	用地性质	用地混合度	用地建设时间	用地面积/m²	建筑层数/层	建筑体形系数	建筑长宽比	建筑朝向
367	3 321 656.390 8	32.486 3	144 910.993 600	0.302 8	23 328.000 0	2	0.123 5	4	102 248.014 6	4.679 90	0.366 0	2.153 9	0.341 5
368	1 241 202.998 7	10.538 9	109 759.786 200	0.136 8	787.000 0	2	0.000 0	5	117 773.175 6	6.811 60	0.322 1	2.460 5	0.355 5
373	1 332 794.222 3	45.689 8	104 078.332 700	0.376 8	28 433.000 0	2	0.132 2	5	29 170.504 1	9.469 60	0.253 0	1.272 0	0.279 9
376	1 343 847.920 6	12.510 2	119 315.284 600	0.214 8	594.000 0	2	0.030 7	6	107 420.442 1	5.171 30	0.334 4	2.794 9	0.368 2
377	591 192.999 5	25.389 0	55 742.089 430	0.201 8	1 159.000 0	2	0.067 3	4	23 285.399 2	11.859 80	0.358 7	1.123 2	0.264 5
378	4 200 989.638 7	24.670 1	216 361.233 500	0.270 6	4 233.000 0	2	0.068 1	4	170 286.952 2	4.695 10	0.378 7	1.427 8	0.294 1
381	2 084 164.462 1	37.313 4	69 230.833 080	0.176 7	2 252.000 0	2	0.000 0	5	55 855.706 1	7.015 50	0.379 4	1.219 2	0.274 7
383	579 230.805 9	27.865 1	34 192.515 660	0.308 0	7 401.000 0	2	0.215 4	6	20 786.982 4	5.341 20	0.304 6	1.419 1	0.293 3
384	71 459.491 8	31.994 5	15 047.312 650	0.375 7	21 039.000 0	2	0.000 0	3	2 233.492 8	17.932 20	0.198 8	1.956 5	0.330 9
385	1 217 429.213 8	26.455 1	48 589.004 200	0.288 0	10 034.000 0	2	0.000 0	3	46 018.752 7	3.666 60	0.423 0	1.888 0	0.326 9
388	3 048 697.449 9	24.712 4	339 227.472 100	0.265 8	23 328.000 0	2	0.045 3	6	123 366.892 6	10.345 00	0.229 7	1.728 8	0.316 8
391	1 284 454.980 5	19.471 8	123 565.533 100	0.246 5	39 395.000 0	2	0.044 0	6	65 964.756 8	7.600 30	0.289 7	2.176 8	0.342 6
392	6 357 861.464 8	30.830 2	481 787.937 300	0.345 7	933.000 0	2	0.285 1	6	206 222.089 2	6.757 20	0.162 5	2.744 1	0.366 5
393	1 130 827.043 7	21.065 1	43 925.098 300	0.199 7	2 252.000 0	2	0.057 2	5	53 682.448 5	4.098 30	0.382 8	1.009 5	0.251 2
396	2 229 776.386 3	23.163 2	86 677.799 430	0.205 4	2 252.000 0	2	0.000 0	5	96 265.616 5	4.384 30	0.493 7	1.107 7	0.262 8
397	3 118 517.474 0	18.819 9	265 486.917 400	0.224 2	594.000 0	2	0.006 6	5	165 703.439 7	7.144 90	0.323 8	1.888 5	0.326 9
399	2 637 668.039 2	15.127 0	93 246.192 770	0.166 6	3 286.000 0	2	0.040 8	2	174 368.637 5	3.210 30	0.452 0	0.956 4	0.244 4
400	2 420 908.497 4	23.860 5	121 304.532 800	0.247 7	630.000 0	2	0.000 0	5	101 460.806 0	4.826 60	0.334 2	2.464 0	0.355 7
401	1 970 938.988 0	24.277 5	127 958.112 900	0.109 3	630.000 0	2	0.000 0	5	81 183.812 4	14.421 10	0.336 9	1.785 5	0.320 5
402	827 407.149 8	27.712 2	49 511.941 990	0.146 6	594.000 0	2	0.027 1	5	29 857.118 2	11.313 70	0.239 2	1.548 6	0.303 8
403	2 106 838.467 2	21.572 2	100 642.778 900	0.279 8	8 661.000 0	2	0.022 9	3	97 664.574 6	3.683 30	0.355 3	1.938 6	0.329 8
404	1 418 216.080 9	24.401 6	72 125.399 580	0.273 8	594.000 0	2	0.085 8	5	58 119.713 4	4.533 20	0.357 5	2.434 6	0.354 4
405	391 787.801 6	25.074 4	38 503.624 250	0.232 5	594.000 0	2	0.072 8	5	15 624.999 5	10.600 30	0.242 2	0.877 8	0.233 7
406	7 853 238.298 5	56.239 3	327 306.285 300	0.283 9	1 159.000 0	2	0.150 0	5	139 639.699 8	8.256 20	0.227 8	1.577 6	0.306 0

续表

用地编号	总碳排放/kgCO$_2$	单位用地面积碳排放/(kgCO$_2\cdot$m$^{-2}\cdot$a^{-1})	建筑面积/m^2	建筑密度	人口密度/(人$\cdot$km^{-2})	用地性质	用地混合度	用地建设时间	用地面积/m^2	建筑层数/层	建筑体形系数	建筑长宽比	建筑朝向
409	680 972.459 2	18.447 8	43 376.399 830	0.264 7	632.000 0	2	0.057 1	3	36 913.492 3	4.439 00	0.354 6	1.977 4	0.332 1
410	1 216 911.576 6	28.078 0	59 526.344 860	0.261 6	39 395.000 0	2	0.046 7	3	43 340.465 8	5.249 98	0.331 1	2.090 2	0.338 2
413	249 706.983 2	18.633 7	10 519.078 620	0.308 5	8 661.000 0	2	0.429 2	3	13 400.840 0	2.544 00	0.408 1	1.690 0	0.314 1
430	3 994 360.580 7	43.213 1	158 912.986 700	0.283 2	8 661.000 0	2	0.071 1	4	92 434.062 4	6.070 60	0.285 9	1.345 8	0.286 9
431	1 549 993.135 3	19.566 5	97 100.452 750	0.094 3	5 078.000 0	2	0.000 0	5	79 216.692 6	13.000 00	0.324 1	2.560 3	0.359 6
434	3 924 828.663 9	20.779 3	142 951.144 400	0.237 1	2 252.000 0	2	0.015 8	5	188 881.888 2	3.192 10	0.552 8	1.698 5	0.314 7
436	1 968 686.713 9	14.962 2	142 975.834 100	0.310 0	2 252.000 0	2	0.176 2	3	131 577.427 2	3.505 20	0.377 0	2.339 6	0.350 3
437	1 288 730.185 7	26.585 3	51 434.708 210	0.208 0	21 039.000 0	2	0.000 0	5	48 475.349 6	5.101 60	0.385 6	2.051 7	0.336 2
439	1 388 066.549 5	37.761 6	68 586.640 820	0.395 1	7 401.000 0	2	0.036 5	5	36 758.649 7	4.723 10	0.332 7	5.175 7	0.419 0
441	6 562 191.950 8	29.400 5	244 993.277 200	0.221 2	4 917.000 0	2	0.030 7	4	223 200.300 4	4.962 90	0.355 7	1.828 9	0.323 3
442	2 146 237.955 1	21.267 1	70 013.943 580	0.146 7	7 401.000 0	2	0.021 5	5	100 918.089 9	4.730 20	0.389 5	2.961 3	0.373 8
447	949 373.797 8	15.323 2	68 550.713 390	0.368 8	498.000 0	2	0.000 0	6	61 956.582 8	3.000 00	0.261 7	2.131 3	0.340 3
448	2 219 807.247 7	22.978 8	113 509.116 200	0.269 1	498.000 0	2	0.019 7	6	96 602.316 7	4.366 40	0.274 5	1.692 7	0.314 3
451	909 490.854 5	11.026 8	97 757.161 680	0.402 6	498.000 0	2	0.000 0	5	82 480.320 3	2.944 20	0.360 3	2.572 1	0.360 0
455	909 490.854 5	11.026 8	97 757.161 680	0.402 6	498.000 0	2	0.000 0	5	82 480.320 3	2.944 20	0.360 3	2.572 1	0.360 0
466	183 528.545 7	26.225 7	7 993.819 818	0.314 5	14 835.000 0	10	0.000 0	3	6 998.043 7	3.632 10	0.368 3	2.124 0	0.339 9
467	2 109 413.007 8	22.662 9	109 241.768 700	0.243 4	21 039.000 0	2	0.014 4	4	93 077.804 5	4.821 50	0.356 8	2.778 5	0.367 7
468	649 069.643 6	44.979 1	14 587.180 160	0.259 3	7 401.000 0	2	0.026 1	3	14 430.460 6	3.899 00	0.399 5	2.952 7	0.373 5
469	1 964 567.031 6	21.214 6	107 731.551 600	0.309 0	2 651.000 0	2	0.069 1	4	92 604.660 3	3.765 20	0.402 7	2.689 6	0.364 5
470	1 705 117.884 6	28.949 2	76 533.435 440	0.302 1	5 861.000 0	2	0.010 7	3	58 900.409 8	4.300 50	0.346 2	2.994 3	0.374 8
471	771 779.918 0	22.828 7	46 047.623 490	0.318 6	3 286.000 0	2	0.065 7	5	33 807.400 3	4.275 60	0.342 9	2.357 7	0.351 1
477	16 269 411.676 2	565.600 2	17 890.025 100	0.341 3	3 286.000 0	3	0.000 0	5	28 764.860 2	1.822 10	0.374 8	1.305 5	0.283 1
480	128 388 667.982 1	339.667 3	87 209.828 700	0.197 6	800.000 0	3	0.000 0	4	377 983.613 8	1.167 80	0.259 4	1.685 9	0.313 8
482	592 827.365 6	3.038 2	109 692.008 900	0.280 3	750.000 0	3	0.000 0	3	195 121.383 0	2.005 60	0.167 3	1.099 8	0.261 9

续表

用地编号	总碳排放/kgCO$_2$	单位用地面积碳排放/(kgCO$_2 \cdot$m$^{-2} \cdot$a^{-1})	建筑面积/m^2	建筑密度	人口密度/(人·km^{-2})	用地性质	用地混合度	用地建设时间	用地面积/m^2	建筑层数/层	建筑体形系数	建筑长宽比	建筑朝向
485	17 008 495.313 3	353.900 8	27 123.176 360	0.400 9	940.000 0	3	0.000 0	3	48 060.060 1	1.407 90	0.253 5	1.839 1	0.323 9
493	28 015 215.573 6	170.015 7	70 685.931 580	0.363 6	750.000 0	3	0.000 0	4	164 780.137 3	1.179 90	0.258 2	1.141 9	0.266 6
497	6 385 123.474 4	43.512 0	126 483.783 600	0.555 7	881.000 0	3	0.000 0	4	146 743.861 0	1.551 10	0.332 3	1.269 0	0.279 6
500	57 997 854.849 5	420.392 8	90 855.351 690	0.462 1	750.000 0	3	0.000 0	3	137 961.118 8	1.425 20	0.253 9	1.233 6	0.276 1
509	6 452 538.258 7	142.366 6	32 594.527 200	0.513 5	594.000 0	3	0.000 0	5	45 323.394 2	1.400 60	0.259 0	1.579 0	0.306 1
511	12 431 520.366 2	179.826 1	40 488.648 950	0.374 2	594.000 0	3	0.000 0	4	69 130.791 1	1.565 10	0.246 5	2.460 4	0.355 5
512	3 994 067.746 1	26.936 8	83 653.394 470	0.535 4	594.000 0	3	0.000 0	5	148 275.423 2	1.053 70	0.243 6	2.629 5	0.362 2
514	9 193 200.585 8	78.417 6	78 454.319 070	0.381 5	594.000 0	3	0.000 0	4	117 233.872 1	1.754 00	0.201 1	0.978 8	0.247 3
515	6 809 994.995 9	190.307 3	35 837.083 610	0.388 0	594.000 0	3	0.000 0	5	35 784.206 2	2.580 80	0.184 0	1.084 1	0.260 1
518	25 097 773.384 9	152.155 6	154 472.639 700	0.384 2	1 159.000 0	3	0.000 0	3	165 605.245 6	2.427 70	0.199 4	1.416 6	0.293 1
519	2 154 725.248 2	20.844 7	94 061.283 200	0.457 5	594.000 0	3	0.000 0	4	103 370.371 4	1.989 10	0.206 9	1.843 8	0.324 2
522	10 209 449.194 5	156.588 9	110 891.934 200	0.414 1	594.000 0	3	0.000 0	4	65 199.046 4	4.107 30	0.176 5	0.835 6	0.227 6
524	15 072 265.581 8	197.171 8	42 073.305 970	0.505 6	1 438.000 0	3	0.000 0	4	76 442.295 9	1.088 50	0.267 6	1.273 7	0.280 1
525	9 993 983.555 7	160.100 4	42 668.180 970	0.471 0	594.000 0	3	0.000 0	4	62 423.212 0	1.451 20	0.220 4	0.712 7	0.208 1
526	6 408 329.585 0	80.950 1	76 521.671 920	0.569 8	1 438.000 0	3	0.000 0	3	79 163.928 5	1.696 30	0.192 5	1.539 4	0.303 1
527	11 781 198.380 8	97.360 7	80 784.402 100	0.309 2	1 438.000 0	3	0.000 0	3	121 005.676 1	2.159 20	0.210 4	1.664 2	0.312 3
528	18 036 381.407 6	176.412 7	148 137.444 200	0.489 0	1 438.000 0	3	0.000 0	4	102 239.692 9	2.963 00	0.129 4	1.257 3	0.278 5
532	22 754 587.428 8	102.792 5	138 083.090 100	0.453 8	889.000 0	3	0.000 0	4	231 092.509 7	1.316 70	0.225 2	1.781 1	0.320 2
533	27 895 259.951 2	348.187 1	22 740.421 500	0.268 1	1 159.000 0	3	0.000 0	3	80 115.728 0	1.058 80	0.272 4	1.728 0	0.316 7
534	37 369 757.160 3	191.056 3	163 919.722 600	0.383 6	3 064.000 0	3	0.000 0	4	195 595.478 6	2.184 60	0.201 7	1.094 4	0.261 3
536	34 128 476.362 9	300.124 1	82 545.648 920	0.513 6	3 064.000 0	3	0.000 0	3	113 714.550 9	1.413 50	0.306 9	2.975 8	0.374 2
537	49 012 751.790 1	381.819 2	76 073.809 710	0.440 0	3 064.000 0	3	0.000 0	4	128 356.384 0	1.346 80	0.285 8	1.436 4	0.294 8
538	123 277 332.742 1	550.938 2	148 716.509 200	0.527 2	3 286.000 0	3	0.000 0	3	223 758.913 0	1.260 70	0.252 8	1.190 6	0.271 8
539	29 792 445.573 6	181.737 0	76 865.369 770	0.422 9	787.000 0	3	0.000 0	5	163 931.665 7	1.108 90	0.268 7	1.665 3	0.312 4

续表

用地编号	总碳排放/kgCO$_2$	单位用地面积碳排放/(kgCO$_2$·m^{-2}·a^{-1})	建筑面积/m^2	建筑密度	人口密度/(人·km^{-2})	用地性质	用地混合度	用地建设时间	用地面积/m^2	建筑层数/层	建筑体形系数	建筑长宽比	建筑朝向
543	30 046 060.130 2	131.758 8	147 350.120 900	0.414 0	594.000 0	3	0.000 0	4	228 038.293 4	1.560 70	0.190 9	1.409 9	0.292 5
544	28 051 023.222 1	200.892 1	68 052.042 000	0.343 9	1 159.000 0	3	0.000 0	4	139 632.259 6	1.417 30	0.181 5	0.741 2	0.212 8
545	3 549 295.435 3	43.594 5	38 425.973 860	0.415 0	889.000 0	3	0.000 0	4	81 416.100 8	1.137 30	0.256 2	0.871 9	0.232 9
546	3 179 306.021 2	41.802 6	56 742.496 110	0.341 2	594.000 0	3	0.000 0	4	76 055.239 7	2.186 60	0.207 2	1.738 7	0.317 4
547	2 610 170.992 7	31.488 2	48 258.157 440	0.231 6	1 438.000 0	3	0.000 0	3	82 893.658 7	2.513 30	0.183 8	1.337 9	0.286 1
548	14 227 893.685 9	373.469 0	27 362.739 390	0.303 8	881.000 0	3	0.000 0	4	38 096.588 0	2.364 60	0.204 5	2.344 0	0.350 5
549	198 742.292 4	3.362 4	8 805.366 567	0.070 8	875.000 0	3	0.000 0	3	59 107.784 7	2.105 10	0.402 1	1.485 1	0.298 8
554	14 248 001.057 8	603.205 4	36 118.454 800	0.382 3	1 438.000 0	3	0.000 0	4	23 620.480 7	4.000 00	0.129 8	0.624 4	0.192 2
557	8 333 334.995 9	105.213 2	135 371.410 300	0.542 7	750.000 0	3	0.000 0	5	79 204.278 8	3.149 50	0.221 5	1.400 0	0.291 7
558	253 247 252.709 5	784.590 1	371 415.559 600	0.420 1	750.000 0	3	0.000 0	3	322 776.507 5	2.739 10	0.234 4	1.451 9	0.296 1
562	14 653 660.398 7	400.445 4	16 251.153 420	0.436 8	684.000 0	3	0.000 0	5	36 593.402 7	1.016 70	0.261 8	1.369 4	0.289 0
563	21 509 379.007 5	173.586 6	48 423.203 560	0.390 8	684.000 0	3	0.000 0	6	123 911.491 1	1.000 00	0.242 9	1.206 2	0.273 4
565	15 645 601.122 9	155.394 9	67 313.011 560	0.573 1	940.000 0	3	0.000 0	4	100 682.837 0	1.166 60	0.334 1	1.473 4	0.297 8
569	1 960 606.476 8	30.947 3	19 384.129 730	0.241 5	707.000 0	3	0.000 0	5	63 353.161 0	1.266 70	0.257 7	2.095 9	0.338 5
570	12 198 701.790 1	284.296 0	55 108.853 390	0.521 8	0.000 0	3	0.000 0	3	42 908.451 8	2.461 40	0.271 3	2.043 2	0.335 7
572	1 742 524.125 3	20.399 5	125 519.988 200	0.771 0	0.000 0	3	0.000 0	4	85 420.117 0	1.906 00	0.209 6	0.870 0	0.232 6
573	77 088 358.340 1	610.076 5	67 064.532 400	0.484 3	594.000 0	3	0.000 0	5	126 358.501 6	1.095 90	0.254 5	1.191 1	0.271 8
574	20 136 293.409 3	98.071 8	105 121.524 200	0.386 6	594.000 0	3	0.000 0	5	205 321.930 4	1.324 30	0.204 1	0.951 3	0.243 8
576	10 589 630.016 3	164.816 7	41 507.811 900	0.517 3	594.000 0	3	0.000 0	5	64 250.939 9	1.248 90	0.243 8	0.847 9	0.229 4
577	74 757 969.031 7	1 054.398 3	35 520.474 510	0.382 2	594.000 0	3	0.000 0	4	70 901.070 3	1.311 00	0.246 0	1.691 3	0.314 2
578	17 909 401.977 2	296.378 9	32 930.045 180	0.416 1	594.000 0	3	0.000 0	4	60 427.383 2	1.309 80	0.268 3	1.191 2	0.271 8
579	3 635 096.070 0	78.159 7	20 058.029 250	0.291 0	1438.000 0	3	0.000 0	3	46 508.544 6	2.461 40	0.227 4	1.788 1	0.320 7
586	18 987 556.501 2	417.408 1	32 355.843 640	0.381 4	881.000 0	3	0.000 0	5	45 489.185 3	1.864 90	0.162 6	0.865 7	0.232 0
588	35 428 087.420 7	912.689 0	50 098.363 430	0.647 0	875.000 0	3	0.000 0	4	38 817.260 9	1.994 80	0.196 7	0.959 1	0.244 8

续表

用地编号	总碳排放/kgCO₂	单位用地面积碳排放/(kgCO₂·m⁻²·a⁻¹)	建筑面积/m²	建筑密度	人口密度/(人·km⁻²)	用地性质	用地混合度	用地建设时间	用地面积/m²	建筑层数/层	建筑体形系数	建筑长宽比	建筑朝向
590	145 588 940.797 4	1 096.147 6	76 534.228 790	0.234 7	848.000 0	3	0.000 0	4	132 818.734 9	2.455 30	0.173 6	1.719 6	0.316 1
592	2 533 738.470 3	20.462 0	110 080.343 300	0.325 4	1438.000 0	3	0.000 0	3	123 728.544 4	2.733 90	0.170 1	1.393 0	0.291 1
593	3 001 920.439 4	220.533 7	21 535.602 370	0.372 5	750.000 0	3	0.000 0	3	13 612.074 1	4.246 70	0.173 4	1.330 9	0.285 5
594	34 051 657.990 2	190.311 3	156 252.679 600	0.485 6	940.000 0	3	0.000 0	3	178 821.027 1	1.799 50	0.231 7	1.652 2	0.311 5
595	3 800 637.583 4	50.162 2	29 728.855 720	0.336 9	940.000 0	3	0.000 0	5	75 766.929 4	1.164 50	0.314 7	1.462 1	0.296 9
608	11 035 565.947 9	120.809 2	72 006.596 740	0.503 1	1 424.000 0	3	0.000 0	5	91 760.966 2	1.559 90	0.191 3	0.698 8	0.205 7
629	2 649 490.545 2	20.078 8	72 284.510 440	0.423 2	940.000 0	3	0.000 0	6	131 954.790 2	1.294 40	0.342 3	1.369 8	0.289 0
632	1 909 167.412 5	30.471 0	46 390.003 340	0.308 3	684.000 0	3	0.000 0	5	62 655.281 9	2.401 90	0.152 0	1.426 8	0.294 0
634	5 639 360.333 6	134.447 1	25 947.023 540	0.536 7	940.000 0	3	0.000 0	3	41 944.333 5	1.152 50	0.347 6	1.607 4	0.308 2
635	15 119 159.829 1	441.088 6	24 266.977 880	0.592 2	940.000 0	3	0.000 0	2	34 276.921 6	1.195 50	0.323 2	1.559 6	0.304 7
643	11 284 642.701 4	284.732 6	13 037.141 830	0.329 0	779.000 0	3	0.000 0	5	39 632.421 0	1.000 00	0.312 1	2.227 0	0.345 1
652	2 741 832.961 8	20.669 2	93 937.079 900	0.335 7	779.000 0	3	0.000 0	3	132 652.968 1	2.109 20	0.363 5	2.032 4	0.335 1
654	1 565 276.265 3	20.046 0	38 772.465 530	0.362 2	4 233.000 0	10	0.000 0	2	78 084.322 0	1.371 00	0.289 9	2.489 8	0.356 7
657	902 117.000 1	54.132 7	21 005.873 600	0.356 1	2 651.000 0	11	0.000 0	5	16 664.909 4	3.539 50	0.268 3	1.190 4	0.271 7
658	3 516 475.076 9	6.989 5	155 799.081 500	0.180 2	875.000 0	11	0.000 0	3	503 106.694 6	1.718 80	0.321 5	1.259 2	0.278 7
659	503 781.140 0	3.897 3	22 320.255 120	0.158 0	664.000 0	11	0.000 0	5	129 263.701 4	1.092 80	0.360 1	1.439 5	0.295 0
1 468	642 151.415 7	61.146 1	2 484.899 436	0.201 4	787.000 0	11	0.000 0	2	10 501.922 2	1.174 80	0.421 0	1.613 9	0.308 7
1 470	95 173.551 5	9.814 3	5 917.319 746	0.343 1	4 233.000 0	4	0.000 0	1	9 697.390 8	1.778 60	0.373 0	1.725 6	0.316 6
1 479	345 274.718 7	105.846 4	4 133.628 889	0.413 2	28 433.000 0	4	0.000 0	5	3 262.035 8	3.066 70	0.386 3	0.903 0	0.237 3
1 480	2 211 252.881 7	134.364 3	67 903.081 750	0.318 3	594.000 0	4	0.000 0	3	16 457.147 2	12.963 00	0.176 4	0.726 0	0.210 3
1 483	951 588.258 7	120.824 7	11 316.550 550	0.292 5	39 395.000 0	3	0.000 0	5	7 875.775 2	4.911 60	0.277 0	1.302 5	0.282 8
1 485	678 583.515 1	199.798 8	34 710.544 560	0.570 0	5 861.000 0	4	0.000 0	4	3 396.335 1	17.929 80	0.088 4	1.647 1	0.311 1
1 486	176 674.648 0	104.201 3	7 054.225 584	0.890 2	5 861.000 0	4	0.000 0	4	1 695.513 7	4.673 80	0.339 2	1.224 7	0.275 2
1 488	575 199.290 7	162.899 0	12 553.768 830	0.534 5	6 795.000 0	4	0.000 0	4	3 531.017 8	6.651 20	0.301 3	1.598 4	0.307 6

续表

用地编号	总碳排放 /kgCO$_2$	单位用地面积碳排放 /(kgCO$_2 \cdot m^{-2} \cdot a^{-1}$)	建筑面积 /m²	建筑密度	人口密度 /(人·km^{-2})	用地性质	用地混合度	用地建设时间	用地面积 /m²	建筑层数 /层	建筑体形系数	建筑长宽比	建筑朝向
1489	3 597 504.427 7	107.371 3	336 125.224 500	0.298 5	594.000 0	4	0.000 0	6	33 505.260 8	33.608 10	0.127 4	1.010 8	0.251 3
1490	617 276.513 1	57.666 9	23 059.887 270	0.536 1	39 395.000 0	7	0.000 0	3	10 704.177 0	4.018 20	0.273 1	1.285 6	0.281 2
1494	311 993.224 7	101.725 3	2 734.044 878	0.318 7	14 835.000 0	4	0.000 0	1	3 067.018 2	2.796 80	0.444 7	1.938 9	0.329 9
1500	46 458.257 9	24.794 5	963.871 919	0.176 9	8 661.000 0	8	0.000 0	3	1 873.733 1	2.907 70	0.545 1	0.601 6	0.187 8
1502	919 504.278 3	190.627 9	16 079.849 030	0.571 3	5 861.000 0	8	0.000 0	4	4 823.556 5	5.834 90	0.237 5	1.745 2	0.317 9
1504	1 283 092.300 3	26.014 7	26 911.513 350	0.171 3	632.000 0	8	0.000 0	4	49 321.907 9	3.185 10	0.245 1	0.750 4	0.214 3
1507	1 108 982.782 5	101.771 6	42 690.815 670	0.195 3	1 159.000 0	8	0.000 0	5	10 902.657 3	20.052 50	0.141 1	3.568 7	0.390 6
1508	605 299.361 8	130.299 4	7 459.868 039	0.390 3	4 233.000 0	8	0.000 0	4	4 645.451 6	4.114 80	0.294 9	1.424 5	0.293 8
1509	2 254 188.292 2	112.542 1	39 431.432 620	0.224 2	8 661.000 0	8	0.000 0	3	20 029.734 8	8.781 50	0.249 0	1.128 1	0.265 1
1511	68 830.840 9	43.267 0	1 401.312 405	0.338 6	4 917.000 0	4	0.000 0	4	1 590.837 9	2.601 20	0.437 1	1.376 6	0.289 6
1513	36 777.751 5	3.720 4	15 119.828 040	0.225 4	2 651.000 0	7	0.000 0	5	9 885.317 5	6.786 90	0.235 9	1.772 9	0.319 7
1514	253 214.149 1	48.556 6	5 959.878 659	0.314 4	2 651.000 0	7	0.000 0	5	5 214.826 6	3.634 90	0.243 2	2.746 3	0.366 5
1521	1 086 743.366 7	108.226 4	97 163.166 540	0.450 4	594.000 0	4	0.000 0	5	10 041.388 2	21.485 80	0.193 9	1.874 5	0.326 1
1525	1 252 845.936 8	115.945 6	3 556.376 134	0.329 1	1 159.000 0	7	0.000 0	5	10 805.463 0	1.000 00	0.317 9	0.352 2	0.130 2
1526	573 174.269 9	102.013 9	14 317.106 840	0.443 7	2 651.000 0	7	0.000 0	4	5 618.587 9	5.743 50	0.317 9	2.076 2	0.337 5
1533	24 000.509 0	1.885 4	22 780.945 590	0.662 9	4 917.000 0	7	0.000 0	4	12 729.699 7	2.699 70	0.145 8	1.830 8	0.323 4
1535	103 087.471 7	1.830 2	49 816.957 680	0.338 1	2 651.000 0	7	0.000 0	3	56 325.393 9	2.615 90	0.203 7	1.882 7	0.326 6
1539	1 616 788.363 9	51.236 4	33 360.659 240	0.398 2	11 613.000 0	7	0.000 0	4	31 555.448 4	2.654 90	0.176 2	1.896 3	0.327 4
1540	168 930.942 4	13.400 9	12 326.968 090	0.636 0	5 861.000 0	7	0.000 0	3	12 605.960 1	1.537 50	0.415 4	1.917 6	0.328 6
1543	1 886 890.226 2	126.076 6	30 668.702 080	0.506 0	2 651.000 0	7	0.000 0	6	14 966.215 2	4.049 80	0.333 3	1.301 2	0.282 7
1548	21 848.957 9	3.083 8	9 719.759 382	0.385 4	5 861.000 0	7	0.000 0	3	7 085.179 0	3.559 20	0.322 6	1.561 9	0.304 8
1563	685 595.128 6	224.197 0	14 565.186 330	0.491 9	6 795.000 0	7	0.000 0	4	3 058.003 2	9.683 30	0.258 1	1.156 1	0.268 1
1565	15 039 281.228 6	1 542.772 8	7 753.435 220	0.459 5	779.000 0	3	0.000 0	6	9 748.215 0	1.730 80	0.281 8	1.937 8	0.329 8
1566	448 421.936 5	29.406 5	13 237.962 060	0.533 8	779.000 0	3	0.000 0	4	15 249.059 6	1.626 40	0.312 3	1.928 5	0.329 3

续表

用地编号	总碳排放/kgCO₂	单位用地面积碳排放/(kgCO₂·m⁻²·a⁻¹)	建筑面积/m²	建筑密度	人口密度/(人·km⁻²)	用地性质	用地混合度	用地建设时间	用地面积/m²	建筑层数/层	建筑体形系数	建筑长宽比	建筑朝向
1 573	1 651 273.414 7	17.515 4	153 555.238 400	0.377 3	875.000 0	7	0.000 0	5	94 275.726 4	4.316 90	0.106 2	1.881 8	0.326 5
1 584	1 328 462.112 7	39.580 5	45 671.402 220	0.528 6	39 395.000 0	7	0.000 0	3	33 563.508 8	2.574 00	0.207 1	2.023 9	0.334 6
1 588	1 617 915.063 0	292.452 4	10 407.028 390	0.379 3	17 241.000 0	7	0.000 0	2	5 532.233 5	4.959 20	0.339 5	1.190 1	0.271 7
1 606	1 404 533.120 2	23.149 5	112 544.660 600	0.479 8	889.000 0	7	0.000 0	6	60 672.291 9	3.866 20	0.131 4	1.053 3	0.256 5
1 608	200 254.718 2	2.590 9	50 270.390 460	0.213 3	3 271.000 0	7	0.000 0	5	77 291.111 6	3.049 70	0.222 5	1.072 1	0.258 7
1 609	166 355.179 8	4.333 7	41 542.936 430	0.364 7	3 271.000 0	7	0.000 0	5	38 386.177 1	2.967 70	0.200 0	0.392 1	0.140 8
1 610	853 363.174 6	22.125 1	214 221.671 100	0.365 1	3 271.000 0	7	0.000 0	5	38 69.930 7	15.212 40	0.112 7	1.304 8	0.283 1
1 612	645 071.115 3	64.316 2	28 564.532 970	0.266 3	594.000 0	7	0.000 0	5	10 029.681 5	10.693 20	0.228 6	1.195 5	0.272 3
1 614	602 773.245 8	11.926 3	12 252.540 270	0.242 4	498.000 0	7	0.000 0	5	50 541.611 9	1.000 00	0.310 0	0.811 9	0.224 0
1 615	317 938.030 7	15.140 0	139 880.905 700	0.441 0	1 159.000 0	7	0.000 0	5	20 999.923 1	15.105 40	0.118 5	0.623 1	0.191 9
1 616	1 871 308.768 7	64.190 4	264 995.837 200	0.407 2	1.000 0	7	0.000 0	5	29 152.457 3	22.323 20	0.069 7	1.249 3	0.277 7
1 617	1 377 714.100 9	144.637 5	109 637.574 400	0.411 1	1 159.000 0	7	0.000 0	5	9 525.290 1	28.000 00	0.073 8	1.536 0	0.302 8
1 618	926 964.767 0	19.496 9	182 238.456 000	0.464 5	1 159.000 0	7	0.000 0	6	47 544.121 1	8.252 00	0.073 6	2.595 2	0.360 9
1 620	31 167.049 2	5.507 3	7 594.369 392	0.331 9	1.000 0	7	0.000 0	4	5 659.193 0	4.043 40	0.331 6	2.243 2	0.345 8
1 629	1 588 286.855 7	125.178 1	11 299.247 130	0.276 0	10 034.000 0	7	0.000 0	5	12 688.214 1	3.226 60	0.302 2	1.044 2	0.255 4
1 630	13 461 063.958 6	270.546 5	93 952.708 780	0.441 2	28 433.000 0	7	0.000 0	5	49 755.085 8	4.280 20	0.153 9	1.088 4	0.260 6
1 654	104 868.054 0	15.732 7	3 322.343 416	0.166 1	817.000 0	6	0.000 0	6	6 665.603 5	3.000 00	0.274 8	3.278 1	0.383 1
1 655	201 601.485 8	40.668 3	6 173.956 845	0.348 2	1 010.000 0	6	0.000 0	5	4 957.215 3	3.576 50	0.353 0	1.829 6	0.323 3
1 656	3 158 489.749 9	79.735 4	49 827.580 210	0.276 6	2 651.000 0	6	0.000 0	6	39 612.158 7	4.547 30	0.181 5	0.934 0	0.241 5
1 657	225 815.721 4	14.637 7	11 916.193 360	0.278 1	664.000 0	6	0.000 0	1	15 426.942 1	2.777 00	0.299 6	0.851 0	0.229 9
1 658	28 298.139 3	14.387 1	1 454.260 458	0.215 8	8 479.000 0	6	0.000 0	3	1 966.910 6	3.426 80	0.406 3	1.521 1	0.301 7
1 659	419 403.689 0	32.851 3	1 573.429 229	0.082 5	1.000 0	6	0.000 0	1	12 766.749 7	1.494 50	0.666 3	1.730 4	0.316 9
1 660	293 145.028 0	21.913 2	21 578.356 440	0.492 4	2 252.000 0	6	0.000 0	3	13 377.565 8	3.275 60	0.247 4	1.722 6	0.316 3
1 661	8 242 823.989 0	91.540 8	88 918.714 520	0.285 6	8 661.000 0	6	0.000 0	5	90 045.327 2	3.457 30	0.241 2	1.488 4	0.299 1

续表

用地编号	总碳排放 /kgCO₂	单位用地面积碳排放 /(kgCO₂·m⁻²·a⁻¹)	建筑面积 /m²	建筑密度	人口密度 /(人·km⁻²)	用地性质	用地混合度	用地建设时间	用地面积 /m²	建筑层数 /层	建筑体形系数	建筑长宽比	建筑朝向
1662	120 320.170 2	14.096 2	12 048.044 820	0.266 1	632.000 0	6	0.000 0	3	8 535.619 8	5.303 70	0.360 7	1.286 9	0.281 4
1663	84 932.868 3	21.946 5	5 848.548 703	0.481 6	17 241.000 0	6	0.000 0	3	3 869.995 1	3.137 70	0.372 7	1.614 2	0.308 7
1664	33 083.547 4	6.702 7	1 994.898 880	0.189 2	1 159.000 0	9	0.000 0	4	4 935.856 8	2.136 60	0.453 4	2.251 1	0.346 2
1665	1 146 990.399 4	16.432 9	92 559.207 610	0.221 0	813.000 0	9	0.000 0	3	69 798.270 6	6.000 00	0.163 5	2.745 3	0.366 5
1666	158 278.012 9	22.621 6	9 433.554 055	0.380 3	5 861.000 0	9	0.000 0	3	6 996.765 0	3.545 50	0.389 0	1.356 9	0.287 9
1667	211 756.334 3	3.427 5	17 106.236 640	0.090 5	1 010.000 0	9	0.000 0	5	61 781.300 5	3.058 00	0.329 0	3.116 8	0.378 5
1668	466 300.698 5	11.948 2	19 003.729 030	0.176 2	2 252.000 0	9	0.000 0	6	39 026.366 8	2.763 60	0.396 2	1.613 5	0.308 7
1669	925 073.036 6	4.207 6	64 086.566 410	0.076 6	817.000 0	9	0.000 0	3	219 859.733 0	3.805 20	0.249 3	3.075 2	0.377 3
1670	1 842 409.390 8	13.812 3	79 393.377 890	0.306 0	1 010.000 0	9	0.000 0	6	133 388.984 6	1.945 30	0.264 3	2.932 9	0.372 9
1671	194 877.481 7	2.134 7	40 445.392 250	0.159 8	632.000 0	9	0.000 0	3	91 291.567 8	2.772 20	0.295 6	1.914 0	0.328 4
1672	381 015.045 9	32.412 1	10 602.494 530	0.194 8	8 479.000 0	9	0.000 0	3	11 755.330 9	4.630 30	0.226 4	1.668 2	0.312 6
1673	635 592.692 0	3.110 9	59 437.054 600	0.085 5	3 271.000 0	9	0.000 0	3	204 311.592 2	3.401 20	0.291 5	2.093 2	0.338 4
1674	384 810.382 1	7.541 7	29 840.189 400	0.198 7	498.000 0	9	0.000 0	5	51 024.352 0	2.943 30	0.327 4	1.741 8	0.317 6
1675	1 474 645.187 1	10.370 2	52 254.321 430	0.103 6	4 233.000 0	9	0.000 0	3	142 199.698 5	3.548 60	0.335 6	2.787 2	0.368 0
1676	306 591.657 3	6.030 8	21 042.458 920	0.163 0	2 252.000 0	9	0.000 0	3	50 837.361 6	2.539 60	0.351 1	1.851 3	0.324 6
1677	523 330.697 6	6.993 1	39 752.797 980	0.133 4	594.000 0	9	0.000 0	5	74 835.326 5	3.981 40	0.335 7	1.674 1	0.313 0
1678	157 519.599 9	8.527 3	14 672.093 110	0.262 9	23 328.000 0	9	0.000 0	3	18 472.300 7	3.020 90	0.441 8	1.343 6	0.286 6
1679	101 395.700 9	11.948 4	7 337.218 963	0.186 8	7 401.000 0	9	0.000 0	1	8 486.167 5	4.628 50	0.344 0	1.866 5	0.325 6
1680	167 611.720 0	6.702 8	10 380.095 130	0.113 6	594.000 0	9	0.000 0	5	25 006.342 2	3.654 60	0.359 9	2.600 5	0.361 1
1681	714 692.284 0	10.415 9	41 718.368 490	0.149 4	632.000 0	9	0.000 0	3	68 615.234 0	4.068 40	0.322 9	2.084 7	0.337 9
1682	219 189.010 5	5.699 4	17 399.655 230	0.128 2	875.000 0	9	0.000 0	5	38 458.308 9	3.529 10	0.265 5	3.524 0	0.389 5
1683	74 758.779 3	15.370 2	2 080.901 182	0.269 2	2 651.000 0	9	0.000 0	3	4 863.882 4	1.589 00	0.533 6	0.955 0	0.244 2
1684	2 982 219.785 1	13.812 3	79 393.377 890	0.189 0	1.000 0	9	0.000 0	6	215 910.351 4	1.945 30	0.264 3	2.932 9	0.372 9
1685	17 971.855 1	2.630 9	1 982.178 735	0.133 8	813.000 0	9	0.000 0	1	6 831.095 6	2.169 40	0.492 6	2.007 0	0.333 7

续表

用地编号	总碳排放/kgCO$_2$	单位用地面积碳排放/(kgCO$_2$·m^{-2}·a^{-1})	建筑面积/m²	建筑密度	人口密度/(人·km^{-2})	用地性质	用地混合度	用地建设时间	用地面积/m²	建筑层数/层	建筑体形系数	建筑长宽比	建筑朝向
1686	127 187.502 8	12.444 1	2 950.721 171	0.139 8	813.000 0	9	0.000 0	1	10 220.738 2	2.064 50	0.426 1	1.632 9	0.310 1
1687	1 153 860.261 8	6.502 9	81 877.035 420	0.112 9	498.000 0	9	0.000 0	4	177 439.018 0	4.086 50	0.275 0	2.109 7	0.339 2
1688	904 146.805 2	2.783 3	78 995.193 500	0.149 2	498.000 0	9	0.000 0	3	324 843.850 1	1.629 90	0.269 2	1.368 5	0.288 9
1689	1 367 774.880 4	5.109 9	112 219.749 500	0.112 0	2 252.000 0	9	0.000 0	3	267 670.616 0	3.714 10	0.256 8	2.114 2	0.339 4
1690	241 052.053 4	11.276 4	11 055.455 790	0.136 0	39 395.000 0	9	0.000 0	3	21 376.767 2	3.803 60	0.372 7	2.136 7	0.340 6
1691	432 806.272 2	5.596 6	17 538.287 260	0.084 7	498.000 0	10	0.000 0	1	77 333.688 1	2.676 90	0.361 3	2.244 5	0.345 9
1692	2 412 795.905 9	61.773 7	42 487.533 910	0.317 3	4 233.000 0	5	0.000 0	4	39 058.598 6	3.428 70	0.170 1	0.831 0	0.226 9
1693	75 676.880 7	7.226 2	2 806.991 607	0.112 3	21 039.000 0	5	0.000 0	4	10 472.634 0	2.386 60	0.389 6	1.601 1	0.307 8
1694	611 518.211 1	100.072 9	4 350.409 624	0.238 1	10 034.000 0	7	0.000 0	5	6 110.730 3	2.990 20	0.263 2	1.211 9	0.274 0
1696	92 906.129 1	12.123 8	8 174.411 753	0.402 9	10 034.000 0	5	0.000 0	5	7 663.094 3	2.647 80	0.268 5	1.841 8	0.324 1
1701	32 372.652 5	3.484 3	33 227.711 710	0.524 4	8 661.000 0	10	0.000 0	1	9 290.915 7	6.820 40	0.136 3	1.294 0	0.282 0
1704	165 755.302 4	26.739 7	3 213.926 702	0.141 1	8 661.000 0	10	0.000 0	1	6 198.843 3	3.673 70	0.423 7	1.698 1	0.314 7
1709	922 534.327 0	94.500 2	7 006.811 755	0.184 1	5 861.000 0	10	0.000 0	3	9 762.246 0	3.897 70	0.332 9	1.391 4	0.290 9
1711	661 890.696 2	223.793 4	2 618.358 466	0.179 0	2 651.000 0	11	0.000 0	4	2 957.597 6	4.945 40	0.307 1	1.306 2	0.283 2
1718	1 823 064.105 1	27.156 5	128 161.160 900	0.317 0	630.000 0	10	0.000 0	5	67 131.717 0	6.022 90	0.152 9	2.264 5	0.346 8
1720	401 279.238 3	63.232 5	5 961.223 788	0.265 8	594.000 0	10	0.000 0	4	6 346.093 1	3.534 20	0.303 8	2.163 6	0.342 0
1722	118 111.396 9	6.678 9	4 699.763 406	0.138 4	2 252.000 0	10	0.000 0	1	17 684.148 7	1.920 90	0.313 1	1.350 7	0.287 3
1724	1 634 926.815 4	37.129 1	13 289.209 200	0.094 6	2 252.000 0	10	0.000 0	3	44 033.578 3	3.190 60	0.423 8	1.836 0	0.323 7
1725	488 345.488 3	40.888 4	8 794.835 433	0.147 3	21 039.000 0	10	0.000 0	3	11 943.378 1	5.002 70	0.282 1	1.258 6	0.278 6
1729	1 267 092.401 2	86.403 5	16 753.821 530	0.204 0	10 034.000 0	10	0.000 0	1	14 664.822 2	5.601 00	0.330 9	2.021 3	0.334 5
1732	811 270.393 0	14.737 3	238 729.132 500	0.182 5	594.000 0	10	0.000 0	5	55 048.859 0	23.765 60	0.122 8	1.615 4	0.308 8
1735	120 905.827 3	74.515 9	2 650.173 994	0.330 7	10 034.000 0	10	0.000 0	6	1 622.550 6	4.939 50	0.373 7	2.169 8	0.342 3
1738	156 388.021 3	36.698 3	3 845.954 180	0.293 8	11 613.000 0	10	0.000 0	3	4 261.454 4	3.072 20	0.492 0	0.928 9	0.240 8
1743	123 313.060 8	38.808 1	6 951.384 154	0.440 2	28 433.000 0	10	0.000 0	3	3 177.512 4	4.969 70	0.123 5	0.980 3	0.247 5

续表

用地编号	总碳排放/kgCO₂	单位用地面积碳排放/(kgCO₂·m⁻²·a⁻¹)	建筑面积/m²	建筑密度	人口密度/(人·km⁻²)	用地性质	用地混合度	用地建设时间	用地面积/m²	建筑层数/层	建筑体形系数	建筑长宽比	建筑朝向
1 747	78 062.651 0	7.471 6	5 052.287 604	0.198 4	10 034.000 0	10	0.000 0	1	10 447.952 2	2.436 90	0.323 7	1.946 8	0.330 3
1 756	539 854.720 1	11.977 8	20 533.267 980	0.181 2	21 039.000 0	5	0.000 0	4	45 071.135 7	2.513 60	0.288 7	1.319 7	0.284 5

注：在"用地性质"一列，1 为村庄住宅用地；2 为城镇住宅用地；3 为工业仓储用地；4 为商务用地；5 为文体用地；6 为医疗用地；7 为商业用地；8 为旅馆用地；9 为科教用地；10 为行政办公用地；11 为其他类型用地。在"用地建设时间"一列，1 为 1986 年以前；2 为 1986—1994 年；3 为 1995—2004 年；4 为 2005—2009 年；5 为 2010—2015 年；6 为 2016 年及以后。

参考文献

· 中文文献 ·

阿摩斯·拉普卜特, 2003. 建成环境的意义: 非言语表达方法 [M]. 黄兰谷, 译. 北京: 中国建筑工业出版社.

安尊华, 2010. 试论梁启超对比较研究法的运用 [J]. 贵州文史丛刊, 12 (2): 62-64.

白乃彬, 1996. 中国大陆 CO_2、SO_2 和 NO_x 1°*1° 网格排放估计 [M] // 周秀骥. 中国地区大气臭氧变化及其对气候环境的影响(一). 北京: 气象出版社.

蔡博峰, 张力小, 2014. 上海城市二氧化碳排放空间特征 [J]. 气候变化研究进展, 10 (6): 417-426.

蔡伟光, 2011. 中国建筑能耗影响因素分析模型与实证研究 [D]. 重庆: 重庆大学.

曹兰, 2010. 空气中 PM_{10} 浓度的 BP 神经网络预报研究 [J]. 污染防治技术, 23 (1): 18-21.

曹阳, 甄峰, 姜玉培, 2019. 基于活动视角的城市建成环境与居民健康关系研究框架 [J]. 地理科学, 39 (10): 1612-1620.

陈飞, 诸大建, 2009. 低碳城市研究的内涵、模型与目标策略确定 [J]. 城市规划学刊, 182 (4): 7-13.

陈嘉梁, 李铮伟, 王信, 等, 2018. 基于能耗调研的北方小区形态优化策略研究 [J]. 建筑节能 (10): 8-14.

陈莉, 方修琦, 李帅, 等, 2008. 气候变暖对中国夏热冬冷地区居住建筑采暖降温年耗电量的影响 [J]. 自然资源学报, 23 (5): 764-772.

陈柳枝, 2013. 广州某图书馆能耗分析与节能改造 [D]. 广州: 广州大学.

陈明辉, 陈颖彪, 郭冠华, 等, 2011. 东莞市城市热环境时空变化及其驱动机制 [J]. 地理研究, 30 (8): 1431-1438.

陈瑞强, 2018. 城市高层住区规划设计方案的碳效应评价研究 [D]. 株洲: 湖南工业大学.

陈祥光, 裴旭东, 2003. 人工神经网络技术及其应用 [M]. 北京: 中国电力出版社.

陈勇, 孔峰, 2003. 基于 BP 神经网络的预测方法应用研究 [J]. 计算机技术与自动化, 23 (9): 67-70.

陈震, 何嘉鹏, 孙伟民, 2009. 夏热冬冷地区办公建筑不同朝向窗墙比配置研究 [J]. 建筑科学, 25 (6): 80-85.

丛建辉, 刘学敏, 赵雪如, 2014. 城市碳排放核算的边界界定及其测度方法

［J］.中国人口·资源与环境,24（4）:19-26.

邓红兵,陈喆菲,卢璐,等,2017.城市温室气体排放空间特征及分区［J］.福州大学学报（自然科学版）,45（4）:605-609.

邓寄豫,2018.基于微气候分析的城市中心商业区空间形态研究:以南京市为例［D］.南京:东南大学.

董凯,赖俊英,钱晓倩,等,2016.夏热冬冷地区居住建筑水平式外遮阳节能效果［J］.浙江大学学报（工学版）,50（8）:1431-1437.

段正励,刘抚英,2013.杭州市工业遗产综合信息数据库构建研究［J］.建筑学报,10（10）:45-48.

樊嵘,孟大志,徐大舜,2014.统计相关性分析方法研究进展［J］.数学建模及其应用,3（1）:1-12.

高景鑫,任宏,蔡伟光,等,2019.居住建筑单位面积能耗的"稀释效应"研究［J］.系统工程理论与实践,39（3）:569-577.

高文杰,王金亮,刘广杰,2015.训练样本对遥感影像分类精度影响研究［J］.云南地理环境研究,27（2）:31-36.

高子龙,2018.寒冷地区医院建筑能耗影响因素的研究［D］.济南:山东建筑大学.

顾朝林,2009.建设低碳城市实现可持续发展:低碳城市规划发展模式［J］.城乡建设,33a（11）:71-72.

顾朝林,2013a.城市碳排放清单及其规划应用研究［J］.南方建筑,14（4）:4-12.

顾朝林,2013b.气候变化与低碳城市规划［M］.2版.南京:东南大学出版社.

郭红雨,蔡云楠,金琪,等,2015.基于城市温室气体清单的低碳城乡规划探索［J］.南方建筑,1（1）:108-113.

郭洪旭,肖荣波,李晓晖,等,2019.城市控制性详细规划的碳排放评估［J］.城市规划,43（9）:86-94.

国家发展改革委宏观经济研究院,《迈向低碳时代:中国低碳试点经验》编写组,2014.迈向低碳时代:中国低碳试点经验［M］.北京:中国发展出版社.

国家环境保护总局规划与财务司,2001.环境统计概论［M］.北京:中国环境科学出版社.

郝千婷,黄明祥,包刚,2011.碳排放核算方法概述与比较研究［J］.中国环境管理,4（4）:51-55.

胡达明,陈定艺,单平平,等,2017.夏热冬暖地区居住建筑朝向对能耗的影响分析［J］.建筑节能,45（5）:57-60.

胡姗,燕达,崔莹,2015.不同建筑空间形态对住宅建筑能耗的影响［J］.建筑科学,31（10）:117-123,145.

黄安平,2015.苏州城市不同类型用地碳排放特征及估算方法研究［D］.徐州:中国矿业大学.

黄潮清，2013. 广东省陆域碳收支时空格局研究［D］. 南昌：江西师范大学．

黄明华，王阳，王羽，2012. 紧凑式、混合型、时序性：对城市低碳总体布局模式的探讨［J］. 国际城市规划，27（6）：96–102.

黄欣，2015. 南方山地住区低碳规划要素研究：以重庆主城住区为例［D］. 重庆：重庆大学．

霍燚，郑思齐，杨赞，2010. 低碳生活的特征探索：基于2009年北京市"家庭能源消耗与居住环境"调查数据的分析［J］. 城市与区域规划研究，3（2）：55–72.

江海燕，肖荣波，吴婕，2013. 城市家庭碳排放的影响模式及对低碳居住社区规划设计的启示：以广州为例［J］. 现代城市研究，28（2）：100–106.

江亿，2011. 我国建筑节能战略研究［J］. 中国工程科学，6（5）：30–38.

江亿，彭琛，胡姗，2015. 中国建筑能耗的分类［J］. 建设科技，14（3）：22–26.

姜雪，2018. 城市建成环境对犯罪行为影响的空间分异研究［D］. 哈尔滨：哈尔滨工业大学．

姜洋，2016. 基于城市形态的家庭出行碳排放模型研究：以济南为例［D］. 北京：清华大学．

姜洋，何永，毛其智，等，2013. 基于空间规划视角的城市温室气体清单研究［J］. 城市规划，37（4）：50–56.

蒋金亮，徐建刚，吴文佳，等，2014. 中国人—地碳源汇系统空间格局演变及其特征分析［J］. 自然资源学报，29（5）：757–768.

蒋品，2019. 基于机器学习的蜂窝网络基站流量分析与预测研究［D］. 北京：北京邮电大学．

金彦，刘峰，2012. 建成环境下的城市建筑设计［M］. 南京：东南大学出版社．

赖力，2010. 中国土地利用的碳排放效应研究［D］. 南京：南京大学．

赖力，黄贤金，等，2011. 中国土地利用的碳排放效应研究［M］. 南京：南京大学出版社．

雷娅蓉，2009. 重庆市居住建筑能耗预测方法研究［D］. 重庆：重庆大学．

冷红，陈曦，马彦红，2020. 城市形态对建筑能耗影响的研究进展与启示［J］. 建筑学报（2）：120–126.

冷红，孙禹，白金，2015. 城市建筑能耗预测模型的国际研究与应用进展［J］. 建筑学报，13（S1）：221–227.

黎孔清，2013. 低碳经济导向的区域土地利用评价与结构优化研究［D］. 武汉：华中农业大学．

李参军，2018. 长江中游城市群城市建设用地碳排放强度的空间格局与效应研究［D］. 武汉：华中科技大学．

李超骕，曾辉，宋彦，等，2013. 城市尺度温室气体清单研究：国外案例与基于北京和上海的分析［J］.北京规划建设（4）：91-96.

李朝奎，方军，吴馁，等，2020.一种针对小样本的高分辨率遥感影像道路提取方法［J］.测绘科学，45（4）：81-88.

李飞，周家兴，王金安，2019.基于稀少样本数据的地应力场反演重构方法［J］.煤炭学报，44（5）：1421-1431.

李焕荣，王树明，2000.一种改进的BP神经网络预测方法及其应用［J］.系统工程，18（5）：76-78，75.

李彤，2015.哈尔滨市建设用地对城市碳排放量影响研究［D］.哈尔滨：哈尔滨工业大学.

李颖，2017.夏热冬冷地区中小学教学楼建筑节能设计研究［D］.西安：西安建筑科技大学.

李宇，王喆，王菲，等，2013.城市碳排放的评估方法：影响要素和过程研究［J］.自然资源学报，28（9）：1637-1648.

李运江，李易斌，张辉，2016.基于采暖空调总能耗的武汉地区居住建筑建筑最佳朝向研究［J］.南方建筑，6（6）：114-116.

李智，2016.山东省星级酒店建筑能耗定额与节能措施的研究［D］.济南：山东建筑大学.

梁传志，2011.夏热冬暖地区办公建筑能耗特性研究［D］.天津：天津大学.

林美顺，潘毅群，龙惟定，2015.夏热冬冷地区办公建筑体形系数对建筑能耗的影响分析［J］.建筑节能，43（10）：63-66.

刘继业，2017.基于产业空间视角碳排放强度分析：以环渤海经济区为例［J］.中国农业会计，10（10）：42-46.

刘菁，王芳，2017.办公建筑能耗影响因素与数据标准化分析［J］.暖通空调，47（5）：83-88，14.

刘俊杰，2013.夏热冬冷地区既有商业建筑节能改造研究［D］.长沙：湖南大学.

刘明达，蒙吉军，刘碧寒，2014.国内外碳排放核算方法研究进展［J］.热带地理，34（2）：248-258.

刘沛，杜宁睿，黄经南，等，2012.基于社区尺度的城市空间参数对家庭日常出行碳排放的影响［C］// 中国城市规划学会.多元与包容：2012中国城市规划年会论文集.昆明：云南科技出版社.

刘清春，张莹莹，肖燕，等，2018.济南市主城区私家车日常出行碳排放特征及影响因素［J］.资源科学，40（2）：262-272.

刘爽爽，王钧，许晔，等，2018.基于建筑能耗特征的城市建筑碳减排研究：以深圳市为例［J］.北京大学学报（自然科学版），54（1）：125-136.

刘秀峰，刘芬，李金城，2018.小样本量大肠癌数据对BP神经网络准确度的影响探讨［J］.医学信息学杂志，39（8）：62-66.

龙惟定，白玮，范蕊，等，2011.低碳城市的区域建筑能源规划［M］.北京：中国建筑工业出版社.

龙惟定，范蕊，梁浩，等，2012.城市节能的关键性能指标［J］.暖通空调，42（12）：1-9.

楼顺天，施阳，1998.基于MATLAB的系统分析与设计：神经网络［M］.西安：西安电子科技大学出版社.

卢有朋，2018.城市街区空间形态对热岛效应的影响研究：以武汉市主城区为例［D］.武汉：华中科技大学.

马翠梅，徐华清，苏明山，2013.温室气体清单编制方法研究进展［J］.地理科学进展，32（3）：400-407.

马一腾，2017.基于建筑类型学的杭州居住建筑空调能耗研究与设计优化［D］.杭州：浙江大学.

茆诗松，程依明，濮晓龙，2011.概率论与数理统计教程［M］.2版.北京：高等教育出版社.

缪六莹，赵刚，1997.神经网络预测模型及其应用［J］.水运管理，19（10）：23-26，11.

牛鸿蕾，江可申，2012.产业结构调整的低碳效应测度：基于NSGA-Ⅱ遗传算法［J］.产业经济研究，56（1）：62-69.

牛晓晓，2017.基于机器学习及智能算法的柴油机性能预测及优化研究［D］.哈尔滨：哈尔滨工程大学.

潘海啸，沈青，张明，2009.城市形态对居民出行的影响：上海实例研究［J］.城市交通，7（6）：28-32，49.

彭琛，江亿，2015.中国建筑节能路线图［M］.北京：中国建筑工业出版社.

彭琛，江亿，秦佑国，等，2018.低碳建筑和低碳城市［M］.北京：中国环境出版集团.

皮埃尔·雅克，拉金德拉·K.帕乔里，劳伦斯·图比娅娜，2010.城市：改变发展轨迹（看地球2010）［M］.潘革平，译.北京：社会科学文献出版社.

秦波，戚斌，2013.城市形态对家庭建筑碳排放的影响：以北京为例［J］.国际城市规划，28（2）：42-46.

秦波，邵然，2012.城市形态对居民直接碳排放的影响：基于社区的案例研究［J］.城市规划，36（6）：33-38.

清华大学建筑节能研究中心，2018.中国建筑节能年度发展研究报告2018［M］.北京：中国建筑工业出版社.

邱红，2011.以低碳为导向的城市设计策略研究［D］.哈尔滨：哈尔滨工业大学.

屈宇宏，2015.城市土地利用碳通量测算、碳效应分析及调控机制研究：以武汉市为例［D］.武汉：华中农业大学.

任彬彬，王一平，肖少英，等，2015.天津地区低能耗办公建筑形体研究［J］.建筑节能，43（4）：66-68.

荣培君，张丽君，杨群涛，等，2016.中小城市家庭生活用能碳排放空间分异：以开封市为例［J］.地理研究，35（8）：1495-1509.

阮方，钱晓倩，钱匡亮，等，2015. 实际用能方式下的夏热冬冷地区居住建筑围护结构节能设计研究［J］. 建筑科学，31（10）：112-116.

沙凯逊，孙晓冰，房勤英，等，2008. 建成环境理论研究范式：回顾与展望［J］. 建筑经济，29（12）：97-99.

石红柳，2014. 夏热冬冷地区典型城市的不同采暖方式综合评价［D］. 西安：西安建筑科技大学.

苏雅丽，2012. 西安市土地利用变化驱动下"碳源"时空演变与预测［D］. 西安：陕西师范大学.

隋惠惠，2015. 基于BP神经网络的短期电力负荷预测的研究［D］. 哈尔滨：哈尔滨工业大学.

孙洪波，2004. 现代城市新区开发的物理环境预测研究［D］. 南京：东南大学.

孙禹，2016. 城市建筑能耗空间模型与集成环境的研究及应用［D］. 哈尔滨：哈尔滨工业大学.

唐之享，2018. 基于BP神经网络的空气质量预测研究与实现［D］. 西安：西安电子科技大学.

王闯，2014. 有关建筑用能的人行为模拟研究［D］. 北京：清华大学.

王佃来，宿爱霞，刘文萍，2019. 基于Spearman等级系数的植被变化趋势分析［J］. 应用科学学报，37（4）：519-528.

王纪武，李王鸣，葛坚，2013. 城市住区能耗与控规指标研究［J］. 城市发展研究，20（1）：105-109.

王建龙，2015. 江南水乡典型农村住宅能耗及能源结构优化研究［D］. 南京：东南大学.

王磊，李慧明，2013. 产业用地空间碳排放效应研究［J］. 城市发展研究，20（10）：8-13.

王伟强，李建，2017. 住区密度与家庭能耗碳排放相关性研究：以上海曹杨新村为例［J］. 城市规划，41（6）：83-91.

王雪娜，顾凯平，2006. 中国碳源排碳量估算办法研究现状［J］. 环境科学与管理，31（4）：78-80.

魏书威，2015. 城市住区修规碳效应评价及其低碳规划研究体系建构：以关中地区为例［D］. 西安：西安建筑科技大学.

魏瑶，2015. 天津市土地利用碳排放及影响因素研究［D］. 天津：天津大学.

吴殿廷，吴昊，姜晔，2011. 碳排放强度及其变化：基于截面数据定量分析的初步推断［J］. 地理研究，30（4）：579-589.

吴敏莉，2014. 夏热冬冷地区居住建筑墙体保温节能特性研究［D］. 杭州：浙江大学.

吴巍，宋彦，洪再生，等，2018. 居住社区形态对住宅能耗影响研究：以宁波市为例［J］. 城市发展研究，25（1）：15-20, 28.

吴颖，2010. 基于"紧凑城市"的城市街区空间优化研究［D］. 武汉：华中科技大学.

吴志强,李德华,2010.城市规划原理[M].4版.北京:中国建筑工业出版社.

谢尔盖·萨拉特,2013.城市与形态:关于可持续城市化的研究[M].香港:香港国际文化出版有限公司.

谢鹏程,王文军,廖翠萍,等,2018.基于能源活动的广州市二氧化碳排放清单研究[J].生态经济,34(3):18-22.

徐明智,2016.建成环境对成年人和老年人身体活动影响的差异性及优化策略:大连红旗住区案例研究[D].大连:大连理工大学.

许盛,2011.南京市温室气体排放清单及其空间分布研究[D].南京:南京大学.

阎平凡,张长水,2005.人工神经网络与模拟进化计算[M].2版.北京:清华大学出版社.

杨锦跃,2015.基于BP神经网络的建筑工程造价预测研究[D].杭州:浙江大学.

杨静,2015.基于土地覆盖的南宁市区碳排放核算及空间分配研究[D].南宁:广西大学.

杨沛儒,2014.生态容积率(EAR):高密度环境下城市再开发的能耗评估与减碳方法[J].城市规划学刊,216(3):61-70.

杨再薇,2019.基于DeST-h模型模拟的街区空间形态对建筑能耗影响研究分析:以太原市为例[D].太原:太原理工大学.

姚健,闫成文,叶晶晶,等,2007.基于神经网络的建筑能耗预测[J].门窗,24(10):31-33.

姚宇,2015.建成环境对城市居民出行及碳排放影响研究:以深圳为例[D].哈尔滨:哈尔滨工业大学.

叶祖达,2011.国外城市区域温室气体清单编制对我国城乡规划的启示[J].现代城市研究,22(11):22-30.

余娇,赵荣钦,侯丽朋,等,2018.郑州市典型产业用地效益与碳排放强度的关系研究:基于181家企业的调查[J].中国土地科学,32(8):74-80.

俞璐,2015.基于支持向量机回归的传染病预测系统建模[D].合肥:中国科学技术大学.

喻伟,李百战,杨明宇,等,2012.基于人工神经网络的建筑多目标预测模型[J].中南大学学报(自然科学版),43(12):4949-4955.

袁曾任,1999.人工神经元网络及其应用[M].北京:清华大学出版社.

袁伟,2015.苏州地区电子类工业建筑能耗评价分析[D].苏州:苏州科技大学.

张博,2017.寒地办公建筑能耗与碳排性能神经网络预测模型建构[J].哈尔滨:哈尔滨工业大学.

张程熠，唐雅洁，李永杰，等，2017. 适用于小样本的神经网络光伏预测方法［J］. 电力自动化设备，37（1）：101-106，111.

张德英，张丽霞，2005. 碳源排碳量估算办法研究进展［J］. 内蒙古林业科技，1（1）：20-23.

张海滨，2012. 寒冷地区居住建筑体型设计参数与建筑节能的定量关系研究［D］. 天津：天津大学.

张杰，陈骁，2016. 住区视角下的家庭夏季空调能耗影响机制模型研究［J］. 住区，33（6）：82-89.

张乐勤，陈素平，王文琴，等，2013. 安徽省近15年建设用地变化对碳排放效应测度及趋势预测：基于STIRPAT模型［J］. 环境科学学报，33（3）：950-958.

张李纯一，孙启真，邬皓天，等，2020. 城市居住区碳排放量与居住环境的关系：以天津市邮电公寓城南家园、新园村馨名园居住区为例［J］. 建筑节能，48（1）：93-101，107.

张声远，杨秀，江亿，2008. 我国建筑能源消耗现状及其比较［J］. 中国能源，30（7）：37-42.

张晓梅，庄贵阳，2015. 城市温室气体清单编制实践体系设计研究［J］. 生态经济，31（10）：21-24.

张秀梅，李升峰，黄贤金，等，2010. 江苏省1996年至2007年碳排放效应及时空格局分析［J］. 资源科学，32（4）：768-775.

张彦飞，任艳辉，2014. 低碳城市规划建设思路探析［J］. 城市建设理论研究，20（20）：14-26.

赵荣钦，黄贤金，2010a. 基于能源消费的江苏省土地利用碳排放与碳足迹［J］. 地理研究，29（9）：1639-1649.

赵荣钦，黄贤金，钟太洋，2010b. 中国不同产业空间的碳排放强度与碳足迹分析［J］. 地理学报，65（9）：1048-1057.

赵荣钦，黄贤金，钟太洋，等，2013. 区域土地利用结构的碳效应评估及低碳优化［J］. 农业工程学报，29（17）：220-229.

赵荣钦，张帅，黄贤金，等，2014. 中原经济区县域碳收支空间分异及碳平衡分区［J］. 地理学报，69（10）：1425-1437.

赵秀敏，王竹，石坚韧，2005. 建成环境评价在多方参与型城市规划中的应用［J］. 江南大学学报（自然科学版），4（3）：287-291.

甄峰，2016. 基于大数据的规划创新［J］. 规划师，32（9）：45.

郑红霞，2017. 居住地建成环境对居民出行碳排放影响的空间差异研究［D］. 哈尔滨：哈尔滨工业大学.

郑思齐，霍燚，曹静，2011. 中国城市居住碳排放的弹性估计与城市间差异性研究［J］. 经济问题探索，9（9）：124-130.

中国建筑节能协会，2018. 中国建筑能耗研究报告（2017）［M］. 北京：中国建筑工业出版社.

中华人民共和国住房和城乡建设部，2016. 民用建筑能耗标准：GB/T 51161—2016［S］. 北京：中国建筑工业出版社.

中华人民共和国住房和城乡建设部，中华人民共和国国家质量监督检验检疫总局，2016. 民用建筑热工设计规范：GB 50176—2016［S］. 北京：中国建筑工业出版社.

周岚，张京祥，崔曙平，等，2010. 低碳时代的生态城市规划与建设［M］. 北京：中国建筑工业出版社.

周伟业，彭琛，刘珊，等，2015. 酒店建筑能耗影响因素分析［J］. 建筑科学，31（10）：31-37.

周雪帆，2013. 城市空间形态对主城区气候影响研究：以武汉夏季为例［D］. 武汉：华中科技大学.

周燕，闫成文，姚健，2007. 居住建筑体形系数对建筑能耗的影响［J］. 华中建筑，25（5）：115-116.

朱雪梅，江海燕，肖荣波，等，2014. 广州居住区碳排放特征及对低碳社区的启示［J］. 中国人口·资源与环境，24（S1）：19-23.

朱臻，沈月琴，黄敏，2011. 居民低碳消费行为及碳排放驱动因素的实证分析：基于杭州地区的调查［J］. 资源开发与市场，27（9）：831-834.

·外文文献·

AIJAZI A N, 2017. Machine learning paradigms for building energy performance simulations［D］. Berkeley：University of California.

AKSOEZEN M, DANIEL M, HASSLER U, et al, 2015. Building age as an indicator for energy consumption［J］. Energy and buildings, 87：74-86.

ALBERTI M, 1999. Urban patterns and environmental performance：what do we know［J］. Journal of planning education and research, 19（2）：151-163.

AMASYALI K, EL-GOHARY N M, 2018. A review of data-driven building energy consumption prediction studies［J］. Renewable and sustainable energy reviews, 81：1192-1205.

ANDERSON W P, KANAROGLOU P S, MILLER E J, 1996. Urban form, energy and the environment：a review of issues, evidence and policy［J］. Urban studies, 33（1）：7-35.

ASEFI-NAJAFABADY S, RAYNER P J, ROBERT GURNEY K, et al, 2014. A multiyear, global gridded fossil fuel CO_2 emission data product：evaluation and analysis of results［J］. Journal of geophysical research：atmospheres, 119（17）：213-231.

AYDINALP M, ISMET UGURSAL V, FUNG A S, 2002. Modeling of the appliance, lighting, and space-cooling energy consumptions in the residential sector using neural networks [J].Applied energy, 71 (2): 87–110.

AZADEH A, GHADERI S F, SOHRABKHANI S, 2007. Forecasting electrical consumption by integration of neural network, time series and ANOVA [J]. Applied mathematics and computation, 186 (2): 1753–1761.

AZADEH A, GHADERI S F, SOHRABKHANI S, 2008. Annual electricity consumption forecasting by neural network in high energy consuming industrial sectors [J]. Energy conversion and management, 49 (8): 2272–2278.

BALARAS C A, DROUTSA K, DASCALAKI E, et al, 2005. Heating energy consumption and resulting environmental impact of European apartment buildings [J]. Energy and buildings, 37 (5): 429–442.

BALLARINI I, PAOLO CORGNATI S, CORRADO V, 2014. Use of reference buildings to assess the energy saving potentials of the residential building stock: the experience of TABULA project [J]. Energy policy, 68: 273–284.

BANISTER D, WATSON S, WOOD C, 1997. Sustainable cities: transport, energy, and urban form [J]. Environment and planning B: planning and design, 24 (1): 125–143.

CAI B F, LI W X, DHAKAL S, et al, 2018. Source data supported high resolution carbon emissions inventory for urban areas of the Beijing-Tianjin-Hebei region: spatial patterns, decomposition and policy implications [J]. Journal of environmental management, 206: 786–799.

CAPUTO P, COSTA G, FERRARI S, 2013. A supporting method for defining energy strategies in the building sector at urban scale [J]. Energy policy, 55: 261–270.

CARNE R, 1996. On form versus function: will the new urbanism reduce traffic, or increase it [J]. Journal of planning education and research, 15 (2): 117–126.

CASAGRANDE S S, WHITT G M C, LAMCASTER K J, et al, 2009. Built environment and health behaviors among African Americans: a systematic review [J]. American journal of preventive medicine, 36 (2): 174–181.

CERVERO R, 1988. Land use mixing and suburban mobility [J]. Transportation quarterly, 42 (3): 429–446.

CERVERO R, KOCKELMAN K, 1997. Travel demand and the 3Ds: density, diversity, and design [J]. Transportation research part D: transportation and environment, 2 (3): 199–219.

CHOUDHARY R, 2012. Energy analysis of the non-domestic building stock of Greater London [J]. Building and environment, 51: 243–254.

CHRISTEN A, COOPS N, KELLETT R, et al, 2010. A LiDAR-based urban metabolism approach to neighbourhood scale energy and carbon emissions modelling [R]. Vancouver: The University of British Columbia.

CHUAI X W, FENG J X, 2019. High resolution carbon emissions simulation and spatial heterogeneity analysis based on big data in Nanjing City, China [J]. Science of the total environment, 686: 828-837.

DALL'O G, GALANTE A, TORRI M, 2012. A methodology for the energy performance classification of residential building stock on an urban scale [J]. Energy and buildings, 48: 211-219.

DASCALAKI E G, DROUTSA K G, BALARAS C A, et al, 2011. Building typologies as a tool for assessing the energy performance of residential buildings: a case study for the Hellenic building stock [J]. Energy and buildings, 43 (12): 3400-3409.

DASCALAKI E G, DROUTSA K G, GAGLIA A G, et al, 2010. Data collection and analysis of their building stock and its energy performance: an example for Hellenic buildings [J]. Energy and buildings, 42 (8): 1231-1237.

DENG J Y, WONG N H, 2020. Impact of urban canyon geometries on outdoor thermal comfort in central business districts [J]. Sustainable cities and society, 53: 1-18.

DENG J Y, WONG N H, ZHEGN X, 2016. The study of the effects of building arrangement on microclimate and energy demand of CBD in Nanjing, China [J]. Procedia engineering, 169: 44-54.

DING Y, LI F, 2017. Examining the effects of urbanization and industrialization on carbon dioxide emission: evidence from China's provincial regions [J]. Energy, 125: 533-542.

DOLL C N H, MULLER J P, ELVIDGE C D, 2000. Night-time imagery as a tool for global mapping of socioeconomic parameters and greenhouse gas emissions [J]. AMBIO: a journal of the human environment, 29 (3): 157-162.

EWING R, BARTHOLOMEW K, WINKELMAN S, et al, 2007. Growing cooler: the evidence on urban development and climate change [M]. Chicago: Urban Land Institute.

EWING R, CERVERO R, 2001. Travel and the built environment: a synthesis [J]. Transportation research record, 1780 (1): 87-114.

EWING R, CERVERO R, 2010. Travel and the built environment: a meta-analysis [J]. Journal of the American planning association, 76 (3): 265-294.

EWING R, RONG F, 2008. The impact of urban form on U.S. residential energy use [J]. Housing policy debate, 19 (1): 1-30.

FERNIE J, OWENS S, 1987. Energy, planning and urban form [J]. Regional studies, 21: 570-571.

FILOGAMO L, PERI G, RIZZO G, et al, 2014. On the classification of large residential buildings stocks by sample typologies for energy planning purposes [J]. Applied energy, 135: 825–835.

FONG W K, MATSUMOTO H, HO C S, et al, 2008. Energy consumption and carbon dioxide emission in the urban planning process in Malaysia [J]. Planning Malaysia, 6(6): 101–130.

GLAESER E L, KAHN M E, 2010. The greenness of cities: carbon dioxide emissions and urban development [J]. Journal of urban economics, 67(3): 404–418.

GUO L, ZHANG X J, 2007. Assessment of enterprise core competence based on BP ANN [J]. Studies in science of science, 25: 132–137.

GUTTIKUNDA S K, CALORI G, 2013. A GIS based emissions inventory at 1 km × 1 km spatial resolution for air pollution analysis in Delhi, India [J]. Atmospheric environment, 67: 101–111.

HANDY S L, BOARNET M G, EWING R, et al, 2002. How the built environment affects physical activity: views from urban planning [J]. American journal of preventive medicine, 23(2): 64–73.

HANDY S L, CLIFTON K J, 2001. Local shopping as a strategy for reducing automobile travel [J]. Transportation, 28(4): 317–346.

HE Z X, XU S C, SHEN W X, et al, 2017. Impact of urbanization on energy related CO_2 emission at different development levels: regional difference in China based on panel estimation [J]. Journal of cleaner production, 140: 1719–1730.

HECHT-NIELSEN R, 1989. Theory of the back propagation neural network [J]. IEEE UCNN, 1: 693–696.

HEEREN N, JAKOB M, MARTIUS G, et al, 2013. A component based bottom-up building stock model for comprehensive environmental impact assessment and target control [J]. Renewable and sustainable energy review, 20: 45–56.

HERNANDEZ NETO A, AUGUSTO SANZOVO FIORELLI F, 2008. Comparison between detailed model simulation and artificial neural network for forecasting building energy consumption [J]. Energy and buildings, 40(12): 2169–2176.

HOUGHTON R A, 2003. Revised estimates of the annual net flux of carbon to the atmosphere from changes in land use and land management 1850–2000 [J]. Tekkus B, 55(2): 378–390.

HOUGHTON R A, HACKLER J L, 2003. Sources and sinks of carbon from land-use change in China [J]. Global biogeochemical cycles, 17(2): 1–11.

HOUGHTON R A, HACKLER J L, LAWRENCE K T, 1999. The U.S. carbon budget: contributions from land-use change [J]. Science, 285: 574-578.

HOUGHTON R A, SKOLE D L, LEFKOWITZ D S, 1991. Changes in the landscape of Latin America between 1850 and 1985 Ⅱ. Net increase of CO_2 to the atmosphere [J]. Forest ecology and management, 38 (3-4): 173-199.

HUTYRA L R, YOON R, HEPINSTALL-CYMERMAN N, et al, 2011. Carbon consequences of land cover change and expansion of urban lands: a case study in the Seattle metropolitan region [J]. Landscape and urban planning, 103 (1): 83-93.

ICLEI, 2009. International local government GHG emissions analysis protocol version 1.0 [R]. Bonn: ICLEI.

ICLEI, 2012. Global protocol for community-scale GHG emissions (GPC) version 0.9 [R]. London: C40 Cities Climate Leadership Group, ICLEI Local Governments for Sustainability.

International Energy Agency, 2015. Energy and climate change: world energy outlook special report [R]. Paris: International Energy Agency.

IPCC, 1997. Revised 1996 IPCC guidelines for national greenhouse gas inventories [R]. Paris: Intergovernmental Panel on Climate Change, United Nations Environment Program, Organization for Economic Co-Operation and Development, International Energy Agency.

IPCC, 2006. 2006 IPCC guidelines for national greenhouse gas inventories [R]. Kanagawa: Institute for Global Environmental Strategies.

IPCC, 2013. Climate change 2013: the physical science basis [M]. Cambridge: Cambridge University Press.

ISHII S, TABUSHI S, ARAMAKI T, et al, 2010. Impact of future urban form on the potential to reduce greenhouse gas emissions from residential, commercial and public buildings in Utsunomiya, Japan [J]. Energy policy, 38 (9): 4888-4896.

JONG S, 2013. Design methology for tall office buildings: design measurement and integration with regional character [J]. Applied energy, 6: 68-78.

KACZYNSKI A T, HENDERSON K A, 2008. Parks and recreation settings and active living: a review of associations with physical activity function and intensity [J]. Journal of physical activity & health, 5 (4): 619-632.

KARATASOU S, SANTAMOURIS M, GEROS V, 2006. Modeling and predicting building's energy use with artificial neural networks: methods and results [J]. Energy and buildings, 38 (8): 949-958.

KAVGIC M, MAVROGIANNI A, MUMOVIC D, et al, 2010. A review of bottom-up building stock models for energy consumption in the residential sector [J]. Building and environment, 45 (7): 1683-1697.

KAZANASMAZ T, GUNAYDIN M, BINOL S, 2009. Artificial neural networks to predict daylight illuminance in office buildings [J]. Building & environment, 44(8): 1751-1757.

KECEBAS A, YABANOVA I, 2012. Thermal monitoring and optimization of geothermal district heating systems using artificial neural network: a case study [J]. Energy and buildings, 50: 339-346.

KRAGH J, WITTCHEN K B, 2014. Development of two Danish building typologies for residential buildings [J]. Energy and buildings, 68: 79-86.

KRUGER E, PEARLMUTTER D, RASIA F, 2010. Evaluating the impact of canyon geometry and orientation on cooling loads in a high-mass building in a hot dry environment [J]. Applied energy, 87(6): 2068-2078.

LI X Y, YAO R M, LIU M, et al, 2018. Developing urban residential reference buildings using clustering analysis of satellite images [J]. Energy and buildings, 169: 417-429.

LI X Y, YAO R M, YU W, et al, 2019. Low carbon heating and cooling of residential buildings in cities in the hot summer and cold winter zone: a bottom-up engineering stock modeling approach [J]. Journal of cleaner production, 220: 271-288.

LIN F Y, TZU P L, RUEY L H, 2017. Using geospatial information and building energy simulation to construct urban residential energy use map with high resolution for Taiwan cities [J]. Energy and buildings, 157: 166-175.

LITTLEFAIR P, 1998. Passive solar urban design: ensuring the penetration of solar energy into the city [J]. Renewable and sustainable energy reviews, 2(3): 303-326.

LIU L C, WU G, WANG J N, et al, 2011. China's carbon emissions from urban and rural households during 1992-2007 [J]. Journal of clean production, 19(15): 1754-1762.

MACHADO G, SCHAEFFER R, WORRELL E, 2001. Energy and carbon embodied in the international trade of Brazil: an input output approach [J]. Ecological economics, 39(3): 409-424.

MASTRUCCI A, BAUME O, STAZI F, et al, 2014. Estimating energy savings for the residential building stock of an entire city: a GIS based statistical downscaling approach applied to Rotterdam [J]. Energy and buildings, 75: 358-367.

MATHEW P A, DUNN L N, SOHN M D, et al, 2015. Big-data for building energy performance: lessons from assembling a very large national database of building energy use [J]. Applied energy, 140: 85-93.

MAVROGIANNI A, DAVIES M, KOLOKOTRONI M, 2009. A GIS-based bottom-up space heating demand model of the london domestic stock [J].

Glasgow, Scotland: Proceedings of 11th International IBPSA Conference, Building Simulation: 1061-1067.

MCCORMACK G, GILES-CORTI B, LANGE A, et al, 2004. An update of recent evidence of the relationship between objective and self-report measures of the physical environment and physical activity behaviours [J]. Journal of science and medicine in sport, 7 (1): 81-92.

MOHAMMAD R M, 2000. The new millennium and the new urban paradigm: the compact city in practice [M] // JENKS M, WILLIAMS K, BURTON E. Achieving sustainable urban form. London: E & FN Spon.

MONTAZERI G M, FOTOUHI A, NADERPOUR A, 2011. Driving patterns clustering based on driving features analysis [J]. Proceedings of the institution of mechanical engineers, 225 (6): 1301-1317.

NEWMAN P, KENWORTHY J R, 1999. Sustainability and cities: overcoming automobile dependence [M]. Washington, D.C.: Island Press.

O'NEILL B C, CHEN B S, 2002. Demographic determinants of household energy use in the United States [J]. Population and development review, 28: 53-88.

ODA T, MAKSYUTOV S, 2011. A very high-resolution (1 km × 1 km) global fossil fuel CO_2 emission inventory derived using a point source database and satellite observations of night-time lights [J]. Atmospheric chemistry and physics, 11 (2): 543-556.

OLIVIER J G, JANSSENS M G, PETERS J A, 2012. Trends in global CO_2 emissions: 2012 report [R]. Hague: PBL Netherlands Environmental Assessment Agency.

OLIVIER J G J, VAN AARDENNE J A, DENTENER F J, et al, 2005. Recent trends in global greenhouse gas emissions: regional trends 1970-2000 and spatial distribution of key sources in 2000 [J]. Environmental sciences, 2 (2/3): 81-99.

OWENS S, DRIFFILL L, 2008. How to change attitudes and behaviours in the context of energy [J]. Energy policy, 36 (12): 4412-4418.

PAUL S, NATH BHATTACHARYA R, 2004. CO_2 emission from energy use in India: a decomposition analysis [J]. Energy policy, 32 (5): 585-593.

PEREZ-LOMBARD L, ORTIZ J, POUT C, 2008. A review on buildings energy consumption information [J]. Energy and buildings, 40 (3): 394-398.

PITT D, 2013. Evaluating the greenhouse gas reduction benefits of compact housing development [J]. Journal of environmental planning and management, 56: 588-606.

RAJAMANI J, BHAT C R, HANDY S L, et al, 2003. Assessing impact of urban form measures on nonwork trip mode choice after controlling for demographic and level-of-service effects [J]. Transportation research record, 1831 (1): 158-165.

REED J, AINSWORTH B, 2007. Perceptions of environmental supports on the physical activity behaviors of university men and women: a preliminary investigation [J]. Journal of American college health, 56 (2): 199-204.

RODE P, KEIM C, ROBAZZA G, et al, 2014. Cities and energy: urban morphology and residential heat-energy demand [J]. Environment and planning B: planning and design, 41 (1): 138-162.

ROSENFELD A H, AKBARI H, BRETZ S, et al, 1995. Mitigation of urban heat islands: materials, utility programs, updates [J]. Energy and buildings, 22 (3): 255-265.

SHIMODA Y, FUJII T, MORIKAWA T, et al, 2004. Residential end-use energy simulation at city scale [J]. Building and environment, 39 (8): 959-967.

SONDAK N E, SONDAK V K, 1989. Neural networks and artificial intelligence [J]. ACM SIGCSE bulletin, 21: 241-245.

SONG Y B, 2005. Influence of new town development on the urban heat island: the case of the Bundan area [J]. Journal of environment sciences, 17 (4): 641-645.

SOUSA MONTEIRO C, PINA A, CEREZO C, et al, 2017. The use of multi-detail building archetypes in urban energy modelling [J]. Energy procedia, 111: 817-825.

SUBODH P, MOHAMED E, STEPHANE C, et al, 2017. A relevant data selection method for energy consumption prediction of low energy building based on support vector machine [J]. Energy and buildings, 138: 240-256.

SWAN L G, UGURSAL V I, 2009. Modeling of end-use energy consumption in the residential sector: a review of modeling techniques [J]. Renewable and sustainable energy reviews, 13 (8): 1819-1835.

THEODORIDOU I, PAPADOPOULOS A M, HEGGERA M, 2011. A typological classification of the Greek residential building stock [J]. Energy and buildings, 43 (10): 2779-2787.

TOMMERUP H, SVENDSEN S, 2006. Energy savings in Danish residential building stock [J]. Energy and buildings, 38 (6): 618-626.

TSO G K F, YAU K K W, 2007. Predicting electricity energy consumption: a comparison of regression analysis, decision tree and neural networks [J]. Energy, 32 (9): 1761-1768.

U.S. EIA, 2014. International energy outlook 2014 [R]. Washington, D.C.: Monthly Energy Review.

U.S. EIA, 2019. International energy outlook 2019-with projections to 2050 [R]. Washington, D.C.: Monthly Energy Review.

UIHLEIN A, EDER P, 2009. Towards additional policies to improve the environmental performance of buildings Part II: quantitative assessment european commission joint research centre institute for prospective technological studies [M]. Luxembourg: Office for Official Publications of the European Communities.

UIHLEIN A, EDER P, 2010. Policy options towards an energy efficient residential building stock in the EU-27 [J]. Energy and buildings, 42(6): 791-798.

VINCENZO FRACASTORO G, SERRAINO M A, 2011. A methodology for assessing the energy performance of large scale building stocks and possible applications [J]. Energy and buildings, 43(4): 844-852.

WALDRON D, JONES P J, LANNON S C, et al, 2013. Embodied energy and operational energy: case studies comparing different urban layouts [C]. Chambéry: International Building Performance Simulation Association (IBPSA): 1264-1271.

WANG C, CHEN J N, ZOU J, 2005. Decomposition of energy-related CO_2 emission in China: 1957-2000 [J]. Energy, 30(1): 73-83.

WANG J C, 2019. Energy consumption in elementary and high schools in Taiwan [J]. Journal of cleaner production, 227: 1107-1116.

WANG Z, ZHAO Z, LIN B R, et al, 2015. Residential heating energy consumption modeling through a bottom-up approach for China's hot summer-cold winter climatic region [J]. Energy and buildings, 109: 65-74.

WENG Q H, LU D S, SCHUBRING J, 2004. Estimation of land surface temperature-vegetation abundance relationship for urban heat island studies [J]. Remote sensing of environment, 89(4): 467-483.

WIEDMANN T, LENZEN M, TURNER K, et al, 2007. Examining the global environmental impact of regional consumption activities-part 2: review of input-output models for the assessment of environmental impacts embodied in trade [J]. Ecological economics, 61(1): 15-26.

WILSON B, 2013. Urban form and residential electricity consumption: evidence from Illinois, USA [J]. Landscape and urban planning, 115(7): 62-71.

WONG N H, JUSUF S K, SYAFII N I, et al, 2011. Evaluation of the impact of the surrounding urban morphology on building energy consumption [J]. Solar energy, 85(1): 57-71.

WONG S L, WAN K K W, LAM T N T, 2010. Artificial neural networks for energy analysis of office buildings with daylighting [J]. Applied energy, 87(2): 551-557.

YALCINTAS M, AYTUM OZTURK U, 2007. An energy benchmarking model based on artificial neural network method utilizing us commercial buildings energy consumption survey (CBECS) database [J]. International journal of energy research, 31（4）: 412-421.

YAO Z X, ZHUANG Z, GU W, 2015. Study on energy use characteristics of hotel buildings in Shanghai［J］. Procedia engineering, 121: 1977-1982.

YI D, GE X T, 2005. An improved PSO based ANN with simulated annealing technique［J］. Neurocomputing, 63: 527-533.

ZHANG G Q, GE R B, LIN T, et al, 2018. Spatial apportionment of urban greenhouse gas emission inventory and its implications for urban planning: a case study of Xiamen, China［J］.Ecological indicators, 85: 644-656.

ZHANG Q, 2004. Residential energy consumption in China and its comparison with Japan, Canada, and USA［J］. Energy and buildings, 36（12）: 1217-1225.

ZHANG W T, HUANG B, LUO D, 2014. Effects of land use and transportation on carbon sources and carbon sinks: a case study in Shenzhen, China［J］. Landscape and urban planning, 122: 175-185.

ZHAO H X, MAGOULES F, 2012. A review on the prediction of building energy consumption［J］. Renewable and sustainable energy reviews, 16（6）: 3586-3592.

ZHOU L N, PAN S M, WANG J W, et al, 2017. Machine learning on big data: opportunities and challenges［J］. Neurocomputing, 237: 350-361.

ZOULIA I, SANTAMOURIS M, DIMOUDI A, 2009. Monitoring the effect of urban green areas on the heat island in Athens［J］. Environmental monitoring and assessment, 156: 275-292.

图片来源

图 1-1 源自：U.S. EIA, 2019. International energy outlook 2019–with projections to 2050［R］. Washington, D.C.：Monthly Energy Review.
图 1-2 源自：笔者绘制.

图 2-1、图 2-2 源自：笔者绘制.
图 2-3 源自：曹阳，甄峰，姜玉培，2019. 基于活动视角的城市建成环境与居民健康关系研究框架［J］. 地理科学，39（10）：1612-1620.
图 2-4、图 2-5 源自：笔者绘制.

图 3-1 源自：《2017 年长兴县温室气体清单》.
图 3-2 源自：《长兴县域总体规划（2017—2035 年）》.
图 3-3 至图 3-7 源自：笔者绘制.
图 3-8 源自：龙惟定，白玮，范蕊，等，2011. 低碳城市的区域建筑能源规划［M］. 北京：中国建筑工业出版社.

图 4-1 至图 4-37 源自：笔者绘制.

图 5-1 源自：喻伟，李百战，杨明宇，等，2012. 基于人工神经网络的建筑多目标预测模型［J］. 中南大学学报（自然科学版），43（12）：4949-4955.
图 5-2 至图 5-30 源自：笔者绘制.

图 6-1 源自：笔者绘制.
图 6-2 源自：长兴县太湖新城片区控规及城市设计.
图 6-3 至图 6-8 源自：笔者绘制.
图 6-9 源自：长兴县太湖新城片区控规及城市设计.
图 6-10 至图 6-14 源自：笔者绘制.

附录 1 图片源自：笔者绘制.

表格来源

表1-1源自：笔者根据王磊，李慧明，2013.产业用地空间碳排放效应研究［J］.城市发展研究，20（10）：8-13绘制.

表1-2源自：笔者根据李超骕，曾辉，宋彦，等，2013.城市尺度温室气体清单研究：国外案例与基于北京和上海的分析［J］.北京规划建设（4）：91-96绘制.

表2-1源自：《中华人民共和国气候变化第一次两年更新报告》.

表2-2源自：笔者根据顾朝林，2013a.城市碳排放清单及其规划应用研究［J］.南方建筑，14（4）：4-12绘制.

表2-3源自：笔者根据彭琛，江亿，秦佑国，等，2018.低碳建筑和低碳城市［M］.北京：中国环境出版集团绘制.

表2-4至表2-6源自：笔者绘制.

表2-7源自：《民用建筑能耗标准》（GB/T 51161—2016）.

表2-8源自：《中国建筑节能发展报告：区域节能（2018年）》.

表2-9源自：笔者绘制.

表3-1源自：笔者根据《长兴县域总体规划（2017—2035年）》绘制.

表3-2源自：笔者根据《2017年长兴县温室气体清单》绘制.

表3-3、表3-4源自：笔者绘制.

表3-5源自：笔者根据《2017年长兴县温室气体清单》绘制.

表3-6、表3-7源自：笔者绘制.

表4-1至表4-5源自：笔者绘制.

表5-1至表5-20源自：笔者绘制.

表6-1源自：笔者根据长兴县太湖新城片区控规及城市设计绘制.

表6-2、表6-3源自：笔者绘制.

表6-4至表6-10源自：笔者根据长兴县绿色建筑专项规划绘制.

附录2、附录3表格源自：笔者绘制.

本书作者

张小平,山东淄博人。天津大学城乡规划学博士,山东建筑大学建筑城规学院硕士生导师,中国城市规划学会会员,中国能源学会会员。主要研究方向为低碳可持续规划设计方法。在《城市规划》《规划师》及《可持续城市与社会》(Sustainable Cities and Society)等国内外高水平期刊发表学术论文20余篇。参与国家重点研发计划"基于碳控体系的县域城镇规划技术研究"、国家自然科学基金"基于碳平衡分区的县域低碳空间规划理论与方法研究"、天津市教委社会科学重大项目"基于低碳目标的天津市空间布局策略研究"共计3项,主持山东省自然科学基金青年基金"基于建筑能耗的城市街区碳排放时空特征及城市规划响应"1项。